高职高专教育法律类专业教学改革试点与推广教材 | 总主编 金川

监狱刑务处理实务

汪勇 主编

清华大学出版社
北京

中国·武汉

内容提要

本书是以监狱刑务为依据，将课程设置为九个执法任务而编写，具体包括收监、罪犯申诉、罪犯控告和检举、罪犯暂予监外执行、提请减刑和假释、罪犯又犯罪（含死缓犯又犯罪）、发现罪犯漏罪、罪犯死亡、罪犯释放的处理。在体例结构上，每一任务分为基本知识、法律依据、执法程序、注意问题、人权保障、典型案例、技能训练、视野拓展、课后思考等基本模块。本书的编写以工作任务为导向，注重培养学生的法律意识、程序意识和人权保障意识，培养开放的视野和强调实训操作。本书可作为全国司法类警官院校刑事执行（监狱管理）专业学生教材使用，也可作为初任监狱人民警察的入门培训教材之用，其他对监狱刑务处理有兴趣者亦可资为参考。

图书在版编目（CIP）数据

监狱刑务处理实务/汪勇主编. ——武汉：华中科技大学出版社，2011.3（2020.9重印）
ISBN 978-7-5609-6927-5

Ⅰ.①监… Ⅱ.①汪… Ⅲ.①刑罚-执行（法律）-中国-高等学校：技术学校-教材
Ⅳ.①D924.13

中国版本图书馆 CIP 数据核字（2011）第 016833 号

监狱刑务处理实务 汪勇 主编

策划编辑： 王京图
责任编辑： 张影
封面设计： 傅瑞学
责任校对： 北京书林瀚海文化发展有限公司
责任监印： 周治超
出版发行： 华中科技大学出版社（中国·武汉） 电话：（027）81321913
武汉市东湖新技术开发区华工科技园 邮编：430223
录 排： 北京星河博文文化发展有限公司
印 刷： 广东虎彩云印刷有限公司
开 本： 710mm×1000mm 1/16
印 张： 15.25
字 数： 282 千字
版 次： 2020 年 9 月第 1 版第 5 次印刷
定 价： 39.00 元

作者简介

汪　勇　浙江警官职业学院副教授，兼任浙江省监狱学会理事，法学博士。主要作品有：《理性对待罪犯权利》（独著）、《监狱法律法规导读》（副主编）、《监狱学基础理论》（参编），在《刑事法评论》、《中国监狱学刊》、《犯罪与改造研究》等刊物发表论文近30篇。

冯建军　浙江警官职业学院副教授，法学硕士，主要作品有：《监狱法律法规导读》（副主编）、《监狱学基础理论》（参编），在《刑事法杂志》、《中国监狱学刊》、《犯罪与改造研究》等刊物发表论文20余篇。

盛贤群　浙江省第二监狱指导员，法学本科，应用心理学本科，在《中国监狱学刊》等刊物发表论文多篇。

周荣瑾　浙江省未成年犯管教所研究室副主任兼监狱科研负责人，法学本科，在《中国监狱学刊》、《青少年犯罪问题》等刊物发表论文20余篇。

总　序

我国高等职业教育已进入了一个以内涵式发展为主要特征的新的发展时期。高等法律职业教育作为高等职业教育的重要组成部分，也正经历着一个不断探索、不断创新、不断发展的过程。

2004 年 10 月，教育部颁布《普通高等学校高职高专教育指导性专业目录（试行）》，将法律类专业作为一大独立的专业门类，正式确立了高等法律职业教育在我国高等职业教育中的重要地位。2005 年 12 月，受教育部委托，司法部牵头组建了全国高职高专教育法律类专业教学指导委员会，大力推进高等法律职业教育的发展。

为了进一步推动和深化高等法律职业教育的改革，促进我国高等法律职业教育的类型转型、质量提升和协调发展，全国高职高专教育法律类专业教学指导委员会于 2007 年 6 月，确定浙江警官职业学院为全国高等法律职业教育改革试点与推广单位，要求该校不断深化法律类专业教育教学改革，勇于创新并及时总结经验，在全国高职法律教育中发挥示范和辐射带动作用。为了更好地满足政法系统和社会其他行业部门对高等法律职业人才的需求，适应高职高专教育法律类专业教育教学改革的需要，该校经过反复调研、论证、修改，根据重新确定的法律类专业人才培养目标及其培养模式要求，以先进的课程开发理念为指导，联合有关高职院校，组织授课教师和相关行业专家，合作共同编写了“高职高专教育法律类专业教学改革试点与推广教材”。这批教材紧密联系与各专业相对应的一线职业岗位（群）之任职要求（标准）及工作过程，对教学内容进行了全新的整合，即从预设职业岗位（群）之就业者的学习主体需求视角，以所应完成的主要任务及所需具备的工作能力要求来取舍所需学习的基本理论知识和实践操作技能，并尽量按照工作过程或执法工作环节及其工作流程，以典型案件、执法项目、技术应用项目、工程项目、管理现场等为载体，重新构建各课程学习内容、设计相关学习情境、安排相应教学进程，突出培养学生一线职业岗位所必需的应用能力，体现了课程学习的理论必需性、职业针对性和实践操作性要求。

这批教材无论是形式还是内容，都以崭新的面目呈现在大家面前，它在不同层面上代表了我国高等法律职业教育教材改革的最新成果，也从一个角度集中反映了当前我国高职高专教育法律类专业人才培养模式、教学模式及其教材建设改革的新趋势。我们深知，我国高等法律职业教育举办的时间不长，可资借鉴的经验和成果还不多，教育教学改革任务艰巨；我们深信，任何一项改革都是一种探索、一种担当、一种奉献，改革的成果值得我们大家去珍惜和分享；我们期待，会有越来越多的院校能选用这批教材，在使用中及时提出建议和意见，同时也能借鉴并继续深化各院校的教育教学改革，在教材建设等方面不断取得新的突破、获得新的成果、作出新的贡献。

全国高职高专教育法律类专业教学指导委员会

2008 年 9 月

前　言

“监狱刑务处理实务”是刑事执行（监狱管理）专业的核心课程之一。本书是以《监狱法》、新修订的《刑法》和《刑事诉讼法》等法律法规为依据，在充分吸收实践经验的基础上编写而成。其基本内容包括监狱人民警察必须掌握的刑罚执行（狭义）的执法任务。在过去很长一段时间内，这部分的内容都划归“狱政管理”的内容，实际工作中也由狱政管理部门来负责。严格来讲，本部分内容和其他具有行政管理性质的狱政管理在性质上是不同的。因此，《司法部监狱管理局关于在监狱管理机关设置刑罚执行机构的答复意见》（2003 年 6 月 4 日司狱字〈2003〉第 140 号）中明确肯定了在监狱内部设置刑罚执行机构的重大意义，认为“在监狱工作机关设立刑罚执行机构，可以更好地保证刑罚执行职能的履行，使监狱工作更加规范化、专业化”。为此，浙江警官职业学院国家示范性专业刑事执行（监狱管理）专业在进行课程体系论证时，认为应当依照工作任务来安排本专业的课程教学。其中，刑罚执行工作任务应单独作为一门课程予以建设。本书就是基于该种理念和认识而编写的。

监狱刑务处理是监狱人民警察的重要职权，亦是监狱人民警察的执法任务。这类职权（执法任务）具体包括罪犯收监的处理、罪犯申诉的处理、罪犯控告和检举的处理、罪犯暂予监外执行的处理、提请减刑和假释的处理、罪犯又犯罪的处理（含死缓犯又犯罪的处理）、发现罪犯漏罪的处理、罪犯死亡的处理、罪犯释放的处理等。本书就是以这九项执法任务为依据，将课程设置为九个执法任务进行编写。在具体编写方法上，每一任务前有基本要求，具体内容包括基本知识、法律依据、执法程序、注意问题、人权保障、典型案例、技能训练、视野拓展、课后思考等基本模块。

与以往教材编写不同的是，本课程的建设和教材的编写均吸收了监狱一线具有丰富实践经验的民警参加，这使本书实务的特色更加明显，改变了以往偏重理论的特点。在知识传授的同时，本书重点强调教学实践和可操作性，以着重培养学生（员）的实际操作能力。教材编写人员深入监狱的刑罚执行部门、入监分监区、出监分监区和其他相关科室进行调研，详细掌握不同执法任务的基本要求、执法依据、执法工作流程等内容。同时，搜集了大量典型案例。在充分调研的基础上，拟订教材编写大纲，并创立“知识传授—技能训练—考核评价”的教学方法，重点加强学生（员）的实际应用能力的培养，创新考核方法。

概而言之，本书具有以下几个特点：

一、注重监狱执法实际，以监狱执法工作任务为导向进行编写。为避免教材编写过于理论化的倾向，本书紧扣执法工作实际，使学生（员）初步了解监狱刑罚执行的基本知识及执法中应掌握的法律、程序等诸多问题，具有很强的针对性和可操作性。

二、注重培养学生（员）的法律意识、程序意识、人权保障意识。21世纪的监狱人民警察应当具有现代眼光和开阔胸襟。在执法过程中，应当树立尊重法律、法律至上的理念，一切执法工作都应当以法律为准绳。在监狱执法实务中，要强调程序公正，剔除司法擅断。同时，应当充分保障罪犯的合法权利，防止滥用权力或不作为而损害罪犯的合法权利。

三、注重培养学生（员）的开放视野和国际化精神。本书编写注重将国际社会和主要西方国家中的相关规定予以录入，意图拓展学生（员）的思维，为未来的执法改革提供可以对比的空间。

四、注重培养学生（员）的执法操作能力。每一执法任务均安排了案例分析，通过对实际案例的分析和操作，制作执法文书，培养学生（员）的动手能力和实际应用知识的能力。

在编写本书的过程中，我们得到了中国政法大学刑事司法学院副院长、博士生导师王平教授的热心指导。浙江省监狱管理局监狱研究所所长马卫国、浙江省第四监狱副调研员应朝雄、浙江省第二监狱刑罚执行科科长戴祥法和教导员胡栋方等实务部门专家对本书提出诸多有价值的意见和建议。同时，本书参考了国内出版的《狱政管理学》、《监狱分监区工作实务》、《监狱执法文书》等诸多研究和教学成果。需要特别提出的是，本书参考了浙江省监狱管理局最新颁发的执法文件。浙江警官职业学院刑事执行（监狱管理）专业2008级学生在使用讲义时提出了诸多很好的建议。对以上人士和单位，编者在此一并致谢。

本书由汪勇同志担任主编，冯建军、盛贤群、周荣瑾同志担任副主编。全书初稿经编写组集体讨论，分别修订后，由汪勇同志统稿、定稿，浙江警官职业学院教材编写委员会审定。全书撰写分工如下：汪勇撰写前言、任务一、任务二、任务七（部分）；冯建军撰写任务四、任务六；盛贤群撰写任务三、任务五、任务七（部分）；周荣瑾撰写任务八、任务九。由于时间匆忙，编写者经验不足、水平有限，不足甚至错漏之处在所难免，尚祈各位同仁批评指正。

编者

2010年10月

目　录

任务一　罪犯收监处理实务

基本要求：通过本任务的学习，使学生（员）掌握罪犯①收监的含义和意义，知晓罪犯收监的法律依据。通过训练熟悉收监的执法程序，注重对罪犯收监时合法权利的保障。通过典型案例和技能训练引导学生（员）掌握收监的业务，重点是执法程序和相关文书制作。

当人民法院作出的刑事判决或裁定生效之后，除被告人被宣告无罪或者免除刑罚处罚之外，其他的被告都应当判处相应的刑罚。生效的刑事判决包括：一是一审判决，如果被告没有提出上诉或者同级人民检察院没有提出抗诉的案件；二是二审的判决或裁定。其中，被判处死刑缓期二年执行、无期徒刑、有期徒刑的罪犯在监狱中服刑。此时，多数罪犯仍被羁押在公安机关的看守所。公安机关的看守所根据人民法院的决定，将罪犯送交监狱服刑。省（自治区、直辖市）监狱管理局统一安排，将不同类型的罪犯按照一定的原则和实际情况指令送往不同的监狱服刑。当公安机关的警车载着罪犯从看守所到达监狱之后，罪犯就开始了或长或短的服刑过程，而收监就是监狱所面对的第一个非常重要的执法环节。

基本知识

一、收监的概念和特征

收监是指监狱将被判处死刑缓期二年执行、无期徒刑、有期徒刑且符合收监条件的罪犯，依照法律的规定将其收押入监的刑事执行制度。收监是监

① 对于接受刑罚处罚的人的称呼，现行《监狱法》均称呼为“罪犯”，但2005年司法部通过的《监狱服刑人员行为规范》改称为“服刑人员”。此外，还有“受刑人”、“服刑人”、“劳改犯”等称呼。就本书作者的主张和立场而言，称呼“受刑人”或“服刑人”为妥当，本书以现行法律的规定为准称为“罪犯”或“服刑人员”。

狱行刑的开始，是一项严肃、细致的执法活动，必须严格地依照法律规定的程序进行。收监具有以下三个特征：

（一）收监执法主体的法定性

收监是一项刑事司法制度，能够行使该项权力者只有监狱，其他任何机关、团体和个人均无权以收监名义非法关押他人。收监是国家刑罚执行权的一部分，监狱代表国家执行刑罚，监狱人民警察依法办理相关手续，执行收监执法的任务。

（二）收监对象的特定性

收监是将罪犯收押入监，但并非所有罪犯都属于监狱收监的对象。只有被人民法院判处死刑缓期二年执行、无期徒刑、有期徒刑且符合监狱收押条件的罪犯才能被收监执行。因此，在执行收监执法任务时，必须查清公安机关所送对象是否符合相应的刑种条件和监狱的收押条件。[①] 所谓符合监狱的收押条件是指判决必须是已经发生法律效力的；罪犯送押的法律文件必须齐备；罪犯不是患有严重疾病需要保外就医的；有期徒刑罪犯不是怀孕的妇女或者正在哺乳自己婴儿的妇女等。只有符合前述诸种条件的罪犯，才能由监狱收监执行刑罚。在收监时，应防止将不属于监狱收监的对象误收进监狱。

（三）收监内容的明确性

收监有明确的执法内容和严格的执法程序。罪犯收监服刑时，监狱机关应当清点人数，确认罪犯的身份，并实施检查、调查等各项收监程序，建立个人档案，充分了解罪犯的行刑需要，采取个别化措施。同时，要对新收罪犯进行教育，使罪犯了解行刑期间可行使的权利和应履行的义务，安定新入监罪犯在监禁初期的情绪，便于日后的管理及教育。

二、收监的意义

（一）保障准确执行刑罚，维护社会正义

收监标志着监狱对罪犯执行刑罚的开始，是一项十分严肃的执法工作，其工作的好坏直接关系到刑罚执行是否准确。因此，监狱入监分监区（或新

---

① 我国《刑法》规定的刑罚有五种主刑（管制、拘役、有期徒刑、无期徒刑和死刑，其中，死刑包括立即执行和缓期二年执行两种执行方式）和三种附加刑（罚金、剥夺政治权利和没收财产）。此外，还有针对外国人适用的驱逐出境。我国目前是一个多元的刑罚执行体制，其中，管制、拘役、剥夺政治权利（在社会内执行刑罚）以及缓刑、假释的监督，均由公安机关执行。罚金、没收财产以及死刑的立即执行由人民法院执行。有期徒刑、无期徒刑和死刑缓期二年执行在监狱执行。另外，按照《监狱法》第 15 条第 2 款的规定，罪犯在被交付执行刑罚前，剩余刑期在 1 年以下的，由看守所代为执行。

收犯监狱）在收监时必须严格依法办事，按照法律程序进行，否则，就可能有损法律的尊严，甚至侵害公民的人身自由。合法收监关乎刑罚执行的准确性，亦有利于维护社会正义。

（二）评估罪犯基本情况，消除安全隐患，保障监狱安全

在收监阶段，对罪犯进行人身危险性评估，为罪犯分类提供客观可靠的依据。人身危险性评估是依据罪犯的各种生理、心理、社会因素进行的综合评估。按照罪犯的各种不同情况进行分类。在大多数监狱，罪犯的性别、年龄、文化程度、有无疾病等特点，是对罪犯进行分类的主要依据。

在入监教育期间，入监分监区（或新收犯监狱）通过查阅罪犯法律文书、进行入监登记、个别谈话、让罪犯撰写自传、检查来往信件、实地调查等手段，对罪犯的成长过程、犯罪过程及原因、家庭和社会关系、思想行为和心理特征有一个比较全面的了解。如果发现“三假”罪犯（即假姓名、假地址、假身份罪犯），就应当报告侦查部门。通过调查，对有各种危险因素的罪犯落实控制措施，并在入监教育结束后将有关情况向接收单位全面详细介绍，这对消除隐患，确保监管安全具有十分重要的作用。

（三）保障罪犯顺利过渡，帮助罪犯适应服刑生活

服刑对罪犯而言是一段新的特殊的人生旅程。新入监罪犯的心理状况主要有：一是恐惧心理。当罪犯刚被送入监狱，看到高墙、电网、岗楼和戒备森严的警戒，会感到威慑与恐惧。二是悲观心理。特别是一些刑期比较长的罪犯或体弱多病、家庭关系破裂的罪犯入监初期会产生悲观绝望心理，有的甚至痛不欲生，企图自寻短见。三是抵触情绪。这主要表现在一些不认罪服判的罪犯，在各种不正确思想的支配下，错误地认为有错无罪、轻罪重判，从而对社会和执法机关产生严重抵触情绪。四是迷茫心理。有的罪犯入监初期对未来不知所措，失去人生目标和方向，找不到归属感。在入监教育期间，入监分监区（或新收犯监狱）的监狱人民警察就要针对新犯的思想实际与心理特征，通过各种教育手段，使罪犯认清监狱的性质，了解国家的监狱工作方针和政策，促使他们消除疑虑，放下包袱，逐步适应监狱生活，走好新生第一步，从而为未来的服刑改造（矫正）打下良好基础。

法律依据

一、《中华人民共和国刑事诉讼法》的规定

第二百一十三条　罪犯被交付执行刑罚的时候，应当由交付执行的人民法院将有关的法律文书送达监狱或者其他执行机关。

对于被判处死刑缓期二年执行、无期徒刑和有期徒刑的罪犯，由公安机关依法将该罪犯送交监狱执行刑罚。对于被判处有期徒刑的罪犯，在被交付执行刑罚前，剩余刑期在一年以下的，由看守所代为执行。……

对未成年犯应当在未成年犯管教所执行刑罚。

执行机关应当将罪犯及时收押，并且通知罪犯家属。

……

二、《中华人民共和国监狱法》的规定

第十五条 人民法院对被判处死刑缓期二年执行、无期徒刑、有期徒刑的罪犯，应当将执行通知书、判决书送达羁押该罪犯的公安机关，公安机关应当自收到执行通知书、判决书之日起一个月内将该罪犯送交监狱执行刑罚。

罪犯在被交付执行刑罚前，剩余刑期在一年以下的，由看守所代为执行。

第十六条 罪犯被交付执行刑罚时，交付执行的人民法院应当将人民检察院的起诉书副本、人民法院的判决书、执行通知书、结案登记表同时送达监狱。监狱没有收到上述文件的，不得收监；上述文件不齐全或者记载有误的，作出生效判决的人民法院应当及时补充齐全或者作出更正；对其中可能导致错误收监的，不予收监。

第十七条 监狱应当对交付执行刑罚的罪犯进行身体检查。经检查，被判处无期徒刑、有期徒刑的罪犯有下列情形之一的，可以暂不收监：

（一）有严重疾病需要保外就医的；

（二）怀孕或者正在哺乳自己婴儿的妇女。

对前款所列暂不收监的罪犯，应当由交付执行的人民法院决定暂予监外执行。对其中暂予监外执行有社会危险性的，应当收监。暂予监外执行的罪犯，由居住地公安机关执行刑罚。前款所列暂不收监的情形消失后，原判刑期尚未执行完毕的罪犯，由公安机关送交监狱收监。

第十八条 罪犯收监，应当严格检查其人身和所携带的物品。非生活必需品，由监狱代为保管或者征得罪犯同意退回其家属，违禁品予以没收。

女犯由女性人民警察检查。

第十九条 罪犯不得携带子女在监内服刑。

第二十条 罪犯收监后，监狱应当通知罪犯家属。通知书应当自收监之日起五日内发出。

执法程序

一、新犯收监的工作流程

收押新犯的工作流程包括（参见图 1）：

（一）审查押送人员的身份证件和审查收押范围

监狱应首先审查押送人员的有效身份证件，有武器者应移交。送押人员必须符合本监狱收押的范围。

监狱收押的应当是被人民法院判处死刑缓期二年执行、无期徒刑、有期徒刑的罪犯。罪犯在被交付执行刑罚前，对剩余刑期在一年以下的罪犯应由看守所代为执行，对此类罪犯监狱有拒收的权力。

收监范围还要审查该罪犯是否属于省（自治区、直辖市）监狱管理局规定的收押范围，如果不属于规定收押范围的必须经省（自治区、直辖市）监狱管理局的审批。其中，女犯由女子监狱或于男犯监狱内单独设立的女犯监区收监，未成年犯管教所收监的范围为 14—18 周岁的未成年罪犯。其他的罪犯均由成年男犯监狱收监。

一般而言，罪犯收监必须坚持依法和实行分类管理的原则，并以有利于罪犯的改造（矫正）、有利于维护监狱秩序为目的。对于危害国家安全类罪犯、在社会上有影响力的罪犯、黑社会和恶势力罪犯、共同作案罪犯等特殊类型的罪犯需要特别审批。

（二）审查法律文件

1. 收监时必须仔细查验人民法院交付执行的法定文件。(1) 审查法律文件是否齐备。这些法律文件包括四种：人民检察院的起诉书副本、发生法律效力的人民法院的判决书（裁定书)、执行通知书和结案登记表（各一式两份)。(2) 审查法律文件是否生效。即审查人民法院的刑事判决书是否已发生法律效力。(3) 审查法律文件的记载是否有误。人民法院提交给监狱的法律文件是监狱行使行刑权的法律文件，同时，也便于监狱全面了解和掌握罪犯的基本情况，可以更好地开展教育和改造（矫正）工作。

先行羁押的罪犯送监狱收监时，应当由人民法院将上述法律文件交给羁押罪犯的公安机关，再由公安机关将罪犯及法律文件交付给监狱。没有羁押的罪犯送监狱收监时，应当由人民法院直接将罪犯及法律文件交付给监狱。如果没有上述法律文件监狱不得收监。监狱查明剩余刑期不满一年的罪犯不得收监，应交由公安机关的看守所代为执行。

如果上述法律文件不齐全或者记载有误，应当在作出生效判决的人民法院

查验押送人身份、法律文件，验明罪犯正身
监狱医院健康检查
符合要求
不符合要求
不予收监
暂不收监
暂不收监通知书
等原判法院补齐、更正
不符合收押条件
符合收押条件
收监执行
罪犯、法律文件、个人财物交接
罪犯人身、物品检查
发现伤残
做好询问笔录
提出鉴定申请
委托鉴定
外国籍罪犯登记
统一理发、发放囚服
拍照、录像
填写档卡
录入计算机
按时谈话教育
寄发收监通知书
正副档制作、保管
收监教育

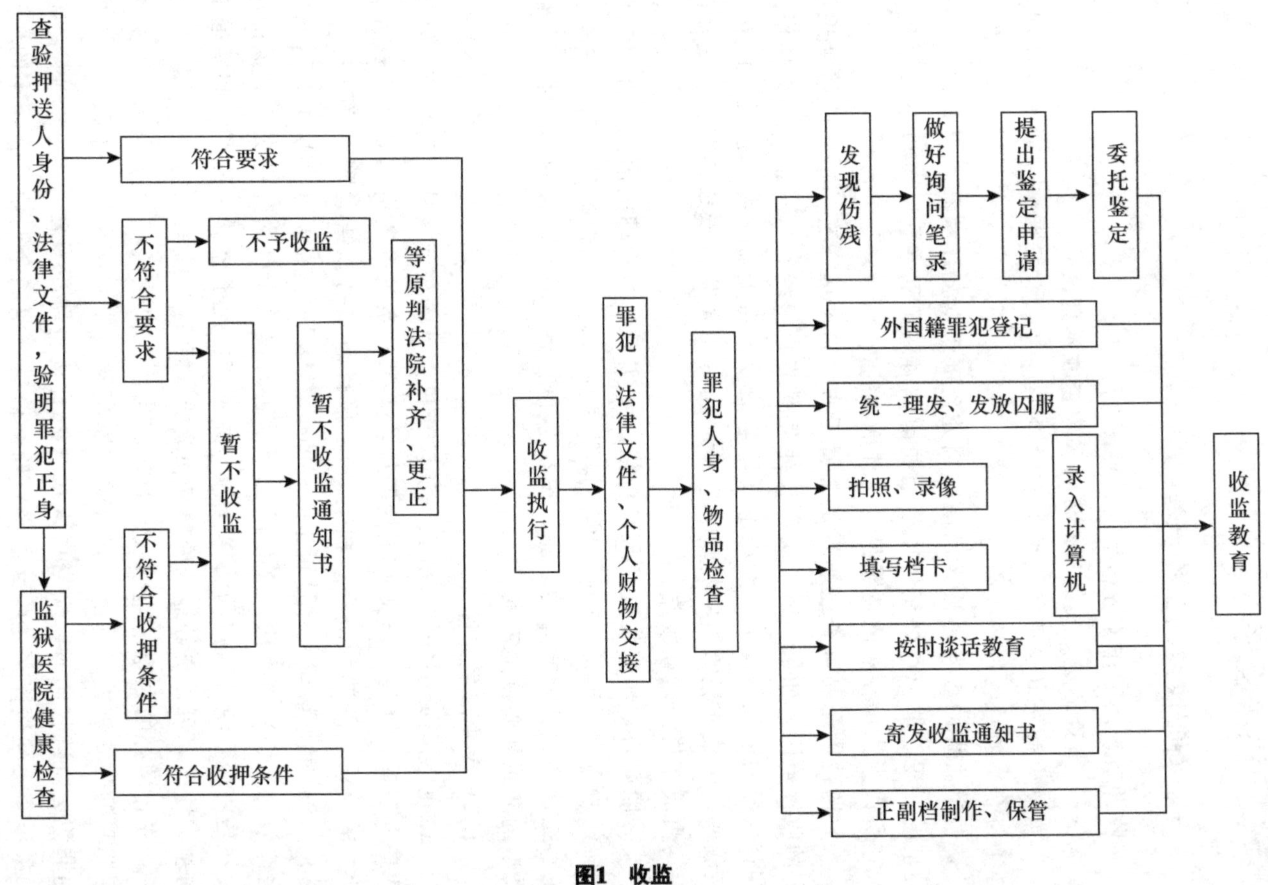

图1 收监

及时补充齐全或作出更正后予以收监，对其中可能导致错误收监的，不予收监。

2. 对外国籍、港、澳、台籍罪犯收监执行的，监狱除验收以上四种法律文书外，对外国籍罪犯，还应验收护照、居留证或者复印件；对港、澳、台籍罪犯，还应验收香港、澳门身份证、台胞证或者复印件。

3. 收押性犯罪罪犯时，必须查验由看守所提供的检测报告单，对患有性病、艾滋病（含艾滋病病毒感染）的罪犯，统一由指定的监狱收监。

4. 精神病罪犯收监执行的，监狱还应验收由省级人民政府指定的精神病司法鉴定医院的司法鉴定书或者复印件。

5. 对于邪教类等有特殊规定的罪犯，在收监执行前，由省（自治区、直辖市）监狱管理局刑罚执行处先行查验法律文书和相关工作说明，在七日内通知看守所将罪犯交付监狱收监执行。

6. 对于曾担任军人的罪犯，如果已被开除军籍的，在地方监狱服刑。但其中涉密的，也可在军事监狱服刑。由军队移送的罪犯，一般移送到罪犯原籍所在地监狱服刑。该地监狱在收到省（自治区、直辖市）监狱管理局的命令后办理，执行通知的发送仍由军事法院负责。监狱在接到上级监狱机关的命令后按照收监的程序和条件办理。

7. 收监时不能确定罪犯是否成年的，以骨龄测试结果为准。成年犯监狱不得收押未成年罪犯。

8. 为保持对罪犯的管理、考察、考核的延续性，监狱应要求看守所提供《罪犯羁押表现鉴定表》及考核情况汇总表和各月考核加扣分表。

9. 由公安机关办理的监外执行罪犯需要交付执行刑罚时，监狱应认真查验法院裁定、呈报文书、表现情况等文件资料。

（三）实施健康检查

对交付执行刑罚的罪犯，依《监狱法》第 17 条的规定对罪犯进行健康检查。健康检查应当由医生进行，填写《罪犯健康检查表》一式两份。经健康检查，被判处有期徒刑的罪犯如果符合司法部《罪犯保外就医疾病伤残范围》中规定情形的，即有严重疾病的；怀孕或正在哺乳自己婴儿的；因病残（不含自伤自残）生活不能自理的；患有其他可能需要保外就医的疾病的，如急性肝炎、浸润型结核病、艾滋病、皮肤病、性病等传染性严重疾病，以及危急重症高烧、昏迷、急腹症、恶性肿瘤待查等，不得收监。对暂不收监的罪犯，由监狱医院作出鉴定，经生活卫生科和刑罚执行部门审批，由刑罚执行部门开出《罪犯暂不收监通知书》交由交付执行的公安机关将罪犯带回。《罪犯健康检查表》和《罪犯暂不收监通知书》存根应详细填写，以备检查。

（四）实施安全检查

监狱在收监时，必须对入监罪犯的人身、衣服及所携带的物品进行严格的检查，严禁罪犯携带不应当携带的物品进入监内，以防止罪犯采取自杀、脱逃、行凶、破坏、暴动等行为危害监狱安全。罪犯的私人物品，不得由自己保存，统一交监狱保管，列出财产清单，由罪犯对照清点，认为无遗漏后，签字盖章。对查出的违禁品予以没收，对罪犯所携带的非生活必需品可通知其亲属领回或寄回。无法领回或寄回的，由监狱代为保管，开具清单和收据一式两份，其中一份交由罪犯，一份由监狱存档。现金及时存入银行，打入罪犯个人账户。代为保管的物品，在罪犯释放时，应如数发还，如有丢失和损坏，应当照价赔偿。

1. 检查的重点

（1）私自带入监内可供行凶、自杀、逃跑的器械、工具等尖锐器具、玻璃制品；

（2）私藏的酒类、手表、录放机、移动电话、毒品、毒性物品、易燃易爆物品等违禁品；

（3）盗窃的公私财物；

（4）现金、票证、各种证件、证章、白色粉状物品、药品以及私人外衣及棉被等；

（5）反动传单、信件、互相串供、挂钩的信件以及可供侦查的材料；

（6）宣扬凶杀、淫秽和邪教等内容的违禁书刊、手抄本和图片，以及音像制品。

2. 检查的方法和步骤

（1）检查前，监狱人民警察应当对罪犯进行教育，交代有关政策，鼓励罪犯将有关危险品、违禁品主动上交。

（2）检查时，民警直接组织实施。

（3）加强对罪犯人身重点部位、重点物品的检查，做到一丝不苟、不能遗漏。在实践中发现，罪犯用身体藏匿危险品、违禁品最多的部位为口腔、腋下、肛门、脚、手指缝以及脚底（包括鞋垫）；藏匿于携带物品中最常见的为牙膏、肥皂和箱子夹层、被子、热水瓶、药瓶、枕头、衣服的衣角缝隙处等。

（4）检查中特别要留意罪犯的眼神，捕捉罪犯藏匿危险品、违禁品的部位，提高检查的效率。

（5）为了检查更彻底，在检查罪犯的人身时，要求罪犯将衣服全部脱掉，检查完人身和贴身内衣裤，洗澡后再令其换上囚服。对于罪犯随身携带的物品，监内列为违禁品的，要予以没收。

3. 物品登记及处理

(1) 为了杜绝违禁品流入监内，对罪犯携带的熟菜、气体、不明液体和粉状物（如洗衣粉、味精等），一律予以没收或当面销毁，必须要有负责民警和罪犯的签字。

(2) 荣誉证书、证章、贵重物品等应造册登记，经责任民警签字后，暂由监狱代为统一保管，分流时移交给接收单位负责民警。

(3) 内衣裤、线衣裤、棉衣裤等先造册登记，经重新制作后再发还本人。

(4) 检查前，罪犯主动交出现金、邮票、贵重物品的，由接收民警核对，确认后由本人签字（一式两份），凭单上交财务科，存入罪犯银行卡，贵重物品妥善保管，开出单据，列入移交。

(5) 对新收罪犯废弃物品的处理，必须登记，由罪犯签字后再统一销毁。严禁民警将罪犯保管物品挪为己有，或擅自处理。

4. 违禁品登记及处理

(1) 对有重要犯罪嫌疑线索可供案件侦查的物品，要交狱内侦查支队审查处理。

(2) 属一般违规违纪行为的，可进行批评教育或扣分处理，查出的违禁品予以没收。

(3) 对清查出的危险品、违禁品，既要查到人，又要查清其来源和动机，堵塞危险品、违禁品流入监狱内的渠道。

5. 被服和生活用品发放

新犯入监检查结束后，及时发放被服和生活用品，并及时登记造册。

对收监的罪犯当天发放部分生活必需用品：牙膏、牙刷、洗衣粉、香皂、卫生纸、碗、毛巾、茶杯、凳子等。

（五）与交付执行的公安机关正式办理移交手续

经法律文书审查与身体健康检查确认送交执行刑罚的罪犯符合收押条件可以收监后，入监分监区（新收犯监狱）民警应与交付执行的公安机关办理移交手续，主要移交法律文书和罪犯个人物品，经清点验证无误后，在公安机关《罪犯移交清单》上签字。

二、做好对新犯的管理工作

（一）卫生消毒

罪犯收监后，分监区（新收犯监狱）应及时组织罪犯理发、洗澡，对所携带的物品进行消毒，发给囚服和监狱配置的其他生活必需品，同时根据罪犯的犯罪性质，个体特征等因素妥善安排床位和罪犯小组。

1. 沐浴。沐浴的目的在于清洁罪犯的身体，维护个人卫生，避免细菌的滋生、散播，也包含从此新生之意。

2. 更衣。即更换监狱囚服，罪犯穿着囚服，一方面便于管理，另一方面为体现行刑的公平性，和编列号数具有同等意义。

3. 理发。理发的目的和沐浴相同。同时，发型有利于识别和管理。

（二）告知罪犯的权利和义务

向每个新入监罪犯发放司法部监狱管理局统一编印的《罪犯须知》。宣布罪犯在服刑期间依法享有的权利和应当履行的义务，告知应遵守的监狱纪律。每个罪犯须熟知《监狱服刑人员行为规范》的内容。

（三）拍摄照片和按捺指纹

及时拍摄罪犯正、侧面一寸免冠照片，制作好指纹卡和音像资料。其目的是维护监狱安全和便于管理。为维护罪犯的自尊，入监时的照片在未经允许的情况下不得公开发表和利用。

（四）通知家属

监狱自收监之日起5日内向罪犯亲属发出《罪犯入监通知书》。没有亲属的罪犯，监狱可以通知其原所在单位、基层组织或者原居住地公安机关。

（五）填写表格

及时填写《罪犯入监登记表》。在填写入监登记表时，负责此项工作的监狱人民警察要按栏目要求亲自向罪犯询问情况。填写“个人简历”栏时，应当从罪犯出生填到入监，对其就学、职业经历、务工、经商等每一阶段的时间、地址逐一填写清楚，做到时间衔接无间断，地址详细无遗漏。填写“家庭成员及主要社会关系”栏，应当将罪犯全部家庭成员、亲戚和重要朋友（包括恋爱对象、同学、战友、同事、狱友等）的姓名、住址、工作单位填写清楚，要明确告诉罪犯，不得错报或隐瞒，在此栏中未注明的亲友，服刑期间一律不得会见。此外，还可以通过检查罪犯来往的信件、包裹、汇款单等途径掌握新犯的其他社会关系情况，并将相关信息登记清楚，归入罪犯档案。

（六）组织管理

对新犯实行封闭式、军事化管理。入监分监区（新收犯监狱）要认真落实监狱人民警察的直接管理和罪犯连环包夹制度，加强犯情分析。要安排好罪犯每日作息时间，将课堂教育、队列、内务、行为训练、适当组织生产劳动与集体文体活动有机结合起来，尽量减少罪犯个人自由活动的时间和空间，尽可能使罪犯在入监教育期间的全过程都处于受控状况，避免或减少监管事故的发生。

三、做好入监教育工作

入监教育的内容与方法主要有：

（一）课堂教育

课堂集体教育是入监教育的一种主要形式。课堂教育的主要内容有五个方面：

一是进行监狱基本知识的教育。以监狱法为教材，向罪犯宣讲监狱的性质、监狱工作的方针、政策，罪犯应享有的合法权利和必须履行的法定义务，监狱教育改造（矫正）罪犯的基本方法和手段，其目的是让罪犯正确认识监狱，树立罪犯的身份意识。

二是进行认罪服法教育。认罪服法教育一般分为三个阶段进行。第一阶段是组织罪犯学习相关法律知识，阐述认罪服法在改造（矫正）中的重要性，促使绝大多数罪犯做到认罪服判。第二阶段对罪犯进行犯罪危害性的教育，使罪犯认识到犯罪一害社会、二害家庭、三害自己，从而增强悔罪意识。第三阶段是反省犯罪根源，总结教训，交清余罪，检举揭发他人的犯罪线索。

三是进行改造（矫正）前途教育。通过教育，要使罪犯认识到只有积极改造（矫正）才有前途。在教育中可以结合国家有关刑释人员安置帮教的法律、法规，讲清政策，并结合刑释后回归社会的典型个案进行实例教育，鼓励罪犯认清形势，看到希望。在此基础上制订改造（矫正）计划，以积极的姿态进行改造（矫正）。

四是进行行为规范教育。逐条宣讲《监狱服刑人员行为规范》的基本涵义，使绝大多数罪犯能掌握行为规范的基本内容。同时入监分监区（新收犯监狱）要按照行为规范的要求，由监狱人民警察亲自组织对罪犯行为举止、内务卫生、队列行进的训练，逐个考核过关。

五是进行上岗前生产劳动基本知识的教育。通过教育，使罪犯进一步认识参加生产劳动的重要意义，端正劳动态度，并初步了解本单位生产技术的基本知识和安全生产的基本要求。

（二）个别教育

课堂教育一般只能解决新犯中存在的共性问题，而要真正解决个体的具体的思想问题则只有通过个别教育才能达到良好效果。在入监教育全过程中对罪犯的个别教育至少不少于 3 次。第一次个别谈话应在入监后 3 天内进行，主要是了解罪犯基本情况，向罪犯介绍监规纪律。第二次个别谈话应在入监教育的中期，针对每名罪犯在入监教育期间反映出来的思想和实际问题，以及行为表现给予耐心启发诱导。第三次个别谈话应在入监教育结束前进行，了解罪犯入监后的收获，肯定成绩，指出不足，提出今后改造（矫正）的希望和要求。

（三）其他教育

其他教育方式还包括指导罪犯撰写自传，通过撰写自传促使罪犯反思人生道路、总结教训。此外还可以运用座谈、讨论、出黑板报、撰写学习心得体会等形式开展多种辅助性教育活动，以增强教育效果。

（四）做好心理健康教育和心理测试工作

做好新犯的心理健康教育和心理测试，是入监期间的一项具有十分重要意义的工作。新犯是一个心理障碍高发的群体，对他们一入监即进行心理健康知识教育，将有助于帮助他们调适在今后服刑过程中可能碰到的心理问题。此外，在入监教育期间，还要对每一名罪犯进行心理测试，通过测试可以掌握罪犯的基本心理状态，为下一步制订改造（矫正）方案提供科学依据。因此，对罪犯的心理健康教育应纳入入监教育计划，对新犯的心理测试结果应放入罪犯档案，移交给新犯接收单位。对在心理测试中发现有严重心理障碍并有较大危险性的罪犯，分监区（新收犯监狱）应进行心理疏导，落实夹控，对有精神病倾向的罪犯要及时送监狱医院治疗或经批准后作司法鉴定。对有严重危险性留在入监分监区仍不能有效控制的，可呈报送严管分监区看护。

四、做好入监教育总结和新犯分配工作

（1）入监教育结束前，要组织罪犯写好个人总结，进行小组评议，召开分监区全体罪犯大会，选择典型在大会上交流，并由分监区领导进行入监教育总结。

（2）入监分监区监狱人民警察认真填写罪犯入监教育评估表，对罪犯在入监教育期间的认罪服法、遵守监规纪律、行为规范、队列训练、生产劳动、心理状况、危险因素等方面和情况提出考核评估意见，写出考核评语，经分监区集体合议后存入罪犯副档。

（3）入监教育期满前10天，入监分监区（新收犯监狱）将待分配罪犯的姓名、案由、刑期、年龄、文化、特长等造册报狱政部门，狱政部门根据“三分”工作要求，结合监狱改造（矫正）、生产和罪犯个体状况拟订分配方案，报监狱分管领导批准后实施。

（4）做好新犯分配的交接工作。各单位来接收新犯时，入监分监区要移交罪犯副档及罪犯个人生活用品，介绍每一名罪犯在入监教育期间的情况，重点罪犯的重要情况必须书面介绍。

注意问题

一、审查收监的对象和条件

入监为罪犯服刑的开端，也是监狱对罪犯行使行刑权的开始。因此，监

狱方应当严格依照规定的对象和条件收监，以免造成误收。

二、进行合理的人身检查和物品检查

监狱是一个封闭的场所，这是其赖以构建自由刑行刑氛围的必要措施。要保障监狱的安全，收监时应进行严格的人身和物品检查。

人权保障

收监过程中应该保障罪犯的合法权利：

一、刑期计算问题

《监狱法》第 16 条规定："罪犯被交付执行刑罚时，交付执行的人民法院应当将人民检察院的起诉书副本、人民法院的判决书、执行通知书、结案登记表同时送达监狱。监狱没有收到上述文件的，不得收监。"但部分地区没有严格执行《监狱法》有关罪犯收监程序的规定，比如，对于死缓犯罪犯的执行刑期，由于在罪犯交付执行环节，没有宣告文书送达，监狱部门只能按照执行通知书计算刑期，这容易造成超期服刑问题。

二、身体检查的问题

《监狱法》第 17 条第 1 款规定："……被判处无期徒刑、有期徒刑的罪犯有下列情形之一的，可以暂不收监：（一）有严重疾病需要保外就医的；（二）怀孕或者正在哺乳自己婴儿的妇女。"第 17 条第 2 款规定，"对前款所列暂不收监的罪犯，应当由交付执行的人民法院决定暂予监外执行。对其中暂予监外执行有社会危险性的，应当收监。"但对于"社会危险性"的认定主体是监狱，还是公安机关却未作细致规定。实践中的做法基本是对于公安机关交付执行的罪犯，监狱无条件收监。这造成一系列问题，监狱人满为患，病犯增多，罪犯死亡案件时有发生，引起家属上访，造成监狱和罪犯家属之间的矛盾激发。

三、对罪犯的财产的合法保护问题

罪犯随身携带的物品必须由监狱保管，除违禁品之外，罪犯可以拥有必要的钱币，但是只能由监狱予以保管。

四、入监罪犯有获得相关信息的权利

监狱应当发放《服刑人员须知》或《服刑人员手册》，使罪犯及时了解有

关信息。

五、罪犯体检和物品检查时的隐私保护

对罪犯进行体检是收监的必经程序。体检过程应当注重罪犯个人的隐私，不能公开裸体检查。对罪犯的人身及物品进行检查时，必须尊重罪犯的人格权和隐私，不得侮辱罪犯的人格。

六、及时通知家属的问题

《监狱法》第20条规定："罪犯收监后，监狱应当通知罪犯家属。通知书应当自收监之日起五日内发出。"但是如果监狱不通知家属，应该负何种责任，《监狱法》并没有规定。很多监狱没有落实此程序，造成罪犯探视权受到侵犯。在实践中，三假犯（假姓名、假住址、假身份）难以查清其家庭地址。对此，应该有回执。

典型案例

案例1　朱某某、陆某某怀孕是否应当收监

重庆市女子监狱罪犯朱某某被判无期徒刑在收监时已怀孕，江苏省女子监狱陆某某因犯罪被判死刑缓期二年执行，在收监时已怀孕，两省监狱管理局均向司法部监狱管理局提出罪犯是否应当收监的问题。司法部监狱管理局分别于2003年6月16日和6月20日就此请示进行了批复。批复认为，按照《刑事诉讼法》等法律规定精神，对已经怀孕的无期徒刑犯和死刑缓期二年执行犯应当收监。她们入监后，监狱应当在生活待遇方面予以适当照顾，安排必要的妊娠情况检查。临产时送至社会医院分娩，并做好住院期间的警戒工作。哺乳可以安排在监狱医院，以后的抚养可考虑由其亲属代为抚养，或者商请社会福利院抚养。

资料来源：司法部监狱管理局编：《监狱工作手册》第五辑，第276－277页。

技能训练

一、训练内容

第一，根据已有材料，熟悉并填写收监时的法律文书。

第二，熟悉并实训收监工作流程。

二、训练方法

第一，制作《罪犯不予收监通知书》、《罪犯暂不收监通知书》、《罪犯入监登记表》、《重要罪犯登记表》、《外籍犯或港澳台犯登记表》、《罪犯收监身体检查表》、《罪犯物品保管收据》、《罪犯入监通知书》等执法文书。

第二，通过模拟监禁中心的实训场所或深入监狱场所，了解收监程序。具体参见收监流程图（图1）。

文书制作一：罪犯不予收监通知书

罪犯不予收监通知书是监狱机关在对罪犯进行收监时，依法对交付执行的机关送交法律文书进行审查，发现法律文书不齐全或与罪犯本人身份不符或记载有误而做出不予收监决定后通知原判人民法院和负责送交罪犯公安机关时作出的执法文书。

罪犯不予收监通知书是一纸三联填写式文书。第一联是送达原判人民法院的通知书；第二联是送达交付执行的公安机关的通知书；第三联是存根。第一联和第二联内容基本相同，该文书需要填写的栏目有：

（1）发文字号。包括年份、机关代字、文书代号和序号。该文书三联的标题下方及各联相连的骑缝处（共有五处）的发文字号应完全相同。其中，骑缝处的发文字号要求用大写汉字书写。

（2）通知单位。分别在第一联和第二联上顶格填写人民法院和送押罪犯的公安机关的名称。

（3）罪犯基本情况。包括罪犯姓名、性别、出生日期、罪名、刑期五项。制作时可从送交的判决书、执行通知书、结案登记表等法律文件中转抄。

（4）不予收监的理由。该部分是此份文件的重要内容，应根据法律的规定，具体写明不予收监的理由。如“文件不齐全，缺乏××”；或者“文件与文件记载的罪犯姓名不符”，或者“文件贴附照片与罪犯本人不符”等。

（5）成文日期。分别在三联下方填写该通知成文日期，其中第二联和第三联须用汉字填写，并加盖公章。

（6）签名。存根联上须由填发人和送押人分别签注姓名。

示例如表1-1。

表 1-1

罪犯不予收监通知书

（存根）

(2009)浙×监通字第 4 号

姓名王××
性别男
出生日期 1980 年 3 月 4 日
罪名抢劫罪
刑期11 年
原判法院××市中级人民法院
送押机关××市公安局
不予收监的理由缺少人民法院结案登记表；罪犯姓名不符
填发日期： 2009 年 6 月 1 日
填发人：赵××
送押人：李××、周××
此通知书已送达：
××市公安机关
××市中级人民法院

存根

贰零零玖浙×监通字第肆号

罪犯不予收监通知书

(2009)浙×监通字第 4 号

××市公安局：

你局送押罪犯王××，性别男，出生日期 1980 年 3 月 4 日，罪名抢劫罪，刑期11 年。经检查，由于缺少人民法院结案登记表；罪犯姓名不符，根据《中华人民共和国监狱法》第十六条和《中华人民共和国刑事诉讼法》第二百一十三条规定，决定不予收监。

特此通知。

（公章）

二〇〇九年六月一日

送交公安机关

贰零零玖浙×监通字第肆号

罪犯不予收监通知书

(2009) 浙×监通字第 4 号

××市中级人民法院：

你院判决罪犯王××，性别男，出生日期 1980 年 3 月 4 日，罪名抢劫罪，刑期11 年，经检查，由于缺少人民法院结案登记表；罪犯姓名不符，根据《中华人民共和国监狱法》第十六条和《中华人民共和国刑事诉讼法》第二百一十三条规定，决定不予收监。

特此通知。

（公章）

二〇〇九年六月一日

送交原判人民法院

文书制作二：罪犯暂不收监通知书

罪犯暂不收监通知书是在收监过程中，监狱对罪犯进行身体检查后，对不适合在监狱执行刑罚的罪犯作出暂不收监决定后通知原判人民法院和负责送交罪犯的公安机关制作的文书。

罪犯暂不收监通知书是一纸三联填写式文书。其基本格式与罪犯不予收监通知书大致相同，二者的区别主要是“不予收监”和“暂不收监”的法定理由和法律依据。需填写的栏目中除“暂不收监”的理由栏外，其他栏目的填写方法与罪犯不予收监通知书相同。“暂不收监”的理由，要求按照法律的规定和罪犯身体检查结果写明暂不收监的理由。

示例如表 1-2。

文书制作三：罪犯入监登记表

罪犯入监登记表是监狱依法收押新入监罪犯时制作的表格式执法文书。监狱人民警察应当对罪犯进行详细的询问和登记，并制作罪犯入监登记表。

罪犯入监登记表主要有以下四部分内容：

(1) 单位、编号和入监时间。单位在文书名称的左下方填写“××监狱”；罪犯编号是该罪犯在监狱服刑期间输入计算机微机的统一编号（终身编号）。应按照《狱政信息管理系统》规定的编号方法确定后填入。在文书名称的右下方填写“入监日期：××××年×月×日”。

(2) 罪犯的个人情况。在表格内依次填写罪犯的姓名、别名、性别、民族、出生日期、文化程度、捕前职业、原政治面貌、特长、身份证号、口音、籍贯（国籍）、原户籍所在地、家庭住址、婚姻状况（已婚、未婚、离异）、拘留日期、逮捕机关、逮捕日期、判决书号、判决机关、判决日期、罪名、刑种（有期徒刑、无期徒刑和死刑缓期二年执行）、刑期起止日期、附加刑、曾受何种惩处、本人简历、主要犯罪事实等。

(3) 罪犯的家庭成员及主要社会关系。这是本表的重点栏目之一，填写时，家庭主要人员首先必须全部记入，其次是主要社会关系。应详细准确了解罪犯亲属（包括罪犯和亲属之间的关系）、主要社会关系的姓名、出生日期、政治面貌、工作单位及职务（业）、住址、电话等情况后，予以准确、详细地填写。这有利于在必要时与其家庭成员及社会关系之间进行沟通，动员他们参与帮教工作。在发生重大变故时，也便于及时通知罪犯家属；在罪犯

表 1-2

罪犯暂不收监通知书

（存根）

(2010)浙×监通字第 33 号

姓名：吴××　性别：男
出生日期：1958 年 9 月 21 日
罪　名：受贿罪
刑　种：有期徒刑
刑　期：14 年
原判法院：××市中级人民法院
送押机关：××市公安机关
不予收监的理由：患严重心脏病

填发日期：2010 年 5 月 5 日
填发人：胡××
送押人：温××、孟××
此通知书已送达
××市公安机关
××市中级人民法院

存根

贰零壹零浙×监通字第叁拾叁号

罪犯暂不收监通知书

(2010)浙×监通字第 33 号

××市公安局：

你局送押罪犯吴××，男（女），出生日期 1958 年 9 月 21 日，罪名受贿罪，刑期14 年。经入监体检，该犯，患严重心脏病，根据《中华人民共和国刑事诉讼法》第二百一十四条规定和《中华人民共和国监狱法》第十七条规定，决定暂不收监。

特此通知。

（公章）
二〇一〇年五月五日

送交公安机关

贰零壹零浙×监通字第叁拾叁号

罪犯暂不收监通知书

(2010)浙×监通字第 33 号

××市中级人民法院

你院判决罪犯吴××，男（女），出生日期 1958 年 9 月 21 日，罪名受贿罪，刑期14 年，经入监体检，该犯患严重心脏病。

根据《中华人民共和国刑事诉讼法》第二百一十四条和《中华人民共和国监狱法》第十七条规定，决定暂不收监。

特此通知。

（公章）
二〇一〇年五月五日

送交原判人民法院

脱逃后，也便于制定追捕方案，查寻可能藏匿的地点和线索。

（4）同案犯。本栏目需要填写的项目包括同案犯的姓名、性别、出生日期、捕前职业、罪名、刑期、家庭住址等，可依判决书转抄。

以上内容，在填写时，大部分可以从判决书、结案登记表、执行通知书等法律文书中转抄。但有些栏目（如罪犯的口音、家庭成员等）则需询问罪犯和通过内外调查方可查明。如果有些项目没有具体内容可填，该栏目不要留空白，可写“无”或划上斜线。

示例如表 1-3。

文书制作四：重要罪犯登记表

重要罪犯登记表是监狱在依法收监重要罪犯后制作的表格式执法文书。为及时掌握重要罪犯情况，国家司法部要求监狱建立收押重要罪犯报告制度，明确规定各监狱收押重要罪犯后，应在 3 天内将罪犯的基本情况按《重要罪犯登记表》的要求填写后（附人民法院判决书复印件）报省（自治区、直辖市）监狱管理局；各地监狱管理局接到报告后应及时上报司法部监狱管理局。重要罪犯被加刑或者减刑、假释、保外就医及刑满释放的情况应随时报告。

对重要罪犯的界定，司法部监狱管理的界定是：原副厅级（现职）以上党政领导干部；原全国人大代表、政协委员，省、自治区、直辖市人大代表、政协委员；原省级以上民主党派组织的负责人；省、部级以上党政干部的直系亲属；科技、艺术、体育、卫生、宗教界等有重要影响的知名人士；根据领导批示，中央及各省、自治区、直辖市政法部门直接承办案件中的罪犯；鼓吹民族分裂主义、参与骚乱的罪犯、利用宗教犯罪的骨干和头面人物；中央级报刊曾予报道、在国内外有重大影响的案件中的罪犯等。凡是符合以上条件的罪犯，监狱在收押后应立即制作重要罪犯登记表，及时上报。

重要罪犯登记表分为三部分：

（1）单位、罪犯编号。在登记表的左下方填写“单位：××监狱”，在登记表名称的右下方填写“罪犯编号”。

（2）罪犯个人情况。在登记表格内，依次填写罪犯的个人情况：姓名、性别、民族、出生日期、籍贯、住址、原工作单位、职务、罪名、刑期、判决机关、关押单位、身体状况、犯罪事实、备注等。

（3）填表人、审核人和填报日期。在表格下方依次签注填表人、审核人姓名，并标明填报日期。

表 1-3　罪犯入监登记表

单位：浙江省××监狱　编号：330620010034　　　　入监日期　2001 年 7 月 6 日

<table>
<tr><td>姓名</td><td colspan="2">陈××</td><td colspan="2">别名</td><td>无</td><td>性别</td><td>男</td><td rowspan="4">一寸
免冠
照片</td></tr>
<tr><td>民族</td><td>汉</td><td>出生日期</td><td colspan="3">1963 年 10 月 27 日</td><td>文化程度</td><td>初中</td></tr>
<tr><td>捕前职业</td><td>农民</td><td colspan="2">原政治面貌</td><td>群众</td><td>特长</td><td colspan="2">无</td></tr>
<tr><td>身份证号</td><td colspan="4">3307191963102763××</td><td>口音</td><td colspan="2">浙江兰溪口音</td></tr>
<tr><td>籍贯（国籍）</td><td colspan="4">××省兰溪市</td><td>原户籍所在地</td><td colspan="3">××省兰溪市××镇××村××号</td></tr>
<tr><td>家庭住址</td><td colspan="4">××省兰溪市××镇××村××号</td><td>婚姻状况</td><td colspan="3">离异</td></tr>
<tr><td>拘留日期</td><td colspan="2">2000 年 7 月 18 日</td><td>逮捕机关</td><td colspan="2">浙江省兰溪市公安局</td><td>逮捕日期</td><td colspan="2">2000 年 8 月 1 日</td></tr>
<tr><td>判决书号</td><td colspan="2">（2001）浙法刑终字第 22 号</td><td>判决机关</td><td colspan="2">浙江省高级人民法院</td><td>判决日期</td><td colspan="2">2001 年 2 月 16 日</td></tr>
<tr><td>罪　名</td><td colspan="4">故意杀人罪</td><td colspan="2">刑　种</td><td colspan="2">死刑</td></tr>
<tr><td>刑　期</td><td colspan="4">死缓</td><td colspan="2">附加刑</td><td colspan="2">剥夺政治权利终身</td></tr>
<tr><td>曾受何种处罚</td><td colspan="8">无</td></tr>
<tr><td rowspan="7">个人简历</td><td colspan="2">起时</td><td colspan="2">止时</td><td colspan="2">所在单位</td><td colspan="2">职业（业）</td></tr>
<tr><td colspan="2">1970 年 9 月</td><td colspan="2">1976 年 6 月</td><td colspan="2">兰溪市××小学</td><td colspan="2">学生</td></tr>
<tr><td colspan="2">1976 年 9 月</td><td colspan="2">1979 年 6 月</td><td colspan="2">兰溪市××中学</td><td colspan="2">学生</td></tr>
<tr><td colspan="2">1979 年 6 月</td><td colspan="2">捕前</td><td colspan="2">兰溪市××镇××村</td><td colspan="2">农民</td></tr>
<tr><td colspan="2"></td><td colspan="2"></td><td colspan="2"></td><td colspan="2"></td></tr>
<tr><td colspan="2"></td><td colspan="2"></td><td colspan="2"></td><td colspan="2"></td></tr>
<tr><td colspan="2"></td><td colspan="2"></td><td colspan="2"></td><td colspan="2"></td></tr>
<tr><td>主要犯罪事实</td><td colspan="8">2000 年 7 月 17 日早上 6 时 30 分，罪犯陈××因其嫂周××不让其烧早饭，即对周采用啤酒瓶、铁耙打，用菜刀、柴刀砍 10 余刀，致使周××脑功能衰竭死亡。</td></tr>
</table>

续前表

	关系	姓名	出生日期	政治面貌	工作单位职务(业)	住　址	电　话
家庭人员及主要社会关系	父亲	陈××	1935年3月14日	群众	在家务农	兰溪市××镇××村××号	0579—×××××××
	母亲	应××	1936年11月12日	群众	在家务农	兰溪市××镇××村××号	0579—×××××××
	姐姐	陈××	1957年3月24日	群众	在家务农	兰溪市××镇××村××号	0579—×××××××
	哥哥	陈××	1955年8月28日	群众	在家务农	兰溪市××镇××村××号	0579—×××××××
同案犯	姓名	性别	出生日期	捕前职业	罪名	刑期	家庭住址
	无						

说明：此表一式两份。

示例如表 1-4。

表 1-4　重要罪犯登记表

单位：××省××监狱　　　　　　　　　　　　罪犯编号：330620100433

<table>
<tr><td>姓名</td><td>贾××</td><td>性别</td><td>男</td><td>民族</td><td>汉</td><td>出生日期</td><td>1957 年 3 月 8 日</td></tr>
<tr><td>籍贯</td><td colspan="2">××省××市</td><td colspan="2">住　址</td><td colspan="3">××省××市××区桂花城 1—104</td></tr>
<tr><td>原工作单位</td><td colspan="2">××市人民政府</td><td colspan="2">职　务</td><td colspan="3">副市长</td></tr>
<tr><td>罪名</td><td colspan="2">受贿罪</td><td>刑期</td><td colspan="2">15 年</td><td>刑期起至</td><td>自 2009 年 3 月 7 日
至 2024 年 3 月 6 日</td></tr>
<tr><td>判决机关</td><td colspan="2">××省高级人民法院</td><td>关押单位</td><td colspan="2">××省××监狱</td><td>收押时间</td><td>2009 年 9 月 5 日</td></tr>
<tr><td>身体状况</td><td colspan="7">患有心脏病，其余正常。</td></tr>
<tr><td>犯罪事实</td><td colspan="7">贾××在 1997 年至 2008 年间，利用担任××市金家区委副书记、区长，区委书记、区人大常委会主任、市人民政府副市长等职务便利，为一些房产公司、建筑装饰公司等单位和个人谋取利益，先后非法收受人民币 150 万元、美元 9 500 元、购物卡 11 万元和价值 12.49 万元的物品，合计近 180 余万元。贾××为企业和个人在开发项目、人防费缓减、争取路政工程、获得支农资金等方面提供了帮助。</td></tr>
<tr><td>备注</td><td colspan="7">1. 贾××捕前为省人大代表，副厅级干部；
2. 贾××之妻苏×以受贿罪被同案判处有期徒刑 10 年，在××省女子监狱服刑；
3. 贾××之子贾×，以受贿罪判处有期徒刑 8 年，在××省××监狱服刑。</td></tr>
</table>

填表人：杨××　　　　　　　　　　审核人：汪××　填表日期 2009 年 9 月 5 日

 文书制作五：外籍犯或港澳台犯登记表

外籍犯或港澳台犯登记表是监狱收押外籍、港澳台人监罪犯而专门制作的一种罪犯入监登记表。

外籍犯或港澳台犯登记表除几个特殊栏目外，大部分栏目与罪犯入监登记表相同。可分为三个部分：

（1）填报单位和罪犯编号。在文书名称的左下方填写单位：××监狱，在文书名称的右下方填写罪犯编号。

（2）罪犯个人情况。包括姓名（中文）、姓名原文（与护照姓名相同）、健康状况等。其他各栏的填写，大部分从判决书、结案登记表、执行通知书等法律文书和罪犯的有关证件中转抄。不清楚的部分，须与罪犯交谈方可查清。

（3）审核人、填表人、填报日期，在表格下方分别在审核人、填表人位置签注姓名、填写日期。

示例如表 1-5。

表 1-5　外籍犯或港澳台犯登记表

填报单位：××省××监狱　　　　罪犯编号：3308200704

<table>
<tr><td colspan="2">姓名（中文）</td><td>约翰</td><td colspan="3">姓名（原文）</td><td colspan="2">John</td></tr>
<tr><td>性别</td><td>男</td><td>出生日期</td><td colspan="3">1975 年 5 月 5 日</td><td>文化程度</td><td>大学</td></tr>
<tr><td>国籍</td><td>×国</td><td>捕前住址</td><td colspan="5">×国××市××街 407 号</td></tr>
<tr><td colspan="2">身份证号</td><td colspan="4">LD74××××</td><td>护照号</td><td>W0303××××</td></tr>
<tr><td colspan="2">护照有效期</td><td colspan="6">2009 年 5 月 1 日至 2009 年 10 月 30 日</td></tr>
<tr><td colspan="2">原工作单位</td><td colspan="4">×国××贸易有限公司</td><td>职务</td><td>职员</td></tr>
<tr><td colspan="2">审判机关</td><td colspan="4">××省××市中级人民法院</td><td>判决书号</td><td>（2009）×法刑初字第 48 号</td></tr>
<tr><td colspan="2">判决时间</td><td colspan="4">2009 年 11 月 4 日</td><td>罪名</td><td>诈骗罪</td></tr>
<tr><td colspan="2">刑种</td><td colspan="4">有期徒刑</td><td>附加刑</td><td>罚金 10 万元</td></tr>
<tr><td colspan="2">刑期</td><td colspan="4">12 年</td><td>刑期起止</td><td>2009 年 8 月 7 日至 2021 年 8 月 6 日</td></tr>
<tr><td colspan="2">关押地点</td><td colspan="4">××省××市××区
杨家岭路 433 号</td><td>入监日期</td><td>2009 年 11 月 24 日</td></tr>
<tr><td colspan="2" rowspan="4">家庭主要人员</td><td colspan="2">姓名</td><td>关系</td><td colspan="2">现住址</td><td>电话</td></tr>
<tr><td colspan="2">琼</td><td>妻子</td><td colspan="2">×国××市××街 407 号</td><td>0018××××339</td></tr>
<tr><td colspan="2">希斯</td><td>父亲</td><td colspan="2">同上</td><td>0749××××737</td></tr>
<tr><td colspan="2">美思蒂斯</td><td>母亲</td><td colspan="2">同上</td><td>同上</td></tr>
<tr><td colspan="2">主要犯罪事实</td><td colspan="6">2009 年 6 月 13 日，在××市与××公司进行虚假贸易活动，骗取××公司人民币 20 万元。</td></tr>
<tr><td colspan="2">健康状况</td><td colspan="6">健康。</td></tr>
</table>

审核人：盛　××　　　填表人：胡××　　　填报日期：2009 年 11 月 26 日

注：“姓名（原文）”应与护照相同

文书制作六：罪犯收监身体检查表

罪犯收监身体检查表是监狱在对罪犯收监过程中，依法对其身体检查时所作的文字记录。该表由监狱从事医务工作的人民警察填写，主要记录罪犯的身体健康状况和体貌特征等情况。目的是确定罪犯的身体状况是否适合在监狱服刑；同时，了解罪犯的身心健康状况，以便合理安排罪犯的服刑改造内容和防止监狱内传染病的流行以及为脱逃后的追捕工作提供相关资料。

罪犯收监身体检查表的主要内容包括：

（1）编号。填写收监体检表编号。

（2）罪犯基本情况。包括罪犯的姓名、性别、出生日期、民族、婚姻状况、家庭住址、罪名、刑种、刑期、身高、体重、血型等。这些内容大部分可以从判决书、执行通知书、结案登记表等法律文书中转抄。制作方法与入监登记表的栏目相同。其中，身高的计量单位是“公分”；体重的计量单位是“公斤”。

(3) 罪犯的体貌特征。这部分是本表的重点，具体包括头部特征、发须特征、脸部特征、四肢特征和其他特征等。

(4) 既往病史。要求记录罪犯既往病史的疾病名称及患病时间。通过详细询问罪犯后如实填写。

(5) 检查项目。依次填写一般状态、血压、内科、外科、五官科、皮肤科、妇科、X线、化验等其他检查项目。其中，一般状态是指精神状态。其余项目则依检查结果而填写。

(6) 主检医师意见、医院意见。主检医师综合检查结果后签署意见，并签注姓名，最后由医院签署意见并盖印章，注明日期。

示例如表 1-6。

表 1-6　罪犯收监身体检查表

单位：××省××监狱 1 监区 4 分监区　　　　编号：6847543

<table>
<tr><td>姓名</td><td colspan="2">王××</td><td>性别</td><td>男</td><td colspan="3">出生日期</td><td colspan="2">1975 年 5 月 3 日</td></tr>
<tr><td>民族</td><td>汉</td><td>婚否</td><td colspan="2">已</td><td>家庭住址</td><td colspan="4">××省××市××区××镇×组</td></tr>
<tr><td>罪名</td><td colspan="2">盗窃罪</td><td>刑种</td><td>有期徒刑</td><td>刑期</td><td colspan="4">1999 年 9 月 9 日起至 2014 年 9 月 8 日止</td></tr>
<tr><td>身高</td><td colspan="2">168cm</td><td>体重</td><td>80kg</td><td>血型</td><td colspan="4">A 型</td></tr>
<tr><td rowspan="5">体貌特征</td><td>头部</td><td colspan="8">圆头，头顶平、前额平</td></tr>
<tr><td>发须</td><td colspan="8">发黑密，线型发际，须淡</td></tr>
<tr><td>脸部</td><td colspan="8">圆脸，弓形粗眉，双眉分离，椭圆眼，双眼皮，蒜头鼻，鼻背高，水平嘴，唇薄，椭圆耳，下巴圆</td></tr>
<tr><td>四肢</td><td colspan="8">体形偏瘦，腿长</td></tr>
<tr><td>其他</td><td colspan="8"></td></tr>
<tr><td rowspan="2">既往病史</td><td>病名</td><td>肝炎</td><td>痢疾</td><td>伤寒</td><td>肺结核</td><td>皮肤病</td><td>性病</td><td>精神病</td><td>其他</td></tr>
<tr><td>患病时间</td><td>/</td><td>/</td><td>/</td><td>/</td><td>/</td><td>/</td><td>/</td><td>无</td></tr>
<tr><td rowspan="9">检查项目</td><td colspan="2">一般状态</td><td colspan="2"></td><td colspan="2">血压</td><td colspan="3">75/120　kpa</td></tr>
<tr><td colspan="2">内科</td><td colspan="7">正常</td></tr>
<tr><td colspan="2">外科</td><td colspan="7">正常</td></tr>
<tr><td colspan="2">五官科</td><td colspan="7">正常</td></tr>
<tr><td colspan="2">皮肤科</td><td colspan="7">正常</td></tr>
<tr><td colspan="2">妇科</td><td colspan="7">/</td></tr>
<tr><td colspan="2">×线</td><td colspan="7">胸透无异常发现</td></tr>
<tr><td colspan="2">化验</td><td colspan="7">肝功、肾功正常</td></tr>
<tr><td colspan="2">其他</td><td colspan="7">/</td></tr>
<tr><td>主检医师意见</td><td colspan="4">正常
签字：张××
2000 年 8 月 9 日</td><td>医院意见</td><td colspan="4">正常
（公章）
2000 年 8 月 9 日</td></tr>
</table>

文书制作七：罪犯物品保管收据

罪犯物品保管收据是监狱在收押罪犯时，依法对罪犯所携带的非生活必需品予以保管时开具给罪犯的收据。

罪犯物品保管收据为一纸三联，分成正本、副本和存根三部分。其中，正本由罪犯本人保存，副本由罪犯所在监区或分监区保存，存根由监狱狱政科保存。罪犯物品保管收据的内容分成三部分，主要栏目包括：

（1）编号、日期、文书字号。“编号”是指罪犯编号，与罪犯入监登记表中的相同。“日期”指移交保管的日期。“文书字号”位于三联的骑缝处，必须完全相同。

（2）品名、规格型号、计量单位、数量、新旧程度等。这些栏目可对照实物如实填写。

（3）保管人签名、罪犯签名。将物品清单与实物核对无误后，由保管人和罪犯分别签注姓名。

示例如表 1-7。

文书制作八：罪犯入监通知书

罪犯入监通知书是监狱机关在收押罪犯后，依法把罪犯入监日期、关押处所、通信地址告知其家属所使用的填写式执法文书。

罪犯入监通知书为一纸三联，第一联是正本，寄送至罪犯亲属；第二联是回执，由罪犯家属在收到罪犯入监通知书后，寄回监狱，表明该通知书已收到；第三联是存根，由制作文书的监狱存档备查。

正本的主要项目有：（1）发文字号：由年份、机关代号、文书代字和序号组成。（2）称谓：顶格填写罪犯亲属的姓名。在姓氏后面可以书写“先生”、“女士”等称呼。（3）正文：正文的主要内容是告知罪犯家属罪犯因何罪、经人民法院判处的刑罚及入监日期、服刑处所等情况。（4）地址：即为监狱地址。应详细写明监狱的地址，以方便罪犯亲属探监。（5）乘车路线：乘车路线应详细说明公交车线路、车站等，以方便家属前往监狱。（6）罪犯的通信信箱号、邮政编码和咨询电话等的填写应详细、准确。（7）落款由监狱机关签章并注明成文日期。

回执的主要项目有：发文字号、正文、罪犯家属签收栏。回执联只需填写发文字号后连同正本联一起寄送罪犯家属，罪犯家属在接到罪犯入监通知

表 1-7

罪犯物品保管收据

（存根）

编号：20100224　　2010 年 9 月 5 日

品名	规格型号	计量单位	数量	新旧程度
手机	N96	只	1	6 成新
金项链	18K	根	1	9 成新
毛料风衣	165/96A	套	1	7 成新
保管人签名	刘×	罪犯签名	赵××	

说明：此份存狱政科

字第贰拾号

罪犯物品保管收据

（存根）

编号：20100224　　2010 年 9 月 5 日

品名	规格型号	计量单位	数量	新旧程度
手机	N96	只	1	6 成新
金项链	18K	根	1	9 成新
毛料风衣	165/96A	套	1	7 成新
保管人签名	刘×	罪犯签名	赵××	

说明：此份存（分）监区

字第贰拾号

罪犯物品保管收据

（存根）

编号：20100224　　2010 年 9 月 5 日

品名	规格型号	计量单位	数量	新旧程度
手机	N96	只	1	6 成新
金项链	18K	根	1	9 成新
毛料风衣	165/96A	套	1	7 成新
保管人签名	刘×	罪犯签名	赵××	

说明：此份交罪犯本人保存

书后签字或盖章，再寄回监狱，表明通知书已收到。

存根的主要栏目有：发文字号、罪犯姓名、罪名、刑种、刑期、判决机关、入监时间、家属姓名、与罪犯的关系、家属住址、填发人、填发时间等。应与正本的内容对照，做到完全一致，避免出现错误。存根联依次填写后留存。

示例如表 1-8。

视野拓展

一、《联合国囚犯待遇最低限度标准规则》对罪犯收监的规定

第二十四条　医护人员对于每一新收之在监人，应尽速实施检查，如必要时应随时为之，其检查应注意下列之目的：发现身体上及精神上之疾病，并为适当之治疗，对于可疑为传染病患者，予以隔离；查明在监人身体上、精神上足以妨碍其改善自新之疾病；并决定在监人之体力，以为选择作业之标准。

第三十五条　（1）囚犯入狱时应发给书面资料，载述有关同类囚犯待遇、监所的纪律要求领取资料和提出申诉的规定办法等规章以及使囚犯明了其权利义务、适应监所生活的其他必要资料。（2）如果囚犯为文盲，应该通过口头传达上述资料。

第三十六条　（1）囚犯应该在每周工作日都有机会向监所主任或奉派代表主任的官员提出其请求或申诉。（2）监狱检察员检查监狱时，囚犯也得向他提出请求或申诉。囚犯应有机会同检查员或其他检察官谈话，监所主任或其他工作人员不得在场。（3）囚犯应可按照核定的渠道，向中央监狱管理处、司法当局或其他适当机关提出请求或申请，内容不受检查，但须符合格式。（4）除非请求或申诉显然过于琐碎或毫无根据，应迅速加以处理并予答复，不得无理拖延。

二、外国监狱对于收监的规定

（一）一般入监规定

1. 美国

美国的《监狱与犯人》中规定：“随同犯人递交执行书副本。每当一名犯人凭拘禁或逮捕证被提交监狱长、县的行政司法官或者看守时，拘禁或逮捕证的一份副本随即交给这位官员，作为看管犯人的凭据。原件连同上述签注了官员的回批，应送还有关法院或官员。”

表 1-8

罪犯入监通知书

（存根）

（2010）浙×监字第 101 号

罪犯姓名　冯××
罪名　故意杀人罪
刑种　无期徒刑
判决机关　××市中级人民法院
入监时间　2010 年 3 月 9 日
家属姓名　冯××
与罪犯的关系　父子
家属地址　××市××镇××村××组

填发人：钱××
填发日期：2010 年 3 月 10 日

（贰零壹零）浙×监通字第壹佰零壹号

罪犯入监通知书

（回执）

（2010）浙×监字第 101 号

通知书我已收到。

家属姓名＿＿＿
（签名或盖章）
年　月　日

注：接到通知书后，请即将此回执寄回发函单位。

（贰零壹零）浙×监通字第壹佰零壹号

罪犯入监通知书

（2010）浙×监字第 101 号

冯××：

你儿子冯××因故意杀人罪，经人民法院判处无期徒刑，于 2010 年 3 月 10 日送浙江省××监狱服刑。地　址：××市××区××镇杨家岭路 34 号乘车路线：K88、K43 路公交车到杨家岭站下车。

通信信箱：308 信箱 01 分箱
邮政编码：3143××
咨询电话：05××－8432300×
特此通知。

（公章）
二〇一〇年三月十日

2．英国

英国的《监狱法》规定：不论被判监禁徒刑或被判在监狱中候押或在审判期间的人，监禁在任何监狱，视为合法。被判往任何监狱，均由国务大臣发布命令。犯人不支付被押送到监狱的旅途费用。如签发给某监狱长收的执行令状、逮捕状或其他法律文书上注明的该监狱名称与其通常被称呼的不相等，但是足以说明该监狱仍然有效。收押犯人时，以及在收押后，监狱长认为有必要的，可对犯人进行搜身。

根据国务大臣的命令，犯人必须进行登记并将犯人登记表存入档案。收押犯人，可给犯人拍照，但未经允许，不得将照片给予任何人。

犯人的私人购物，除现金之外，不得由其自己保管，得交由监狱长保管，并且列一财产清单，由犯人对照清点，认为无遗漏后，签字盖章。

3．德国

德国的《刑罚执行法》规定："犯人被收押后，得立即由医官进行身体检查，并向监狱长或收押部门负责人介绍犯人的情况。"

（二）告知罪犯的权利和义务

外国监狱法律都有告知罪犯权利和义务的法律规定。《意大利共和国监狱法》规定："在囚犯和被收容人入狱时，如有必要，相继告诉他们有关权利、义务、纪律和待遇的一般规定和特殊规定。"《意大利共和国监狱法执行细则》规定："在监狱图书馆和囚犯可能进出的其他场所，应放置1975年7月26日第354号法律、本细则、狱内规章和有关囚犯和被收容人的权利、义务、纪律和待遇的规定。入狱时，发给每个囚犯或被收容人一份监狱法、执行细则和狱内规章摘要，并标明可查询全文的地点。""还应通过阐明调整监狱生活的规则和规定中的道理，促使囚犯和被收容人认真遵守。"法国的刑事诉讼法执行程序中规定："一般情况下，收押犯人时，需向其讲明本法基本规定及监狱内部规章制度，要求囚犯了解有关与家人、辩护人、管理部门或司法部门的通信规定，明确其有关权利和义务的规定。"

（三）对罪犯进行调查与分类

美国普遍建立犯人分类机构或接受中心，负责对罪犯进行分类，将其分为三种：（1）初步分类。接受中心在帮助罪犯适应环境，并深入了解罪犯的基础上，将罪犯分到合适的监狱或监区中服刑。（2）重新分类。即具体关押罪犯的监狱在确定对罪犯进行安全管理的警戒等级的基础上，将其分配安置到合适的监区或监舍中服刑。可以根据其表现多次调整。（3）释放前分类。

德国也有入监机构内设特别委员会，其成员除一名法学家外，还有就业顾问、心理学家、社会学家、社会工作者和普通监狱官员，他们对犯人进行心理测验等调查工作，并在调查结果的基础上对犯人进行机构分类，以确定其服刑监狱的类型。

日本自1948年开始在许多刑事执行机构建立分类中心。1972年，日本颁布了《受刑人分类规程》，规定了罪犯分类的内容和程序。日本的犯人分类分为收容分类（即确定将犯人关押在何种监狱或监区服刑）和处遇分类（即犯人在其所在监狱或监区应受何种处遇）。

【课后思考】

1. 收监需要验收哪些法律文件？
2. 收监需要履行哪些法律程序？
3. 收监过程中应当注意哪些问题？
4. 收监过程中应如何保障罪犯的合法权利？

【推荐阅读】

1. 司法部预防犯罪研究所课题组：《司法行政工作中程序性人权保护问题研究》，载《犯罪与改造研究》2008年第9期。
2. 金鉴主编：《监狱学总论》，法律出版社1997年版。
3. 应朝雄主编：《监狱分监区工作实务》，中国政法大学出版社2006年版。
4. 司法部监狱管理局编：《监狱工作手册》第四辑，法律出版社2003年版。
5. 司法部监狱管理局编：《监狱工作手册》第五辑，内部资料。
6. 武延平主编：《中外监狱法比较研究》，中国政法大学出版社1999年版。
7. 浙江省监狱管理局编：《浙江省监狱机关执法指南》（试行），收监部分，内部资料，2010年编。

附录一

浙江省监狱机关执法工作指南（试行）

（收监部分）

第二章　收监

第一节　收　监

第九条　监狱应当严格按照法定条件和程序办理对罪犯的收监手续。

监狱应当审查押送人员的身份证件，核对送交执行的罪犯人数，并验明正身。

第十条　监狱应当审查以下收监法律文件及凭证是否符合法定要求：

（一）起诉书副本一式二份；

（二）生效的判决书或裁定书一式二份；

（三）执行通知书一式二份；

（四）结案登记表一式二份；

（五）罪犯健康检查表；

（六）羁押期间表现鉴定表及考核表；

（七）犯罪登讫凭证；

（八）罪犯收监改造审批表。

没有收到（一）至（四）项法律文件中任一种的，不得收监；上述法律文件不齐或者记载有误的，由作出生效判决的人民法院补充齐全或者作出更正后再收监。在人民法院作出补充或更正前，不予收监。

第十一条　监狱医院应当检查罪犯的身体健康状况是否符合收监条件，对女犯还应当进行妊娠检查。

监狱医院应当按照《罪犯健康检查表》所列项目、内容，对收监罪犯进行常规体检，并记录检查结果。《罪犯健康检查表》应当由主检医务民警签署意见，医院负责人签字确认，并盖公章。

发现罪犯有外伤、残疾的，应当询问导致伤残的原因及时间。对罪犯自诉在诉讼期间受伤或致残的，应当详细做好记载，并要求罪犯在所述伤残情况的记载上签字捺印。

第十二条　经检查，除被判处死缓、无期徒刑的罪犯外，发现罪犯有下列情形之一的，可以暂不收监：

（一）有严重疾病需要保外就医的；

（二）怀孕或者正在哺乳自己婴儿的妇女。

对具有上述情形的罪犯，主检医务民警应当提出暂不收监的意见，经医院负责人签字确认，并盖医院公章后，报狱政管理部门开具《暂不收监通知书》。但是，对暂予监外执行有社会危险性的，监狱应当收监。

第十三条 负责收监的民警对法律文件和对罪犯体检结果进行审查，认为符合收监条件的，在罪犯收监移交名册上签字，经监狱盖章后，一份交还押送公安机关，一份存档。

押送机关移交罪犯个人财物的，负责收监的民警应当与押送人员办理罪犯个人财物的检查、核对、移交手续。

第十四条 监狱的收监单位负责对罪犯的人身和携带物品进行有无违禁物品的检查。检查应当按照以下要求进行：

（一）检查由2名以上民警执行，并有搜检和警戒的分工。检查时，命令罪犯按指定位置列队站立，将物品与人身分离后，逐人、逐物搜检。

（二）搜身检查时，从头到脚、从外到里进行全面搜身。必要时，可以命令罪犯脱去外衣裤后进行检查。对女犯的人身检查由女民警执行。

（三）检查物品时，逐件触摸和审查，对可以翻转、打开或拆开的物品，一律翻转、打开或拆开后彻底检查。必要时，可以借助专门的检测仪器对物品进行检查。

第十五条 监狱对罪犯的个人物品，应当按照下列要求处理：

（一）日常生活用品、学习用品允许罪犯带入监内，由罪犯自行保管和使用。允许罪犯穿着的自备内衣，按照规定的要求进行编号或改制处理。涉毒罪犯一律不准自带被褥。

（二）贵重物品以及其他不允许罪犯自行保管的物品，先由监狱代为保管。对金银首饰、玉器等难以鉴别真伪的物品一律当面封存，由罪犯在封口处签字捺印。收监单位民警填写《罪犯物品代管登记表》，详细记载物品的名称、数量、质量、规格、特征以及牌号等，经罪犯核对确认后签字捺印。登记单一式三份，一份留作存根，一份由罪犯保管，一份随物品入库。

（三）违禁物品予以没收或扣留，收监单位开具没收或扣留物品凭证，由罪犯签字捺印。物品按照有关规定处理。

（四）监狱对代管的物品建议罪犯在其亲属探视时带回，或邮寄其亲属。罪犯不同意的，由监狱妥善保管。

第十六条 罪犯收监后，收监单位应当及时对新犯统一发式理发，并发放囚服。

第十七条　收监单位应当及时对罪犯分别拍摄背景有标高尺的蓝底正面、左侧面和右侧面一寸头像照片各一张，同时录制约30秒的罪犯音像资料。

第十八条　收监单位民警应当根据收监的法律文件询问罪犯，再次进行核对，并填写《收监登记表》、体貌卡。

第十九条　收监单位应当自罪犯收监之日起5个工作日内，将前两条规定的罪犯信息输入计算机信息库。

第二十条　罪犯收监当日，民警应当对其进行监规纪律教育。自收监之日起5个工作日内，民警应当对罪犯进行个别谈话教育，进一步了解案情和认罪服法态度，并告知其依法必须履行的义务和享有的权利及行使权利的途径。

收监单位应当建立与罪犯亲属的联系方式，存入罪犯副档。

第二十一条　监狱的狱政管理部门或者负责收监的监区应当自罪犯收监之日起5日内，向其家属挂号邮寄《罪犯收监通知书》和会见须知，并将挂号凭证定期保存。

第二十二条　外国籍罪犯收监后，监狱应当按照双边领事条约规定的期限通知罪犯所属国驻华使领馆。没有双边领事条约规定的，应当在收监后5日内通知罪犯所属国驻华使领馆。

监狱应当及时填写《外国籍罪犯登记表》，并于收监后5日内报省监狱管理局。省监狱管理局应当在接到监狱报告后10日内报司法部监狱管理局。

第二十三条　监狱在收监时发现罪犯有较严重的疾病或者残疾的，负责收监的监区应当在收监后5日内向狱政管理部门提出鉴定申请，由狱政管理部门开具《罪犯病残鉴定委托书》，委托监狱医院、省监狱中心医院或者司法鉴定机构进行鉴定。鉴定结论作为分别收押和对病残犯从宽考核的依据，鉴定资料归入罪犯副档保存。

第二十四条　罪犯收监后，监狱应当将押送机关送达的法律文件、凭证和监狱记录罪犯服刑情况、身体状况的执法文书及其他材料，按照规定的内容和顺序建立成罪犯个人档案。罪犯正档由狱政管理部门或者收监监区建立，罪犯副档由收监的监区建立。

第二十五条　收监教育结束后，收监监区应当及时将正档移交狱政管理部门，将副档随罪犯移交分押的监区。

附录二

北京市关于罪犯交付监狱收监执行工作的规定

北京市高级人民法院　北京市人民检察院　北京市公安局　北京市国家安全局　北京市司法局　北京市监狱管理局关于印发《关于罪犯交付监狱收监执行工作的规定》的通知

京高法发［2007］415号

北京市第一、第二中级人民法院、北京铁路运输中级法院，北京市人民检察院第一、第二分院、北京铁路运输检察分院，各区县人民法院、各铁路运输法院，各区县人民检察院、各派出人民检察院，各铁路运输检察院，北京市公安局所属各总队、局、处，各分县局、北京铁路局公安局，各公安处，各看守所，北京市国家安全局看守所，各区县司法局，北京市监狱管理局清河分局、各监狱、未成年犯管教所：

为进一步规范全市看守所罪犯交付监狱收监执行工作，根据《中华人民共和国刑法》、《中华人民共和国刑事诉讼法》、《中华人民共和国监狱法》、《最高人民法院关于执行〈中华人民共和国刑事诉讼法〉若干问题的解释》等规定，结合北京市工作实际，制定了《关于罪犯交付监狱收监执行工作的规定》，现予以印发，请认真遵照执行。执行中遇到的有关问题，请及时报告各自的上级主管部门。

附：《关于罪犯交付监狱收监执行工作的规定》。

二〇〇七年十二月十二日

关于罪犯交付监狱收监执行工作的规定

第一条　为进一步规范全市看守所罪犯交付监狱收监执行工作，根据《中华人民共和国刑法》、《中华人民共和国刑事诉讼法》、《中华人民共和国监狱法》、《最高人民法院关于执行〈中华人民共和国刑事诉讼法〉若干问题的解释》等规定，结合北京市工作实际，特制定本规定。

第二条　对北京市各级人民法院判处有期徒刑、无期徒刑、死刑缓期二年执行的已决罪犯，看守所应当自收到法院的执行通知书、刑事裁判书之日起一个月内，交付监狱执行刑罚。监狱应当依法查验法律文书，对罪犯进行体检。

经查验，规定的法律文书齐全、无误，罪犯体检合格的；或者罪犯虽患有严重疾病，但符合法定收监执行规定的；或者经法院裁定撤销缓刑、撤销假释，或者决定收监执行的，监狱应予收监。

经查验，没有规定的法律文书，或者法律文书不齐全，或者记载有误的，监狱不予收监；经体检罪犯具有法定暂不收监情形的，可以暂不收监。

余刑不足一年的罪犯，由看守所执行。

第三条　北京市公安局、北京市监狱管理局，分别负责指导协调全市看守所罪犯交付监狱收监执行的交接工作。北京市外地罪犯遣送处（北京市天河监狱）统一负责对全市看守所罪犯交付监狱收监执行的工作。

第四条　北京市各级检察机关监所检察部门，负责对本辖区看守所罪犯交付监狱收监执行工作，对裁定撤销缓刑、撤销假释，或者决定暂予监外执行、收监执行工作，进行检察监督。北京市人民检察院，负责指导协调全市监所检察部门的检察监督工作。

第五条　办理收监，一般在每周二、三、四的八时三十分至十一时三十分，十三时三十分至十六时三十分。法定节假日前后三日内，不办理收监。遇特殊情况，由北京市公安局监所管理处与北京市监狱管理局刑罚执行处协商办理。

第六条　北京籍罪犯收监执行的，监狱应验收的法律文书：一审刑事判决书、二审刑事裁判书、结案登记表各二份，起诉书副本、执行通知书各一份。

第七条　外省籍罪犯收监执行的，监狱应验收的法律文书：一审刑事判决书、二审刑事裁判书、结案登记表各二份，逮捕证复印件、起诉书副本、执行通知书各一份，以及罪犯指纹卡复印件二份、照片三张、底版一张。

第八条　外国籍、港、澳、台籍罪犯收监执行的，监狱除验收本规定第六条规定的法律文书外，对外国籍罪犯，还应验收护照、居留证或者复印件；对港、澳、台籍罪犯，还应验收香港、澳门身份证、台胞证或者复印件。

上述证件不全的，监狱应验收相关机关关于罪犯身份的证明文件。

第九条　精神病罪犯收监执行的，监狱还应验收市政府指定的精神病司法鉴定医院的司法鉴定书或者复印件一份。

第十条　邪教类等上级机关有特殊规定的罪犯，在收监执行前，由北京市监狱管理局刑罚执行处先行查验法律文书和相关工作说明，在七日内通知看守所将罪犯交付监狱收监执行。

第十一条 自报北京籍、外国籍、无国籍、港、澳、台籍身份不明的罪犯，可交付监狱收监执行。刑满释放前身份仍未查明的，对自报北京籍的，可暂不向相关机关转递刑满—释放通知书等衔接工作文件，暂不纳入本市安置帮教和社区矫正工作；对自报外国籍、无国籍的外国人，提前通知北京市公安局出入境管理部门，按有关规定办理；对自报港、澳、台籍的，可向台办、港、澳驻京机构通报，按有关规定办理。

自报外省籍身份不明的罪犯，待公安部、司法部修改原相关规定后，即可交付监狱收监执行。

第十二条 罪犯在缓刑考验期内，违反法律、行政法规或者国务院公安部门有关缓刑的监督管理规定，尚未构成新的犯罪，原作出生效缓刑裁判书的法院裁定撤销缓刑，收监执行的，监狱应验收的法律文书：撤销缓刑裁定书、原一、二审刑事裁判书各二份，原起诉书副本、原、新执行通知书、原结案登记表或者复印件各一份。

第十三条 本市监所假释的罪犯在假释考验期内，违反法律、行政法规或者国务院公安部门有关假释的监督管理规定，尚未构成新的犯罪，原作出假释裁定书的法院裁定撤销假释，收监执行的，监狱应验收的法律文书：撤销假释裁定书二份，原起诉书副本、原一、二审刑事裁判书、原执行通知书、原结案登记表、原假释裁定书、假释证明书或者复印件各一份。

第十四条 北京市外地罪犯遣送处对交付执行的罪犯应进行体检，被判处死刑缓期二年执行、无期徒刑的罪犯和符合本规定第九条至第十三条规定的有期徒刑的罪犯，无论是否患有严重疾病，监狱应予收监。

被判处有期徒刑的其他罪犯，有下列情形之一的，可以暂不收监：

（一）有严重疾病需要保外就医的；

（二）怀孕或者正在哺乳自己婴儿的；

（三）因病残（不含自伤自残）生活不能自理的；

（四）患有其他可能需要保外就医的疾病的，如急性肝炎、浸润型结核病、艾滋病、皮肤病、性病等传染性严重疾病，以及危急重症高烧、昏迷、急腹症、恶性肿瘤待查等。

第十五条 体检发现罪犯有伤口未愈合或者有体内异物未排出的情形，由看守所带回妥善处置。待上述情形消失或者公安机关对异物无法排出作出相应说明的，可交付监狱收监执行。

第十六条 北京市外地罪犯遣送处医院不能当即作出化验、诊断结果的，由看守所带罪犯到市政府指定医院检查出具证明文件，北京市外地罪犯遣送处根据上述证明文件，确定是否收监。

第十七条　监狱暂不收监的，应向看守所出具暂不收监通知书，说明理由。公安机关将暂不收监通知书、相关证明文件，连同执行通知书，一并退回交付执行的法院。

法院收到上述法律文书后，依照刑事诉讼法第二百一十四条的规定，根据北京市法院统一委托的中国政法大学法大法庭科学技术鉴定研究所对监狱暂不收监的罪犯作出的鉴定结论书，对病情符合暂予监外执行条件，又无社会危险性的罪犯，在一个月内作出暂予监外执行决定书，由公安机关执行监管，司法行政机关进行社区矫正；对病情不符合暂予监外执行条件的罪犯，或者认为系可能有社会危险性的罪犯，作出收监执行决定书，监狱应予收监。

法院决定收监执行的，监狱除验收相关规定的法律文书外，还应验收收监执行决定书二份。

第十八条　外省籍罪犯患急性肝炎、浸润型结核病、艾滋病等传染性严重疾病，法院作出收监执行决定书的，北京市外地罪犯遣送处先行验收法律文书，在一个月内通知看守所办理收监执行遣送事宜。

第十九条　法院根据罪犯的生理、病理和可能有无社会危险性的实际状况，决定暂予监外执行的一定期限，每次最长一年。法院决定暂予监外执行的期限届满，仍符合暂予监外执行条件的，可以续期。法院根据罪犯暂予监外执行的法定情形是否消失的实际状况，依照本规定第十七条第二款的规定，经审查作出续期的暂予监外执行决定书或者收监执行决定书。

法院决定收监执行的，监狱除验收相关规定的法律文书外，还应验收收监执行决定书二份，原暂予监外执行决定书或者复印件一份、监外执行情形消失的证明文件。

第二十条　因违法行为、脱管，被法院裁定撤销缓刑、撤销假释，或者决定收监执行的罪犯，由处理违法行为羁押地的公安机关，或者向法院提出上述建议的公安机关，负责直接交付监狱收监执行。

暂予监外执行的罪犯疾病痊愈、病情基本好转或者期限届满，法院决定收监执行的，由原羁押的看守所，或者原办理取保候审、监视居住的公安机关，负责交付监狱收监执行；监所自行办理暂予监外执行的罪犯，由自行办理的监所负责收监执行。

第二十一条　交付监狱收监执行的，看守所应将罪犯私人的钱款、贵重物品统一造册，与北京市外地罪犯遣送处核对无误后，办理移交手续。

看守所负责外省籍罪犯被褥和服装的筹备工作：夏季（五月一日至十月三十一日）：被、褥、衣、裤、鞋；冬季（十一月一日至次年四月三十日）：被、褥、棉衣、棉裤、鞋。

第二十二条 执行本规定中如遇新情况、新问题，由北京市公安局、北京市监狱管理局协商办理；遇特殊复杂情况，由本规定会签机关协调办理。

第二十三条 北京市国家安全局、解放军驻京机关保卫部门，将罪犯交付北京市监狱管理局收监执行的，依照本规定执行。

第二十四条 本规定自印发之日起执行。北京市公安局、北京市监狱管理局《关于将罪犯和劳教人员送北京市监狱管理局分流中心集中收监收容调遣的联合通知》（京狱发字［1999］23号），同时废止。

任务二　罪犯申诉处理实务

基本要求：通过本任务的学习，使学生（员）掌握罪犯申诉的含义和意义，监狱人民警察处理申诉的程序及对罪犯权利的保障。通过典型案例的分析，掌握罪犯申诉处理业务。同时，通过实际训练，掌握申诉的要求及程序。

申诉是宪法赋予公民的基本权利之一。对在监狱内服刑的罪犯，我国《监狱法》第 7 条明确规定罪犯享有申诉的权利，并制定了相应的保障措施。监狱人民警察要明确罪犯申诉的法律涵义，严格依照法律、法规和部门规章的有关规定依法处理罪犯申诉问题。

基本知识

一、罪犯申诉的法律涵义

（一）申诉的概念和类别

申诉是公民对有关自身或他人的权益问题，向司法机关或有关国家机关申诉理由，请求处理的行为。

申诉有两种类型：一是诉讼上的申诉，是指刑事、民事、行政诉讼当事人或其他公民，对已发生法律效力的判决或裁定认为确有错误时，依法向人民法院或人民检察院提出申请，请求重新处理。二是非诉讼上的申诉，是指公民对国家机关、政党和团体等组织给予的行政处分或处理不服时，向原机关或上级申诉理由，请求重新处理。刑罚执行意义上的申诉是罪犯对生效的刑事判决不服提出的申诉。狱政管理意义上的申诉包括罪犯对在服刑期间作为当事人对民事、行政判决或裁定不服的申诉，以及对监狱做出的处罚决定不服的申诉。刑事申诉是指当事人或其他公民，对已发生法律效力的判决或裁定认为确有错误时，依法向人民法院或人民检察院提出申辩，要求减轻刑事处罚或撤销原判的一种活动。行政申诉是指公民对国家机关、政党和团体等组织给予的行政处分或处理不服时，向原机关或上级申诉理由，请求重新处理。

(二) 实践中罪犯申诉的基本情形

申诉的情形：①对法院刑事判决或裁定不服，包括无罪的申诉、罪轻的申诉和对定性不准量刑过重的申诉，以及刑期计算不当的申诉。②对监狱处理自己违规行为不服的申诉，要求监狱撤销或减轻对自己的处罚。

(三) 申诉的特征

刑事申诉特征

1. 申诉的提出，应在判决、裁定生效以后。
2. 申诉所可能引起的司法程序是审判监督程序，即再审。
3. 申诉不影响判决、裁定的执行。
4. 申诉不一定引起再审。
5. 申诉没有期限和次数的限制，只要认为申诉有理由，在判决、裁定生效后的任何时候都可以申诉，而且可以多次申诉。

(四) 申诉处理的意义

1. 保障罪犯的申诉权，能避免冤假错案。据全国检察机关处理不服刑事判决申诉案件情况统计，2000—2005 年间，每年的申诉中，都有改判的情形(参见下表)。同时，一些重大案件的发生也说明申诉的必要。如湖北佘祥林因故意杀人罪判处有期徒刑 15 年，在其服刑 11 年后，其所杀的对象妻子张在玉并没有死亡，成为司法中的重要案例。云南省昆明市公安局民警杜培武因故意杀人罪被判处死刑缓期二年执行，在其服刑 2 年多之后，真凶被抓到，平反了一起冤案。这些案件说明，司法中误判现象是存在的，有的还非常严重。

表 2-1　全国检察机关处理不服刑事判决申诉案件情况统计表　　单位：件次

年度	受理	立案复查	结案	
			合计	其中改变原决定
2000	29 469	1 563	706	32
2001	23 979	1 649	818	29
2002	23 730	2 056	1 051	27
2003	5 221	2 040	1 798	123
2004	5 758	1 978	1 903	100
2005	4 504	1 735	1 727	102

注：①受理：指检察机关接受申诉的情况。包括来信和来访。
②立案复查：指检察机关接受申诉后，经审查决定立案复查。
③结案：指立案复查后的结果。包括维持原决定、改变原决定、提出抗诉和建议复议。
资料来源：《检察年鉴》。

2. 认真处理罪犯申诉，有利于树立司法机关的权威。司法是正义的最后一道防线。但是，由于主观和客观原因的存在，实践当中难以杜绝错误的司法行为，因此，通过申诉可以获得公民（也包括罪犯）对法律的尊重，通过申诉可以对错误的司法行为予以补救。

法律依据

一、《中华人民共和国宪法》的规定

第四十一条　中华人民共和国的公民对于任何国家机关和国家工作人员，有提出批评和建议的权利，对于任何国家机关和国家工作人员的违法失职行为，有向有关国家机关提出申诉、控告或者检举的权利，但是不得捏造或者歪曲事实进行诬告陷害。

对于公民的申诉、控告或者检举，有关国家机关必须查清事实，负责处理。任何人不得压制和打击报复。

由于国家机关和国家工作人员侵犯公民权利而受到损失的人有依照法律规定取得赔偿的权利。

二、《中华人民共和国刑事诉讼法》的规定

第二百零三条　当事人及其法定代理人、近亲属，对已经发生法律效力的判决、裁定，可以向人民法院或者人民检察院提出申诉，但是不能停止判决、裁定的执行。

第二百零四条　当事人及其法定代理人、近亲属的申诉符合下列情形之一的，人民法院应当重新审判：（一）有新的证据证明原判决、裁定认定的事实有错误的；（二）据以定罪量刑的证据不确实、不充分或者证明案件事实的主要证据之间存在矛盾的；（三）原判决、裁定适用法律确有错误的；（四）审判人员在审理该案件的时候，有贪污受贿，徇私舞弊，枉法裁判行为的。

第二百二十三条　监狱和其他执行机关在刑罚执行中，如果认为判决有错误或者罪犯提出申诉，应当转请人民检察院或者原判人民法院处理。

据此规定，罪犯在监狱中提出申诉的，监狱机关应当将申诉材料转请人民检察院或者原判人民法院处理，不得将申诉材料扣押不报。监狱和其他执行机关在刑罚执行过程中自己认为判决有错误的，也可以转请人民检察院或者原判人民法院处理。但在原判人民法院作出处理以前，对原判刑罚应当继续执行。

根据这些规定不难看出，当事人及其法定代理人、近亲属的申诉，并不

会必然导致人民法院重新审判。人民法院审理刑事申诉案件的审判程序，是审判监督程序。根据《刑事诉讼法》第206条的有关规定，人民法院按照审判监督程序重新审判案件，应当另行组成合议庭进行。如果原来是第一审案件，应当按照第一审程序进行，所作的判决、裁定，可以上诉、抗诉；如果原来是第二审案件，或者是上级人民法院提审的案件，应当依照第二审程序进行审判，所作的判决、裁定，是终审的判决、裁定，但是改判被告人死刑立即执行的，应当报请最高人民法院核准。

三、《中华人民共和国监狱法》的有关规定

第二十一条 罪犯对生效的判决不服的，可以提出申诉。

对于罪犯的申诉，人民检察院或人民法院应当及时处理。

第二十三条 罪犯的申诉、控告、检举材料，监狱应当及时转递，不得扣压。

第二十四条 监狱在执行刑罚过程中，根据罪犯的申诉，认为判决可能有错误的，应当提请人民检察院或者人民法院处理，人民检察院或人民法院应当自收到监狱提请处理意见书之日起六个月内将处理结果通知监狱。

第四十七条 ……罪犯写给监狱的上级机关和司法机关的信件，不受检查。

四、有关规章制度的规定

目前，各省、自治区、直辖市的监狱管理机关及监狱对依法处理罪犯的申诉、控告、检举都有具体的规章制度，对保证罪犯申诉的权利，罪犯行使权利的渠道和方式，监狱处理的程序和方法都有明确规定，这也是处理罪犯申诉的具体依据。

执法程序

执法程序参见图2、图3。

一、罪犯申诉的主要方式

随着依法治监进程的不断深化，监狱接受罪犯投诉的渠道日益畅通，罪犯的申诉、控告、检举行为往往根据不同内容采取不同的方式，常见的方式有：

(1) 罪犯向分监区或分监区警察提出。通常情况下罪犯对刑事判决不服的申诉，对分监区处理决定不服的申诉，对社会上机关和公民的控告，对狱

查处转递
申诉信
刑罚执行部门登记
转寄原判法院或监狱所在地中级法院
控告生活卫生问题的
生活卫生部门查处
控告其他罪犯侵权的
狱政管理部门查处
控告民警违法违纪的
纪检监察部门查处
检举其他罪犯违纪、犯罪行为的
狱侦部门查处
查处材料存入副档
书面报告查处结果
职能部门查处
有关机关指令、委托监狱查处
职能部门协助
有关机关查处
检举公检法人员违法违纪或监外人员犯罪的
狱侦部门登记
转寄有关司法机关
写给上级机关和司法机关的信
狱政部门登记
原封转寄有关机关
查处结果反馈
人民法院回复申诉的
复函送达申诉人签收
驳回申诉的，分监区个别谈话教育
控告、检举查证属实的
告知处理结果
认定为立功表现的
刑罚执行部门提请减刑或假释
控告检举无法查证的
告知调查结果，谈话教育
属于诬陷的
根据情节处理
投诉信箱管理
局长信箱
监狱长信箱
监区长信箱
民警信箱
检察信箱
纪监、法制部门开箱每月至少一次
监区长每周开箱二次
民警本人每周开箱二次
驻监检察人员开箱
信件分类登记
转寄上级机关或有关司法机关
调查处理
反馈调查处理结果
建档保存
工作纪律
及时查处转递，不得扣押
保守秘密
不得打击报复

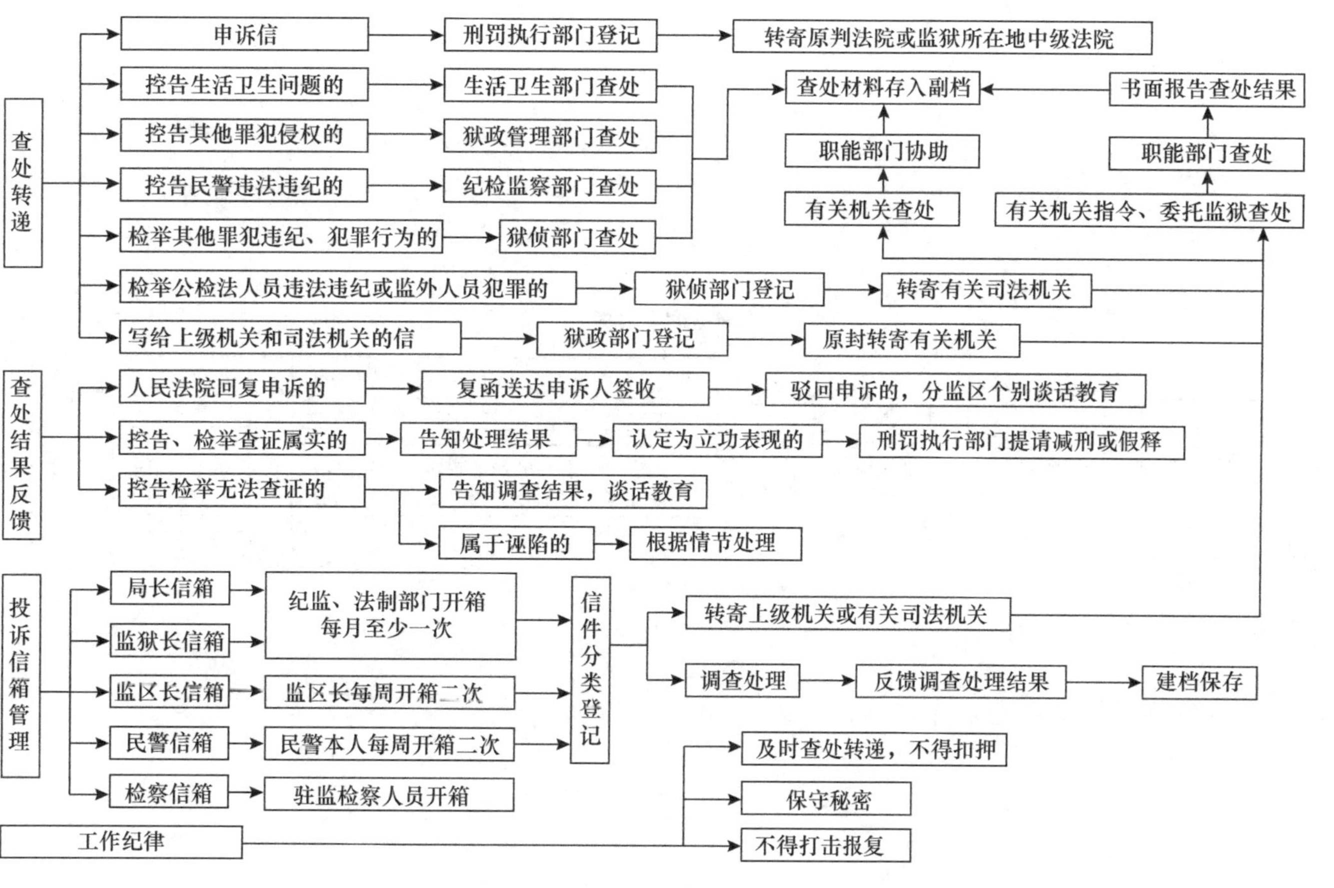

图2　罪犯申诉、控告、检举

罪犯对判决不服
可以直接提出申诉
可以委托律师代理申诉
可以委托亲友代理申诉
律师会见罪犯须提前申请，并提交委托代理书、律师执业证和事务所介绍信
亲友会见罪犯须提前申请，并提交委托代理书、居民身份证、工作证和单位介绍信
刑罚执行部门7日内安排、通知
办理会见手续提供会见场所
指派民警现场监控

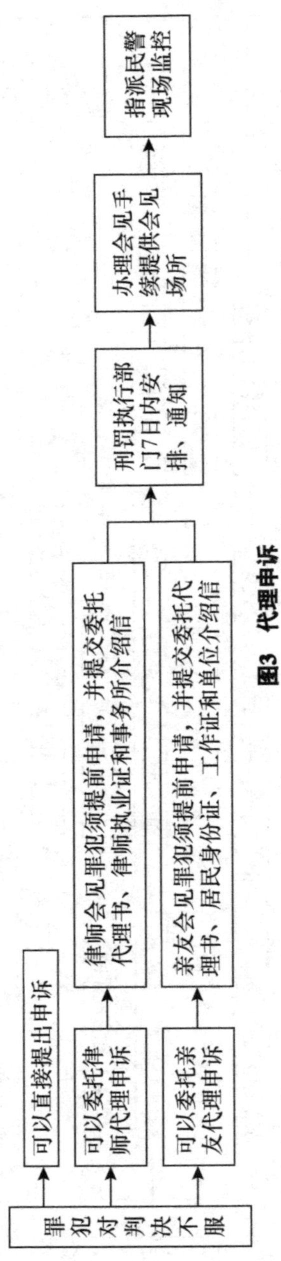

图3　代理申诉

内其他罪犯的控告，检举社会上的违法犯罪行为，检举狱内罪犯违法犯罪和违纪行为，都可向分监区及分监区警察提出。

（2）罪犯通过监狱内设置的检举箱、监狱长信箱提出。此种途径以检举监狱警察违法违纪行为，要求监狱变更处理决定，检举他犯的重大违纪行为等情形为主。

（3）罪犯通过设在监狱内的监狱管理局局长信箱或检察长信箱提出。

（4）罪犯通过写信给上级机关和司法机关或领导人的形式提出。

（5）罪犯通过律师或亲友代理刑事申诉的方式提出。2001 年 11 月 7 日，司法部监狱管理局对《山东省监狱管理局关于律师会见在押罪犯为其代理刑事申诉问题的请示》的批复中指出：一、根据《刑事诉讼法》第 32 条、第 203 条规定，《民事诉讼法》第 58 条规定，《监狱法》第 7 条、第 21 条规定以及《律师法》第 25 条规定，罪犯有权委托律师或者亲友代理刑事申诉。故此，监狱应当依照法律规定，允许代理申诉的律师或者亲友会见罪犯，并提供必要的会见条件。二、代理申诉的律师会见罪犯，应当携带律师执业证、律师事务所的介绍信和罪犯本人或者亲属的委托文件；代理申诉的亲友会见罪犯，应当携带本人的居民身份证、工作证、所在单位的介绍信和罪犯本人的委托文件。代理申诉的律师或者亲友会见罪犯，应当向监狱提出申请并提交前述证件、文件。监狱应当在接到申请后一周内予以安排，并通知申请人。三、监狱安排代理申诉的律师或者亲友会见罪犯，应当提供适当场所。会见时，应有监狱干警在场。

二、监狱处理罪犯申诉的基本程序和方法

监狱的分监区或分监区警察接受罪犯申诉后，应根据申诉的内容，依法作出处理。基本的工作程序和方法是：

（1）做好登记。在不泄密的情况下，对罪犯申诉的情况予以登记，包括申诉人的姓名、要求、时间、内容等。

（2）及时转递。罪犯对判决不服的申诉，转交狱政管理部门办理；罪犯要求监狱复核行政处罚的申诉，交监狱领导或职能部门处理；罪犯对狱内外犯罪行为的检举交狱侦部门处理；罪犯对民警违法违纪行为的控告、检举交监狱纪检、监察部门或人民检察院驻监检察机关处理。

（3）依法办理。属本分监区权限范围内的罪犯申诉、检举事项，分监区应及时开展调查，重新核实有关事实，提出处理意见，及时处理。

（4）及时反馈。如果上级部门对罪犯的申诉有反馈结论的应及时告之罪犯，处理意见有书面材料的应发给罪犯本人，让罪犯签收，并做好有关教育管理工作。

三、监狱提请司法机关处理

监狱机关在刑罚执行过程中，认为对罪犯的刑事判决可能有错误，应发函提请人民检察院或者原审人民法院处理。

注意问题

一、申诉的保护问题

罪犯的申诉材料应当通过合法的途径予以保护，监狱应当设置合理的申诉箱，由专人负责登记和转递。

二、申诉和行政奖励、刑事奖励不应挂钩

长期以来，监狱曾将罪犯申诉尤其是多次申诉视为“不服悔改”的表现，并以此作为罪犯不能获得行政奖励和减刑、假释的依据。这是错误的，需要在实际工作中予以纠正。

人权保障

申诉权是罪犯的法定权利，它是罪犯权利中的救济权，是实现其他权利的保障。申诉权也是一种监督权和程序权。为保障罪犯的申诉权，必须完善申诉的处理机制，特别是驻监检察部门应该担当责任，规定处理时限。同时，要建立申诉不受打击报复的机制，申诉应该秘密进行，在监狱内部设立不受专门监控的信箱，申诉信件不受检查。严格区分申诉和认罪服法的关系，避免将申诉和不认罪服法挂钩。监狱应建立申诉的咨询和帮助机制，在可能的条件下，帮助罪犯撰写刑事申诉状，及时转递申诉信件，鼓励律师代理申诉，以保障罪犯的申诉权。

典型案例

案例 1

刑事申诉状

申诉人：赵×，男，30 岁，汉族，××省××县××乡人，农民，住×

×省××县××乡××村，现在押

申诉人赵×对××县人民法院2000年8月1日作出的（2000）×刑初字第10号刑事判决书，提出申诉。

请求事项：请求对此案再审，依法公正处理，予以改判。

事实和理由：

2000年7月5日，申诉人在自家责任田里挖井取水，人在井底用铁锹往外送土。恰逢同村青年李××路经此处，并将头凑在井口看热闹，申诉人在井下对此全然不知。不想往外送土的铁锹正中李××的头部，引起颈动脉血管破裂大出血，经紧急抢救无效，在送往医院的途中死亡。××县人民法院认定申诉人为过失致人死亡罪，判处有期徒刑8年。申诉人认为法院认定的罪刑性质不当，但申诉人在整个过程中惊恐不安，未能在法定的上诉期内提起上诉。申诉人在此事件中虽有一定的责任，但本人既缺乏故意也不是过失，而纯属不能预见的意外事件。因此，××县人民法院认定申诉人犯有过失致人死亡罪与法不合。判刑8年，量刑过重。且对申诉人有机会设法补偿李××死亡的不幸遭遇，照顾其双亲极为不利。有鉴于此，特向贵院提出申诉请求，请对此案进行再审，依法作出公正处理，予以改判。

此致

××省××市中级人民法院

申诉人：赵××

2000年12月1日

附：1. 本申诉状副本1份。

2. 原一审判决书抄件1份。

3. 书证×份。

案例2

刑事申诉状

申诉人：熊××，被告熊×琴之父

孟××，被告熊×琴之母，联系电话：××××××

委托代理人：田××，北京乾坤律师事务所乌鲁木齐分所律师

手机：×××××××××××，办公电话：××××××

申诉人因熊×琴故意杀人一案，不服新疆维吾尔自治区乌鲁木齐市中级人民法院2004年9月14日（2004）乌中刑初字第142号刑事附带民事判决书和乌鲁木齐市中级人民法院（2005）乌中刑监字第15号《驳回再审通知书》，

提出申诉。

请求事项：原判定性不当，量刑错误，轻罪重判，要求重新审判，依法改判。

事实与理由：

第一，根本没有证据能证明熊×琴是“持刀向被害人舒泽琴胸部猛刺一刀”的故意杀人，这不符合事实。

被告熊×琴当庭辩解称其是“失手”刺伤被害人舒泽琴的，她没有杀死被害人的故意。她是这样陈述案情的：“我把舒泽琴叫到客厅，开始大口喝酒，问了几次舒泽琴还是不说话，我一生气用烟头在胳膊上烫了三个深深的印子，舒泽琴直骂我。在酒精的作用下，所有的伤痛袭上心头，我拿出刀朝自己胸口捅了一下，血流出来，舒泽琴吓得大哭，冲上来夺下我的刀，她本想把刀扔到外面，不巧的是刀落在了沙发上，趁她不注意，我把刀藏在了袖筒里。我们站在楼道里，准备到楼上她姐家说话。我从舒泽琴手中拿过钥匙，走到她姐家房门口正准备开门时，她姐姐来了，夺过钥匙扭身就跑，我跑去追，舒泽琴扑上来阻拦，我胳膊一挥，只听到舒泽琴一声惨叫，倒在了地上。我吓得大哭，有人报了警，舒泽琴被抬走了。看着那些人在眼前晃，我脑子一片空白，又朝自己捅了一刀！”

案发现场只有三个人，被告熊×琴，被害人舒泽琴，还有一个是被害人的姐姐舒泽芳。且不说在混乱的状态下舒泽芳在向相反方向奔跑看不清身后发生的事情，仅凭她是受害人的姐姐这一点，她的证言的效力就大打折扣，让人怀疑（据说她的证言数次都不一致）。

我们来看看这位唯一的现场目击人舒泽芳她是怎么说的：“回到租房后见到妹妹舒泽琴正在阻止熊×琴开租房的门，我便上前从熊×琴处要来钥匙，熊×琴让我开门，我拒绝并准备下楼，熊×琴追来将我拦住，要求我开门，我拒绝后，熊×琴便往七楼过道窗户上爬，舒泽琴便去拽她。当时熊×琴半转过身，舒泽琴在她右边站着，熊×琴持刀朝舒泽琴胸部捅了一刀”。请看，唯一的目击证人舒泽芳证明了三件事情：一是被告熊×琴在“往七楼过道窗户上爬”！二是被害人“舒泽琴便去拽她”！三是“当时熊×琴半转身”！

那么，案情就应该是这样的：喝了酒的被告熊×琴手抓刀子在爬窗户，被害人舒泽琴去拽她，她不让拽，身子还没完全转过来的猛一挥手之间，刀子捅着了舒泽琴，正巧刺中胸部！

但是，请注意，刀子没有刺入被害人身体深处，留在被害人的身上，刀子仍然攥在熊×琴的手里！“猛捅一刀”，为什么刺得很浅？

被告熊×琴认为自己没有杀害舒泽琴的故意，当时喝了酒，晕了头，连自己也说不清是怎么一回事儿！唯一的目击证人舒泽芳已经为被告不是故意杀人的辩解作了旁证：熊×琴爬窗户，舒泽琴去拽，熊×琴在半转身状态下捅着了舒泽琴！但是，这个事实，没有出现在一审判决书当中！这能算是事实清楚的判决吗？从损害结果来看，熊×琴的行为虽然导致了被害人舒泽琴死亡的后果，从法学理论来看，显然构成过失致人死亡，怎么能定为故意杀人呢！指控被告熊×琴构成故意杀人罪，严重不符合“证据应当确实充分”的法定证明标准。在本案中，熊×琴没有故意杀人的犯罪动机，现有证据亦不能对此给予合理的解释，她为什么要杀人，一审判决书中也没有足够的理由和相应的陈述。开始，此案是定为过失致人死亡的，一直到逮捕被告人的时候还是这个定性（见《逮捕通知书》），到正式起诉才改变了定性，但是，并没有充足的证据来支持。

第二，很长时间内，被告熊×琴并不知道舒泽琴已经死亡，这能直接证明其主观上的杀人故意不存在。

本案证人踪文文的证言：“其出门碰到房东，房东说熊×琴把舒泽琴给捅了。其回到宿舍见熊×琴在卧室里，当其准备打电话时，熊×琴说：‘不要打，没事的’。”证实她不知道行为的性质和问题的严重性。

本案案发在2004年3月24日，但是在2004年4月8日，被告熊×琴从看守所给家人寄出了一封信（有带邮戳原件），信中有这样两段话：“由于我的过失造成了这种后果，我真的很后悔”，“请你们多去看一下舒琴，代我表示歉意，希望她能原谅我”。显然，她以为自己过失误伤了舒泽琴，还在想求得她的原谅呢！这封信证实她根本不知道舒泽琴已经死了，也就间接证实她主观上没有杀人故意。后来，她才知道舒泽琴死了。但是，即便是在法庭审理当中，虽然时间已经过了近半年，她的交代仍然是始终一致的：自己是过失伤人，十分后悔！没有杀人的故意！

连被害人是否死亡都不知道，她的主观故意如何确定？本案中也没有证据能证明熊×琴主观上存在杀人的故意，也就是她追求这个目的的故意，这只能表明她并没有杀人的故意！又怎么能够定性为“故意杀人”呢？

被告熊×琴前后曾经向自己捅了两刀，她为什么要戳自己？这个案情在判决书中为什么只字未提、没有一点反映？这能算是“事实清楚”吗？“故意杀人”为什么要捅自己？这怎么解释？如此关乎人命的大事，事实怎能不搞清楚呢？我们认为一审判决书在案情的陈述上很不完整，没有真实地反映案件事实！

第三，案件定性的错误必然导致量刑失当。

本案属于突发事件，由于来得突然，被告熊×琴并不知道舒泽琴已经被自己所伤致死，以为只是受了伤，没有认识到问题的严重性，在这种情况下，不能要求她立即报案或自首，因为她还没弄清是怎么回事儿，公安人员已经来到了现场，单位负责人也证实，出事后，熊×琴给领导打了电话。但是，如下情节在量刑时怎能不考虑：

她没有逃离现场，不逃避责任，配合了公安机关；

她和被害人以往没有私怨恩仇，亲如姐妹；

她任何时候没说过一句要杀人的话，而是捅了自己两刀！

她在过去工作、生活中一贯表现良好，没有前科；

出事以后，在信中她并不知道伤者已经死亡，还在为自己的过失感到愧疚；

案发后，老老实实接受审判，悔罪态度诚恳。

即便是故意杀人罪，也不是都要判死刑的，“情节较轻的，处三年以上十年以下有期徒刑”，比如当场出于义愤而杀人就属于“情节较轻”，可以从轻量刑。我们无法看出一审法院从重判处被告熊×琴死刑的情节是什么？

我国刑法有一个“惩罚与教育相结合”的原则。被告人熊×琴还是一个未婚、涉世未深的女青年，因过失伤害了他人，其也悔之莫及。为了切实体现刑法原则，应该在量刑上表现出来是给她重新做人的机会的，不应该一下子就量在了极刑上，因为她显然不属“非杀不可”的人！何况，在我国刑法理论上，“激情杀人”、“义愤杀人”，都是属于“情节较轻”的杀人案件！即便被告熊×琴的行为构成了故意杀人，也属于“激情杀人”的范畴，属于“情节较轻”，也不应该适用死刑，而应该在3年以上10年以下量刑。

任何故意杀人案件，行为人没有杀人动机是不可能的。然而一审法院对本案被告的杀人动机并没有作出合理的解释。动机、目的解释不清，如何对案件定性？如何保证办案的准确性？

第四，指控熊×琴故意杀人证据不足。在被告并不承认公诉机关的指控，否认自己是故意杀人，所陈述的案情与公诉机关的指控有本质的不同的情况下，按我国《刑事诉讼法》的要求，诉讼证据一定要充足，要过硬，才能给被告定罪。而本案，当时现场只有三个人，被害人已经死了，只剩下两个人，一个是被告，一个是被害人的姐姐舒泽芳，可是她并没有证明是正面“猛捅一刀”，而是证明了被告熊×琴是在“半转身”的状态下，捅着了舒泽琴！这种状态下只存在误伤的可能！实际上印证了被告熊×琴辩称过失伤人的事实。这是最重要的证据了！其他证据都是间接的，可信度很差了！因此我们认为，指控熊×琴故意杀人证据明显不足。公诉方并没有其他的直接证据能证明是“猛捅一刀”，只有一个人看见了，并且这个人还是被害人的姐姐，但是她证明是“半转身状态”!

第五，被告熊×琴没有上诉不代表服判。由于条件所限，近亲属与被告互相沟通有困难，本案实际上是耽误了上诉期，根据被告熊×琴的法庭供述，她认为自己是过失伤人，公诉机关指控她是故意杀人，她是不服的。即便是表示不上诉，也是一时冲动的结果。她可以不为自己的生命负责，作为她的近亲属，我们要为她的生命负责！我们也要求人民法院为她的年轻生命负责！

综上所述，我们认为一审法院对本案的判决是错误的，定罪不准，适用法律不当，证据不足，量刑畸重。本案存在的疑问太多，并且是重大疑问：为什么要杀人？原因？动机？故意杀人为什么要捅自己两刀？故意杀人为什么要爬窗户？被害人为什么要去拽她？刀刺的为什么很浅？为什么很长时间内不知道被害人已经死亡？这些疑问不解决，案件能算是清楚吗？因此，申诉人坚持认为应根据刑法第233条的规定处理本案，熊×琴只构成过失致人死亡罪而不是故意杀人罪！对此，特提出申诉，要求弄清事实真相，做到罚当其罪，依法改判！

此致

新疆维吾尔自治区××人民检察院

申诉人：熊××、孟××
田××律师
2006年10月30日

技能训练

一、训练目的

通过申诉状的撰写和对罪犯刑事判决提请处理意见书的制作，培养学生处理申诉问题的能力。

二、训练内容

1. 根据提供的材料撰写一份申诉状（基本格式参见案例1、案例2）

申诉书是针对已经发生法律效力甚至是已经执行完毕的刑、民事及行政法律文书，其目的是指该类文书中可能存在的错误，从而使法院重新作出公正的审理，纠正判决、裁定或者调解书的错误。

要重点写好申诉请求和申诉理由。申诉请求表达的是申诉人的主要意图，应当具体、明确和合法。申诉理由要有新的证据和新的事实，申诉理由的撰写要有针对性，要指出原生效裁判的错误之处，用事实、证据和法律进行驳论。

2. 制作一份对罪犯刑事判决提请处理意见书

对罪犯刑事判决提请处理意见书是监狱机关在刑罚执行过程中，认为对罪犯的刑事判决可能有错误，提请人民检察院或者原判人民法院处理时制作的执法文书。

对罪犯刑事判决不服提请处理意见书由首部、正文、尾部三部分组成。

(1) 首部。包括标题、发文字号和主送机关三部分。标题即文种名称。发文字号包括年份、机关代号、文种代字、序号，共四项内容。送达机关，即所要送达的人民检察院或人民法院的名称。主送机关应在标题左下方顶格书写。

(2) 正文。包括三项内容：一是原判情况及监狱发现的判决中存在的问题；二是提请处理的理由；三是法律依据及监狱的意见。

(3) 尾部。尾部两项内容，一是要注明成文日期；二是要加盖机关印章，成文日期的数字应用汉字小写。

示例如表 2-2。

表 2-2

存根	骑缝	正本
对罪犯刑事判决提请处理意见书 (存根) (2008) 浙×监证处字第 1 号 姓名 叶×× 罪名 故意杀人 刑期死刑缓期二年执行 提请理由：被害人(死者)并没有死，定性错误。 转递单位：高级人民法院 时间：2008 年 4 月 28 日 承办人：来×× 回复时间：2008 年 5 月 30 日 回复结果：已提起再审	(贰零零捌)浙×监证处字第壹号	**对罪犯刑事判决提请处理意见书** (2008) 浙×监证处字第 1 号 ××人民法院： 罪犯叶××经××省高级人民法院以 (2006) ×法终字第 58 号刑事判决书判处死刑缓期二年执行。在刑罚执行过程中，我狱发现罪犯叶××的判决可能有错误。具体理由是：法院认定叶××于 2006 年 3 月 28 日杀害其妻张××。2008 年 4 月 20 日叶之妻张××在老家出现并得到证实。证明叶××并没有杀害其妻，被害人另有其人，此案有定性错误可能。 我们认为该案存在错案可能，需要纠正。 为此，根据《中华人民共和国监狱法》第二十四条和《中华人民共和国刑事诉讼法》第二百二十三条的规定，提请你院对叶××的判决予以处理，并将处理结果函告我监。 (公章) 二〇〇八年四月二十八日

视野拓展

《囚犯待遇最低限度标准规则》第 36 条（1）囚犯应该在每周工作日都有机会向监狱长或奉派代表监狱长的官员提出其请求或申诉。（2）监狱检查员检查监狱时，囚犯也得向他提出请求或申诉。囚犯应有机会同检查员或者其他检查官员谈话，监狱长或其他工作人员不得在场。（3）囚犯应可按照核定的渠道，向中央监狱管理局、司法当局或其他适当机关提出请求或申诉，内容不受检查，但须符合格式。（4）除非请求或申诉显然过于琐碎或毫无根据，应迅速加以处理并予答复，不得无理稽延。

【课后思考】

1．什么是申诉？为什么要保障罪犯的申诉权？

2．监狱民警如何处理罪犯的申诉材料？

3．请谈谈如何处理申诉和“不服悔改”之间的矛盾。

【推荐阅读】

1．胡铭著：《刑事申诉论》，中国人民公安大学出版社 2005 年版。

2．浙江省监狱管理局编：《浙江省监狱机关执法指南》（试行），申诉部分，内部资料，2010 年编。

附录一

浙江省监狱机关执法工作指南（试行）

（申诉、控告和检举部分）

第二节　申诉、控告和检举

第六十二条　对罪犯的申诉、控告、检举材料的查处、转递，应当按照以下要求和程序进行：

（一）对原判决或者加刑、减刑的判决、裁定不服的申诉材料，由监狱的刑罚执行部门登记，并填写《罪犯材料转递函》后，及时转寄原判人民法院或者监狱所在地中级人民法院。

（二）对检举、控告监狱民警违法违纪行为（包括侵犯其合法权益的）的，由监狱的纪检监察部门负责查处；对控告监狱的生活和医疗卫生问题的，由监狱的生活卫生部门负责查处；对控告其他罪犯侵犯其合法权益的，由狱政管理部门负责查处。

（三）对检举其他罪犯严重违反监规纪律行为、又犯罪行为的，由监狱的狱内侦查部门查处；对检举、控告公检法等执法机关办案人员违法违纪行为或者监外人员犯罪行为的，由监狱的狱内侦查部门登记、填写《罪犯材料转递函》后，及时转寄有关机关。

（四）对写给监狱的上级机关或司法机关的信件，由狱政管理部门登记、加盖“监狱信件转递章”后，直接转寄给上级机关或有关司法机关。信件不得拆阅。

（五）上级机关或者有关司法机关对罪犯的控告、检举开展查处的，监狱的有关职能部门应当协助查处；上级机关或者有关司法机关对罪犯的控告、检举指令或委托监狱查处的，监狱应当书面回复查处结果。有关查处结果的材料存入罪犯副档。

第六十三条　对罪犯的申诉、控告、检举查处结果的反馈，应当按照以下要求和程序进行：

（一）罪犯的申诉，由人民法院处理。人民法院回复的，由刑罚执行部门将回复函件及时送达申诉人签收。申诉被驳回的，分监区主管民警及时对罪犯进行个别谈话教育。

（二）罪犯的控告、检举经查证属实的，及时将处理结果告知控告人、检举人。

（三）罪犯的检举、控告无法查证的，监狱的主管职能部门及时将调查结果告知检举、控告人，并说明情况，进行教育；对属于诬告陷害的，对其进行批评教育，并按考核奖惩办法处理；对诬陷情节严重，构成犯罪的，提请驻监检察机关追究刑事责任。

第六十四条　监狱在处理罪犯申诉、控告、检举材料时，应当遵守以下纪律：

（一）及时转递、查处，不得以任何理由、任何形式扣押；

（二）经办民警保守秘密，不得泄露检举、控告人和检举、控告的内容；

（三）不得对检举、控告人打击报复。

第六十五条　监狱应当按照以下要求设置、开启罪犯的投诉信箱，处理罪犯投递信件：

（一）分监区设置监狱长信箱、局长信箱，可以设置民警信箱、监区长信箱，允许设置检察信箱。

（二）监狱长信箱、局长信箱由监狱的纪检监察部门会同法制部门一起开启，每月至少开启1次。设民警信箱、监区长信箱，有关民警每周开启2次以上。

（三）对写给监狱领导或指名监狱领导亲收的信件，送主管监狱领导或被指名的监狱领导阅示，有关职能部门按照监狱领导的批示办理。对写给监狱的上级机关及负责人或者司法机关的信件（包括直接交给民警的或民警信箱、监区长信箱、监狱长信箱中收到的），及时交狱政管理部门登记，加盖“监狱信件转递章”后及时转寄。

（四）民警信箱中的信件由收信民警本人登记和处理。发现重要信息的，收信民警及时报告分监区负责人，分监区及时进行调查处理，或者及时转交给有关职能部门处理。

（五）监区长信箱中的信件由监区长处理，有指名的交给指名人处理，并由监区管教民警负责登记。有重要信息的，监区及时进行调查处理，或者及时转交给有关职能部门处理。

（六）属于罪犯的合理化意见或建议的，按其内容分别由民警、分监区、监区或者监狱主管职能部门处理。

（七）对罪犯的检举、控告或提出的意见、建议，有调查结果、处理结果或被采纳的，及时给予反馈。罪犯署实名的，向罪犯本人反馈；未署实名的，除不宜公开的情况，可以在狱务公开栏上反馈。对一时无法查实的，可以在狱务公开栏上要求进一步提供线索。

（八）对投诉信件及调查材料，按“一事一卷”的要求建档保存。罪犯署实名的，制作副本、存入该犯副档。

附录二

人民检察院复查刑事申诉案件规定

（1993 年 3 月 4 日第七届第九十一次检察委员会通过
最高人民检察院 1993 年 4 月 5 日公布）

第一章　任务和原则

第一条　为了加强检察机关法律监督职能和完善内部制约机制，规范刑事申诉案件的复查程序，根据我国刑事诉讼法、人民检察院组织法和全国人大常委会的有关规定，结合人民检察院复查刑事申诉案件的工作实践，制定本规定。

第二条　人民检察院复查刑事申诉案件的任务是：通过复查刑事申诉案件，依法保护申诉人的合法权益，追究犯罪，维护正确的决定、判决和裁定，纠正错误的决定、判决和裁定，保障国家刑事法律的统一正确实施。

第三条　人民检察院复查刑事申诉案件，必须遵循下列原则：

（一）以事实为根据，以法律为准绳；

（二）依靠群众；

（三）全案复查；

（四）依照法定程序复查；

（五）实事求是，有错必纠；

（六）为原案被告人利益申诉的不得加重处罚；

（七）保障公民依法申诉的权利。

第二章　申　诉

第四条　刑事申诉是指申诉人对人民检察院诉讼终结的刑事处理决定或对人民法院发生法律效力的刑事判决、裁决不服，依法提出重新处理的请求。

第五条　对人民检察院诉讼终结的处理决定不服的申诉，应由被告人、被害人及其家属提出。

对人民法院发生法律效力的刑事判决、裁定不服的申诉，可以由当事人、被害人及其家属或者其他公民提出。

第六条　依照本规定可以提出申诉的人员，申诉时应当出具申诉书，并提供原决定书、判决书、裁定书的副本或复制件一式两份。

第七条　申诉人借申诉诬告陷害他人，对检察工作人员威胁、实施暴力、无理纠缠，妨害公务，情节严重的，应依法处理。

第三章　管　　辖

第一节　部门管辖

第八条　刑事检察部门管辖不服人民法院死刑终审判决、裁定尚未执行的申诉。

第九条　监所检察部门管辖被告人及其家属不服人民法院发生法律效力且尚在执行中的刑事判决、裁定的申诉。

第十条　控告申诉检察部门管辖下列刑事申诉：

（一）不服人民检察院以不构成犯罪作出不批准逮捕决定的申诉；

（二）不服人民检察院不起诉决定的申诉；

（三）不服人民检察院免予起诉决定的申诉；

（四）不服人民检察院撤销案件决定的申诉；

（五）不服人民检察院追缴财物决定的申诉；

（六）不服人民法院已执行完毕的刑事判决、裁定的申诉以及被害人和其他公民不服人民法院发生法律效力且尚在执行中的刑事判决、裁定的申诉；

（七）上级人民检察院和本院检察长交办的刑事申诉；

（八）认为需要自己复查的其他刑事申诉。

第二节　级别管辖

第十一条　县（市、旗、区、专门）人民检察院管辖下列刑事申诉：

（一）不服本院决定的申诉（另有规定的除外）；

（二）不服基层人民法院发生法律效力的刑事判决、裁定的申诉；

（三）上级人民检察院和本院检察长交办的刑事申诉；

（四）认为需要自己复查的其他刑事申诉。

第十二条　人民检察院分院、市（州、盟、专门）人民检察院管辖下列刑事申诉：

（一）不服本院决定的申诉（另有规定的除外）；

（二）不服下一级人民检察院免予起诉决定，在七日内提出的申诉；

（三）不服下一级人民检察院复查决定的申诉；

（四）不服同级和下级人民法院发生法律效力的刑事判决、裁定的申诉；

（五）上级人民检察院和本院检察长交办的刑事申诉；

（六）认为需要自己复查的其他刑事申诉。

第十三条 省（自治区、直辖市、专门）人民检察院管辖下列刑事申诉：

（一）不服本院决定的申诉（另有规定的除外）；

（二）不服下一级人民检察院免予起诉决定，在七日内提出的申诉；

（三）不服下一级人民检察院复查决定的申诉；

（四）不服同级和下级人民法院发生法律效力的刑事判决、裁定的申诉；

（五）最高人民检察院和本院检察长交办的刑事申诉；

（六）认为需要自己复查的其他刑事申诉。

第十四条 最高人民检察院管辖下列刑事申诉：

（一）不服本院决定的申诉；

（二）不服下一级人民检察院免予起诉决定，在七日内提出的申诉；

（三）不服下一级人民检察院复查决定的申诉；

（四）不服各级人民法院发生法律效力的刑事判决、裁定的申诉；

（五）本院检察长交办的刑事申诉；

（六）认为需要自己复查的其他刑事申诉。

第十五条 上级人民检察院在必要时对不服人民法院发生法律效力的刑事判决、裁定的申诉，可以交下级人民检察院复查。

第四章 受理与复查

第一节 受 理

第十六条 人民检察院收到公民刑事申诉后，应填写《刑事申诉处理登记表》。

第十七条 人民检察院对公民的申诉材料应及时审查，并分别予以处理：

（一）对不属于本院管辖的刑事申诉，应在三日内移送有管辖权的人民检察院或有关部门，并通知申诉人；

（二）对认为需要立案复查的刑事申诉，应制作《刑事申诉提请立案复查报告》，经本部门负责人或主管检察长批准后立案复查；

（三）对不需要立案的刑事申诉，应制作《刑事申诉不立案复查通知书》，经本部门负责人批准，在十日内通知申诉人。

第十八条 人民检察院对有下列情形之一的刑事申诉，应立案复查：

（一）不服人民检察院免予起诉决定、不起诉决定，七日内提出申诉的；

（二）原处理决定、判决和裁定有错误可能的；

（三）上级人民检察院或本院检察长交办的。

第十九条 原处理决定、判决和裁定是否有错误可能，应从以下六个方面审查：

（一）申诉人是否提出了足以改变原处理结果的新的事实或证据；

（二）原认定的事实是否清楚，证据是否确实、充分；

（三）原案应当认定的犯罪事实有无遗漏；

（四）适用法律是否正确；

（五）有无违反案件管辖权限及其他严重违反诉讼程序的情况。

第二节 复 查

第二十条 复查刑事申诉案件，必须由两名以上检察人员进行。

第二十一条 对决定立案复查的刑事申诉，应对申诉材料和案卷进行全面审查，并制作《阅卷笔录》。

第二十二条 经审查认为原案事实不清，证据不足时，应当补充调查，并做出调查计划。

第二十三条 在调查取证时，可以询问原案被告人、被害人和证人，并制作《刑事申诉复查笔录》，经被调查人确认无误后，由其签名或盖章。

第二十四条 复查刑事申诉案件，可以对与犯罪有关的场所、物品、人体、尸体等勘验、检查、笔录和鉴定结论进行复核，也可以对专门性问题进行鉴定或补充鉴定。

第三节 复查终结

第二十五条 刑事申诉案件复查终结，承办人应制作《刑事申诉复查终结报告》。

第二十六条 复查刑事申诉案件和结案标准是：

（一）原认定的事实、证据和适用法律等情况已经审查清楚；

（二）申诉人提出的新的事实、证据已经调查清楚；

（三）对事实不清、证据不足等问题，已经作了必要的补充调查；

（四）提出复查结论性意见。

第二十七条 人民检察院对复查终结的刑事申诉案件，经主管业务部门集体讨论，报主管检察长审批或提交检察委员会讨论作出复查决定。

第二十八条 经复查认为，原处理决定、判决和裁定正确的应予以维持，具有下列情形之一的，应依法予以纠正或提起抗诉：

（一）事实不清，证据不确实、不充分；

（二）认定的主要犯罪事实有误；

（三）定性错误；

（四）处理决定不当或量刑畸轻畸重。

第二十九条 人民检察院对同级人民法院发生法律效力的刑事判决、裁定，经复查认为不需要提请抗诉的，应制作《刑事申诉案件复查通知书》，并在十日内通知申诉人。

上级人民检察院对下级人民法院发生法律效力的刑事判决、裁定，经复查决定不予抗诉的，应制作《刑事申诉案件复查通知书》，并在十日内通知申诉人。

第三十条 对立案复查的不服人民检察院决定的刑事申诉案件，作出复查决定后，应制作《刑事申诉复查决定书》，并在十日内送交申诉人、原案被告人和有关部门。

上级人民检察院对确有错误的刑事申诉案件，作出复查决定后，必要时可制作《纠正案件错误通知书》，责成下级人民检察院执行。

第五章 免予起诉案件和复查程序

第三十一条 被告人及其家属不服人民检察院作出的免予起诉决定，在收到免予起诉决定后七日内提出申诉的，由上一级人民检察院控告申诉检察部门复查。作出免予起诉决定的人民检察院，应当在收到申诉材料后三日内，将申诉材料连同案卷一并移送上一级人民检察院。申诉人直接向上一级人民检察院提出申诉的，应当在收到申诉材料三日内调卷复查，并将申诉材料副本移交作出免予起诉决定的人民检察院。

第三十二条 被告人、被害人及其家属不服免予起诉决定，在收到免予起诉决定后逾七日提出申诉的，由作出免予起诉决定的人民检察院控告申诉检察部门受理。经复查并作出复查决定后，申诉人不服继续申诉的，由上一级人民检察院的控告申诉检察部门受理。

第三十三条 人民检察院对不服免予起诉的申诉，经立案复查后，应分别作出如下决定：

（一）免予起诉决定正确的，应作出予以维持的决定；

（二）免予起诉决定基本正确的，应予维持，但所认定部分事实有误或适用法律不当的，应撤销原《免予起诉决定书》中不当的部分；

（三）免予起诉决定不当，需要判处刑罚的，应撤销免予起诉决定，作出新的决定，向人民法院提起公诉；

（四）免予起诉决定不当，被告人行为不构成犯罪，或事实不清、证据不足的，应撤销原免予起诉决定。

第三十四条 人民检察院对立案复查的不服免予起诉的申诉，复查终结后，报主管检察长审批或提交检察委员会讨论作出复查决定，并制作《刑事申诉复查决定书》，在十日内送交申诉人、原案被告人和有关部门；或制作《纠正案件错误通知书》，责成下一级人民检察院予以纠正。

第三十五条　办理不服人民检察院不起诉决定的申诉，参照本章规定执行。

第六章　交办刑事申诉案件的审查处理

第三十六条　各级人民检察院检察长对本院作出的处理决定和人民法院已经发生法律效力的刑事判决、裁定，如果发现在认定事实上或在适用法律上有错误可能，可以交主管业务部门立案复查。

最高人民检察院对各级人民检察院、上级人民检察院对下级人民检察院作出的处理决定或人民法院已经发生法律效力的刑事判决、裁定，如果发现有错误可能，可以指令下级人民检察院立案复查。

第三十七条　下级人民检察院对上级人民检察院交办的刑事申诉案件复查结案后，应将复查决定送达申诉人，并制作复查结案报告，连同《刑事申诉复查终结报告》、《刑事申诉复查决定书》等材料一并上报交办的上级人民检察院。

第三十八条　上级人民检察院收到下级人民检察院的结案报告后，应在一个月内审查完毕，并批复下级人民检察院。如果发现在认定事实上或在适用法律上仍有错误可能，可以直接立案复查，也可以退回下级人民检察院补充调查。对于补充调查的案件，应当在二个月内补充调查完毕。

第七章　执　　行

第三十九条　对人民检察院原处理决定不当的案件，作出复查决定后，应分别情况予以执行：

（一）对免予起诉决定和以不构成犯罪不批准逮捕、不起诉、撤销案件的决定，复查后决定立案侦查、追诉的，分别由原作出决定的人民检察院侦查部门和刑事检察部门执行；

（二）对不起诉或免予起诉的决定，复查后决定撤销原决定的，由负责复查的人民检察院控告申诉检察部门执行，也可责成下一级人民检察院执行；

（三）对追缴财物的决定，复查后决定退还全部或部分财物的，由原办案的人民检察院执行。

第四十条　人民检察院对同级人民法院发生法律效力的刑事判决、裁定，经复查认为确有错误时，应制作《提请抗诉意见书》，报上一级人民检察院审查。上一级人民检察院经审查决定抗诉的，就制作《抗诉书》，向人民法院提出抗诉。在人民法院开庭再审时，应由负责审查的业务部门出庭支持抗诉，对再审活动实施监督。

最高人民检察院对各级人民法院，上级人民检察院对下级人民法院发生法律效力的刑事判决、裁定，经复查决定抗诉的，应制作《抗诉书》向人民法院提出抗诉。人民法院开庭再审时，应由人民检察院负责复查的业务部门出庭支持抗诉，对再审活动实施监督。

第四十一条　下级人民检察院对上级人民检察院的复查决定必须执行，并将执行情况及时书面报告上级人民检察院。

第四十二条　人民检察院决定纠正的刑事申诉案件，《刑事申诉复查决定书》应当公开宣布，并制作《宣布笔录》。

上级人民检察院作出的复查决定，可以责成下级人民检察院宣布执行。

第四十三条　人民检察院的《刑事申诉复查决定书》应送达申诉人、原案被告人、原案被告人所在单位或居住地基层组织。

第四十四条　刑事申诉复查决定的善后处理工作，应由作出原处理决定的人民检察院负责，并商请有关部门予以落实。

第八章　办案时限

第四十五条　复查不服人民检察院免予起诉决定、不起诉决定，在七日内提出申诉的案件，应在立案后一个月内办结。

第四十六条　复查不服人民检察院免予起诉决定、不起诉决定，逾七日提出申诉的案件和不服人民检察院其他处理决定的申诉案件以及不服人民法院发生法律效力的刑事判决、裁定的申诉案件，应在立案后三个月内办结。

第四十七条　交办的刑事申诉案件，应在收到交办文书后十日内立案复查。

第四十八条　复查刑事申诉案件，因案情复杂逾期不能结案时，应报请主管检察长批准，适当延长办案时间，最长不得超过一个半月。

复查交办的刑事申诉案件，逾期不能结案时，应向交办的上级人民检察院书面说明情况。

附　则

第四十九条　本规定自公布之日起施行，人民检察院原有关处理刑事申诉案件的规定与本规定不一致时，按本规定执行。

任务三　罪犯控告和检举处理实务

基本要求：通过本任务的学习，使学生（员）明了罪犯控告和检举的含义及意义、控告和检举的实体规定和程序要求，控告和检举处理过程中应注意的罪犯合法权利保障内容。通过典型案例引导学生（员）掌握罪犯控告和检举处理事务。同时通过实习训练，使学生（员）掌握罪犯控告和检举处理事务有关规定、基本要求、注意事项及程序。

基本知识

一、控告和检举的含义

（一）控告的含义

罪犯控告，是指罪犯对于监狱人民警察或者其他国家工作人员的违法行为，向有关机关进行揭发、控诉，并要求依法处理的活动。

（二）检举的含义

罪犯检举，又叫举报，是指罪犯对监狱内外的违法犯罪活动向有关机关进行揭发或者举报的活动。

二、控告和检举的区别和意义

二者的主要区别是：一是行为的主体不同，检举人一般是与违法违纪案件没有直接关系的人，既不是同案人，也不是被害人；而控告人则是直接或间接的受害人，或是受害人的法定代理人及其亲属等。二是行为的目的不同，检举一般是出于义愤或为了维护公共利益；而控告一般是为了保护自己的权益。

控告和检举权是罪犯的一项法定权利，监狱应当依法保护罪犯行使这一权利。依法保护罪犯的控告和检举权，对于更准确、有效地执行刑罚，打击犯罪、保护人民，健全社会主义法制具有重要的意义。所以罪犯在服刑期间，对监狱人民警察违反监管法规、体罚虐待罪犯、贪污受贿、徇私舞弊等违法犯罪行为，行使向监狱上级机关、人民检察院等部门进行揭发、控告的权利时，有关执行部门和民警不得阻拦或干涉。

法律依据

一、《中华人民共和国宪法》的规定

第四十一条 中华人民共和国公民对于任何国家机关和国家工作人员，有提出批评和建议的权利；对于任何国家机关和国家工作人员的违法失职行为，有向有关国家机关提出申诉、控告或者检举的权利，但是不得捏造或者歪曲事实进行诬告陷害。

对于公民的申诉、控告或者检举，有关国家机关必须查清事实，负责处理。任何人不得压制和打击报复。

二、《中华人民共和国刑法》的规定

第八十八条 在人民检察院、公安机关、国家安全机关立案侦查或者在人民法院受理案件以后，逃避侦查或者审判的，不受追诉期限的限制。被害人在追诉期限内提出控告，人民法院、人民检察院、公安机关应当立案而不予立案的，不受追诉期限的限制。

第二百五十四条 国家机关工作人员滥用职权、假公济私，对控告人、申诉人、批评人、举报人实行报复陷害的，处二年以下有期徒刑或者拘役；情节严重的，处二年以上七年以下有期徒刑。

三、《中华人民共和国刑事诉讼法》的规定

第八十四条 任何单位和个人发现有犯罪事实或者犯罪嫌疑人，有权利也有义务向公安机关、人民检察院或者人民法院报案或者举报。

被害人对侵犯其人身、财产权利的犯罪事实或者犯罪嫌疑人，有权向公安机关、人民检察院或者人民法院报案或者控告。

公安机关、人民检察院或者人民法院对于报案、控告、举报，都应当接受。对于不属于自己管辖的，应当移送主管机关处理，并且通知报案人、控告人、举报人；对于不属于自己管辖而又必须采取紧急措施的，应当先采取紧急措施，然后移送主管机关。

第八十五条 报案、控告、举报可以用书面或者口头提出。接受口头报案、控告、举报的工作人员，应当写成笔录，经宣读无误后，由报案人、控

告人、举报人签名或者盖章。

接受控告、举报的工作人员，应当向控告人、举报人说明诬告应负的法律责任。但是，只要不是捏造事实，伪造证据，即使控告、举报的事实有出入，甚至是错告的，也要和诬告严格加以区别。

公安机关、人民检察院或者人民法院应当保障报案人、控告人、举报人及其近亲属的安全。报案人、控告人、举报人如果不愿公开自己的姓名和报案、控告、举报的行为，应当为他保守秘密。

第八十六条　人民法院、人民检察院或者公安机关对于报案、控告、举报和自首的材料，应当按照管辖范围，迅速进行审查，认为有犯罪事实需要追究刑事责任的时候，应当立案；认为没有犯罪事实，或者犯罪事实显著轻微，不需要追究刑事责任的时候，不予立案，并且将不立案的原因通知控告人。控告人如果不服，可以申请复议。

第九十六条　犯罪嫌疑人在被侦查机关第一次讯问后或者采取强制措施之日起，可以聘请律师为其提供法律咨询、代理申诉、控告。犯罪嫌疑人被逮捕的，聘请的律师可以为其申请取保候审。涉及国家秘密的案件，犯罪嫌疑人聘请律师，应当经侦查机关批准。

四、《中华人民共和国监狱法》的规定

第七条　罪犯的人格不受侮辱，其人身安全、合法财产和辩护、申诉、控告、检举以及其他未被依法剥夺或者限制的权利不受侵犯。

第二十二条　对罪犯提出的控告、检举材料，监狱应当及时处理或者转送公安机关或者人民检察院处理，公安机关或者人民检察院应当将处理结果通知监狱。

第二十三条　罪犯的申诉、控告、检举材料，监狱应当及时转递，不得扣压。

五、有关部门规章的规定

《司法部关于纪检监察工作的规定》第20条规定："驻司法部纪检组监察局对群众的检举、控告，实行分级负责、归口管理，并密切同有关部门协作配合的原则。涉及司法行政系统内处级以下单位和干部一般性问题的检举、控告及有关申诉，除领导批示的外，以转办的方式处理；涉及到厅局级干部的违纪问题、处级干部重大问题的举报、控告及一般干部的恶性案件，可摘登《纪检监察情况》报部领导。不属于本单位业务范围受理的来信来访，转有关单位和部门处理。"

执法程序

按上述有关的规定，除由驻监狱的人民检察院工作人员执行的控告、检举程序外，大多由监狱内设职能部门审理，以下面某监狱具体操作说明执行控告和检举程序。具体参见图4。

一、控告材料的处理

控告材料是罪犯在服刑期间向有关机关揭发、控告有关人员违法犯罪行为的材料。监狱应及时处理或转递。具体处理程序是：

（1）监狱设置控告箱，由法制科负责管理，每月定期开启。

（2）罪犯写给监狱的控告材料，由法制科认真登记，及时向监狱分管领导汇报，配合有关部门认真查处，并于日内将处理结果向罪犯反馈。

（3）罪犯写给监狱的上级机关或其他机关的控告材料，由法制科填写《控告材料转递单》，于五日内转交有关部门处理。

（4）监狱对具名的控告材料做出处理或转交有关部门后，于五日内通知具名的罪犯。

二、检举材料的处理

检举材料是罪犯在服刑期间揭发、举报监狱内外各种违法犯罪活动线索和事实的材料。监狱应及时处理或转递。具体处理程序是：

（1）监狱在监区分别设置检举箱，由狱内侦查科管理，每月定期开启。

（2）狱内侦查科对罪犯的检举材料登记后，进行研究分析，并向监狱分管领导汇报。

（3）属于检举狱内违法犯罪行为的，由狱内侦查科负责调查处理；属于检举狱外违法犯罪行为的，由狱内侦查科填写《检举材料转递单》，于五日内转交有关部门处理。

（4）检举情况落实后，及时将处理结果向罪犯反馈。

（5）监狱对具名的检举材料作出处理或转交有关部门后，五日内通知具名的罪犯。

（6）检举材料查证后，根据查证结果，兑现奖罚政策。

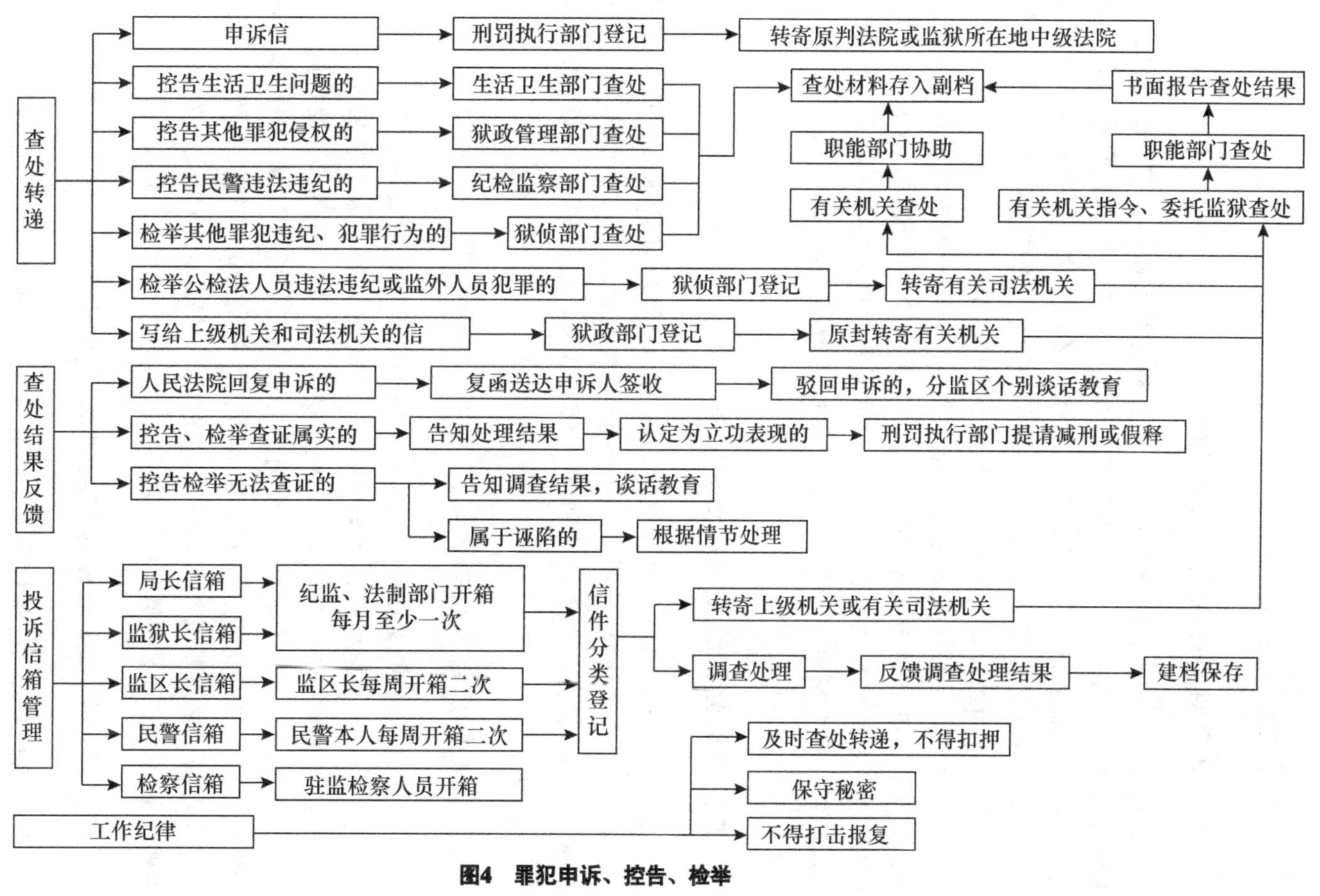

图4　罪犯申诉、控告、检举

注意问题

一、认真对待罪犯的控告和检举

认真对待罪犯控告和检举是做好控告和检举工作的基础，是监狱公平公正执法的基础。第一，罪犯控告和检举材料数量有限性。监狱执法公正文明程度在提高，加之罪犯在监内改造，对社会接触狭窄，控告和检举案件数量比较有限，相对日常监狱管理工作对罪犯的控告和检举管理显得单薄，但不能因这种情况而忽视认真对待罪犯控告和检举工作。第二，罪犯控告和检举材料的重要性。认真对待罪犯的控告和检举工作，一方面能有效保障罪犯权利，另一方面能加速有关案件的查处，体现法律的严肃性、公正性。第三，罪犯控告和检举材料的教育性。认真对待罪犯的控告和检举，不仅仅是为了完成控告和检举材料的处理，更能积极地影响对罪犯改造，教育罪犯服法、守法、用法。

二、及时处置罪犯的控告和检举

及时处置罪犯的控告和检举指：第一，及时地收集罪犯的控告和检举的材料。第二，及时地分析罪犯的控告和检举材料，做好分流工作，做好主办、转办、协办、催办的分项和移交。第三，结案后给予及时的口头或书面形式的反馈。

三、把好控告和检举及转交手续材料的制作

控告和检举材料文稿撰写部分是对案件进行处置的重要依据，需注意以下几点：第一，注意格式，如案例一的控告信件，控告人、被控告人、控告事项、控告事实一清二楚。第二，注意逻辑分析，如案例二的检举信件，被检举人、检举事项、检举事实不是相当清楚确切，所以案例二的检举信件需接案民警对其进行指点，从格式上和表述上进行梳理。第三，政策的交代，要求控告或检举的罪犯明白其中的法律责任，特别是诬告行为的法律责任。第四，落款、签名及盖章（或按指印）。

四、接案后做好对控告和检举罪犯的跟踪

罪犯呈报控告、检举材料后，在有关部门反馈之前，防止出现打击报复行为、防止出现案件秘密的泄露、为防止控告、检举人员出现异常不可控情

节，监狱民警在必要时要主动介入，对相关罪犯进行隔离调查。

五、绝对保证控告和检举工作按规程执行

严格程序，按控告和检举工作规程执行才能充分保证控告和检举案件查处的公平性、公正性。如某监狱在提请罪犯减刑和假释过程中，分监区曾将某犯出现了禁闭的情形上报给狱政管理（刑罚执行）部门，该部门没有将这一情况提请监狱评审委员会评审，直接报向监狱长办公会审议，检举罪犯是在调到异地后才敢向有关机关反映，可见绝对保证控告和检举工作按规程执行是相当必要的。

人权保障

一、控告和检举的提起权

罪犯在服刑期间，对监狱人民警察违法及违反监管法规、体罚虐待罪犯、贪污受贿、徇私舞弊等违法犯罪行为，有向公安机关、人民检察院等部门进行揭发、控告的权利。这是罪犯的一项法定权利，监狱应当依法保护罪犯行使这一权利。

二、控告和检举的保障

罪犯向有关机关控告和检举，有关机关应当保障报案人、控告人、举报人及其近亲属的安全。报案人、控告人、举报人，包括罪犯如果不愿公开自己的姓名和报案、控告、举报的行为，应当为他保守秘密。

三、提出异议权

罪犯在监狱启动控告和检举查处工作后，对监狱控告和检举各个执法环节有异议的，可以提出异议。如罪犯对自身提出的举报没有得到反馈，可以向有关部门提出异议。

四、申请复议权

民警对罪犯控告和检举的处理和反馈，罪犯认为民警工作有不符合法律规定的，可以就对不符法律规定的情形提请复议。

典型案例

案例 1　罪犯的控告材料

控告信

控告人：××监狱五监区三分监区罪犯张×
被控告人：吴××警官，男，××监狱五监区三分监区管教员
控告事项：依法追究被控告人吴××体罚虐待罪犯的刑事责任
控告事实：

2009 年 12 月 27 日 15 点左右，被控告人在调查控告人和同监舍罪犯姚×争吵的过程中，听信了姚×的一面之词，认为下午睡觉时姚×鞋子中的水是控告人倒的，控告人与姚×发生的争吵应当全由控告人负责。控告人向被控告人介绍下午的实情时，被控告人认为控告人强词夺理，控告人一再要求明查的情况下，被控告人认为控告人不服监规，必须如实汇报，谦虚承认水是控告人倒过的事实。控告人在气愤中讲了粗话，即受到被控告人一记耳光，打在控告人左耳根部，当场流血，被控告人说是给我的教训。在场的还有李××警官及门口值班的杨××，他们可以作证控告人的受伤情况。后控告人被送往医院救治，至 2010 年 2 月 6 日出院，现经司法鉴定科学研究所司法鉴定中心鉴定书“司鉴中心［2010］司鉴字第××号”鉴定，控告人属八级病残。被控告人吴××体罚虐待囚犯的行为已经触犯了《中华人民共和国刑法》第 254 条的规定，涉嫌犯罪。恳请检察机关查明事实，依法追究被控告人吴××的刑事责任。

此致

××市检察院驻××监狱检察组
控告人：××监狱五监区三分监区罪犯张×
2010 年 3 月 20 日

案例 2　罪犯的检举材料

对犯罪嫌疑人的检举

现关押在温州市永嘉看守所 202 室的叶××、邓××、沈××，分别在 2008 年和 2009 年，实施了以下抢劫行为：

一、2008 年 10 月至 11 月间，叶××和邓××在温州市某学校边的一家小店旁边，抢一辆自行车卖给温州大学学生李××。

二、2009 年 10 月至 11 月间，叶××和邓××、还有蒋××和郭××四人在温州市某学校边的加油站前边，抢一辆自行车卖给温州大学学生李××。

三、2009 年 10 月至 11 月间，叶××、邓××及蒋××三人在温州市某舞厅后门抢一男孩自行车，车牌为捷安特。

四、2009 年 10 月至 11 月间，在温州市瓯海区某街道某社区某小区边的桥头，抢一男孩自行车。

五、2009 年 8 月份左右，叶××和沈××，在温州某街道某超市边打算去偷一居民家中电瓶车，后发现家中无人，就爬进屋里，在衣柜里翻出 5 700 元钱和一台电脑，电脑卖了 500 元。

检举人：裘××

二〇〇九年十二月十七日

案例 3　罪犯检举材料

对通缉令嫌疑人的举报材料

分监区：

本犯叶××看见 2009 年 3 月 27 日杭州市下城区绍兴路原旧货市场附近一出租房内发生的凶杀案通缉令上嫌疑人的照片与本犯老家一位叫黄某的人身高、年龄、相貌极为相似，他原先与我一起作过案，特提供线索协助公安机关早日破案。

嫌疑人姓名：黄××

嫌疑人地址：重庆市忠县××镇××乡人。

此致

罪犯：张××

二〇〇九年六月二日

技能训练

一、训练目的

第一，学会控告和检举材料的初步分析；

第二，掌握控告和检举处理工作规程；

第三，熟悉制作控告书和检举信；

第四，学习签署控告和检举材料的分流意见。

二、训练方案（模拟控告和检举案件的接待任务）

第一，分析材料一罪犯控告情况。

第二，根据材料二制作比较完整的检举信。

三、训练材料

材料一（见案例 1）

材料二（见案例 2）（见表 3-1）

视野拓展

参见罪犯申诉处理中“视野拓展”内容。

【课后思考】

1. 谈谈控告和检举的含义和区别？
2. 对罪犯控告材料应遵守哪些处理程序？
3. 对罪犯控告和检举保障的主要内容是哪些？
4. 对罪犯控告和检举应注意哪些问题？

【推荐阅读】

1. 张明楷主编：《外国刑法纲要》，清华大学出版社 1999 年版。

2. 金鉴主编：《监狱学总论》，法律出版社 1997 年版。

3. 应朝雄主编：《监狱分监区工作实务》，中国政法大学出版社 2006 年版。

4. 司法部监狱管理局编：《监狱工作手册》第四辑，法律出版社 2003 年版。

5. 司法部监狱管理局编：《监狱工作手册》第五辑，内部资料，2007 年印。

6. 武延平主编：《中外监狱法比较研究》，中国政法大学出版社 1999 年版。

7. 浙江省监狱管理局编：《浙江省监狱机关执法指南》（试行），控告和检举部分，内部资料，2010 年编。

表 3-1

服刑人员陈××检举材料转递函

（存根）

（2008）浙×监函字第 18 号

姓名张三
材料类型检举
材料卷数共 1 卷6 页
材料摘要检举犯罪嫌疑人王××抢劫杀人罪。2007 年 5 月因涉嫌诈骗罪被羁押××看守所。据王自己透露，2007 年 9 月上旬的一天午夜约 2 点，他潜入××市××小区，入室盗窃。后主人惊醒，与之搏斗。王就用随身携带的水果刀刺中一女性腹部，并拿走 10000 元现金和一台手提电脑后逃离，第二天知道该女性死亡。

转送单位××市公安局
填发日期 2008 年 9 月 5 日
承办人 姜×× 周×

（贰零零捌）浙×监函字第拾捌号

服刑人员陈××检举材料转递函

（回执）

××监狱：

你监（2008）×监函字第18 号材料转递函及材料均已收到，经核对无误。

回复地址××省××市××区平安大街 110 号
通信信箱××省××市××区 505 信箱
通信邮编3111××

（公章）
二〇〇八年九月五日

注：接到材料转递函后，请即将此回执寄给发函单位

（贰零零捌）浙×监函字第拾捌号

服刑人员陈××检举材料转递函

（2008）浙×监函字第 18 号

××市公安局：

现将我狱罪犯陈××检举犯罪嫌疑人王××，可能实施 2007 年 9 月上旬发生在你市郊外的一起抢劫杀害出租车司机刑事犯罪的检举材料，共 1 卷 3 页寄去，请查收。

（公章）
二〇〇八年九月五日

任务四　暂予监外执行处理实务

基本要求：通过本任务的学习，使学生（员）明了罪犯暂予监外执行的含义与特征、意义，掌握罪犯暂予监外执行的条件、法律依据、程序、批准机关、法律监督、执行以及监狱人民警察在办理暂予监外执行过程中对罪犯合法权利的保障。通过典型案例引导学生（员）掌握暂予监外执行的执法任务。同时通过实际训练，使学生（员）掌握暂予监外执行的要求及程序。

基本知识

一、暂予监外执行的含义

（一）暂予监外执行的含义

暂予监外执行，是指对被判处有期徒刑或者拘役的罪犯，具有法律规定的某种特殊情况，不适宜在监狱或者拘役所等场所执行刑罚，暂时采取不予关押的一种变通执行方法。

在理解上述定义时，暂予监外执行包括以下几点内容：

1. 暂予监外执行的对象：是指被判处有期徒刑或者拘役刑的罪犯，不含无期徒刑犯和死缓犯。

2. 暂予监外执行的条件：是指符合《刑事诉讼法》、《监狱法》及其他监狱法规规定的要件。

3. 暂予监外执行的主体：是公安机关，同时罪犯原属的基层组织或者所在单位协助监督。

4. 决定暂予监外执行的机关：一种是由人民法院做出判决的同时决定，另一种是由省、自治区、直辖市的监狱管理局在服刑过程中决定。

监外执行是变更刑罚执行场所和方式的重要制度之一，适用于被人民法院依法判处拘役、有期徒刑且具有法律规定的某种特殊情形的犯罪人。[①] 监外执行的实质是因特殊情况的出现而将监禁刑转为非监禁刑。[②] 它在刑事诉讼和刑罚执行过程中均可出现。

（二）暂予监外执行的种类

根据法律规定，罪犯的暂予监外执行分为有期徒刑罪犯的暂予监外执行和拘役罪犯的暂予监外执行；依罪犯暂予监外执行的原因，分为有严重疾病而保外就医的暂予监外执行（即保外就医），怀孕或正在哺乳自己婴儿的女性罪犯的暂予监外执行；依决定和审批机关的不同，分为人民法院决定的罪犯的暂予监外执行，监狱管理机关批准的罪犯的暂予监外执行和公安机关批准的罪犯的暂予监外执行；依暂予监外执行的期限，可分为有具体期限的暂予监外执行和无具体期限的暂予监外执行。

二、暂予监外执行的特征和意义、条件

（一）暂予监外执行的特征

1. 执行场所的暂时变更。监外执行将原判决和裁定所确定的刑罚执行场所做了变更，罪犯服刑由监内转向监外。但是这仅仅是暂时性的，并非永久的，而且只是行刑方式的变更，不改变罪犯的身份。

2. 刑期的计算。监外执行的期间计入刑期。

3. 行刑的人道性。但是也有前提，即不致危害社会。

4. 专门机关和群众路线相结合。《刑事诉讼法》第 214 条第 6 款规定："对于暂予监外执行的罪犯，由居住地公安机关执行，执行机关应当对其严格管理监督，基层组织或者罪犯的原所在单位协助进行监督。"这一规定体现的正是我国同犯罪分子作斗争所一贯坚持的专门机关和群众路线相结合的刑事政策。

（二）暂予监外执行的意义

暂予监外执行体现了社会主义人道主义精神。对于及时医治罪犯的严重疾病，保障罪犯的身体健康，保障妇婴权益，展示我国行刑制度的文明与先进，都具有重要意义。

（三）暂予监外执行的条件

对于暂予监外执行的适用条件，《刑事诉讼法》第 214 条作了明确规定，

---

① 《监狱法》和《刑事诉讼法》对监外执行规定不尽一致。本文按照新法优于旧法的原则，以后者为据。

② 非监禁刑，指在监狱之外对犯罪人使用的刑事制裁方法的总称。见吴宗宪等：《非监禁刑研究》，中国人民公安大学出版社 2003 年版，第 24 页。

即必须具备下列情形之一：

1. 罪犯有严重疾病需保外就医。对于适用保外就医可能有社会危险性的罪犯，或者自伤自残的罪犯，不得保外就医。对于罪犯确有严重疾病，必须保外就医的，由省级人民政府指定的医院开具证明文件，依照法律规定的程序审批。发现被保外就医的罪犯不符合保外就医条件的，或者严重违反有关保外就医规定的，应当及时收监执行。

2. 罪犯怀孕或者正在哺乳自己的婴儿。哺乳期限按婴儿出生后1年计算。

3. 罪犯生活不能自理，适用暂予监外执行不致危害社会。

患有严重疾病，一般是指患有不治之症或者病危，或者患有需要隔离的传染病。对于患有严重慢性疾病，长期医治无效的，年龄在60岁以上，身体有病已失去危害社会可能的；身体残疾，失去劳动能力的罪犯，也可准许保外就医或监外执行。但对于被判处死刑或者死刑缓期2年执行尚未减刑的罪犯，一律不准监外执行。法院在判决时发现罪犯具有上述疾病、怀孕等情况，即可以决定监外执行；如在执行过程中才发现上述情况，应由执行机关提出书面意见，报请主管的司法机关审查批准。罪犯在监外执行期间，应当计算在刑期以内。当监外执行的原因消失（如病愈、哺乳期满）后，如果刑期未满，仍应收监执行；如刑期届满，则应及时释放。

法律依据

一、《中华人民共和国刑事诉讼法》的规定

第二百一十四条 对于被判处有期徒刑或者拘役的罪犯，有下列情形之一的，可以暂予监外执行：

（一）有严重疾病需要保外就医的；

（二）怀孕或者正在哺乳自己婴儿的妇女。

对于适用保外就医可能有社会危险性的罪犯，或者自伤自残的罪犯，不得保外就医。

对于罪犯确有严重疾病，必须保外就医的，由省级人民政府指定的医院开具证明文件，依照法律规定的程序审批。发现被保外就医的罪犯不符合保外就医条件的，或者严重违反有关保外就医的规定的，应当及时收监。

对于被判处有期徒刑、拘役，生活不能自理，适用暂予监外执行不致危害社会的罪犯，可以暂予监外执行。

对于暂予监外执行的罪犯，由居住地公安机关执行，执行机关应当对其严格管理监督，基层组织或者罪犯的原所在单位协助进行监督。

第二百一十五条 批准暂予监外执行的机关应当将批准的决定抄送人民检察院。人民检察院认为暂予监外执行不当的，应当自接到通知之日起一个月以内将书面意见送交批准暂予监外执行的机关，批准暂予监外执行的机关接到人民检察院的书面意见后，应当立即对该决定进行重新核查。

第二百一十六条 暂予监外执行的情形消失后，罪犯刑期未满的，应当及时收监。

罪犯在暂予监外执行期间死亡的，应当及时通知监狱。

二、《中华人民共和国监狱法》的规定

第二十五条 对于被判处无期徒刑、有期徒刑在监内服刑的罪犯，符合刑事诉讼法规定的监外执行条件的，可以暂予监外执行。

第二十六条 暂予监外执行，由监狱提出书面意见，报省、自治区、直辖市监狱管理机关批准。批准机关应当将批准的暂予监外执行决定通知公安机关和原判人民法院，并抄送人民检察院。

人民检察院认为对罪犯适用暂予监外执行不当的，应当自接到通知之日起一个月内将书面意见送交批准暂予监外执行的机关，批准暂予监外执行的机关接到人民检察院的书面意见后，应当立即对该决定进行重新核查。

第二十七条 暂予监外执行的罪犯，由居住地公安机关执行。原关押监狱应当及时将罪犯在监内改造情况通报负责执行的公安机关。

第二十八条 暂予监外执行的情形消失后，刑期未满的，负责执行的公安机关应当及时通知监狱收监；刑期届满的，由原关押监狱办理释放手续。罪犯在暂予监外执行期间死亡的，公安机关应当及时通知原关押监狱。

三、部门规章及有关司法解释的规定

《关于加强和规范监狱外执行工作的意见》司法部、最高人民检察院、公安部颁发的司发［1990］247号《关于印发罪犯保外就医执行办法》的通知其附件及其附件《罪犯保外就医疾病伤残范围》(详见附录)。

其他法律渊源有：最高人民法院《关于执行〈中华人民共和国刑事诉讼法〉若干问题解释》(法释［1998］23号)，《人民检察院刑事诉讼规则》(高检法释字［1999］1号)，公安部《公安机关对被管制、剥夺政治权利、缓刑、假释、保外就医罪犯的监督管理规定》、《公安机关办理刑事案件程序规定》，1989年8月30日最高人民法院、最高人民检察院、公安部、司法部《关于依

法加强对管制、剥夺政治权利、缓刑、假释和暂予监外执行罪犯监督考察工作的通知》，司法部、最高人民检察院、公安部《罪犯保外就医执行办法》的通知（司发［1990］247号）及其附件《罪犯保外就医疾病伤残范围》，司法部监狱管理局《关于办理罪犯采取非法手段骗取保外就医期间不计入执行刑期的法律手续问题的批复》、司法部监狱管理局《关于在罪犯保外就医执法活动中有关问题的批复》，最高人民法院、最高人民检察院、公安部、司法部、卫生部联合发布的卫医字（89）第17号《关于颁发〈精神疾病司法鉴定暂行规定〉的通知》，最高人民法院、最高人民检察院、公安部、司法部《人体轻伤鉴定标准（试行）》及《人体重伤鉴定标准》等等。

执法程序

对具备暂予监外执行条件的罪犯，人民法院判决时，可直接决定。人民法院决定暂予监外执行的，应当制作《暂予监外执行决定书》，载明罪犯基本情况、判决确定的罪名和刑罚、决定暂予监外执行的原因、依据等内容，并抄送人民检察院和罪犯居住地的公安机关。此外，如果人民法院在判决时并未发现罪犯应当监外执行，而是监狱在对公安送交的罪犯进行身体检查时，发现其有监外执行的情景而拒绝收监时，根据《公安机关办理刑事案件程序规定》第276条的规定："将罪犯交付执行，监狱不予收监的，公安机关应当提请交付执行的人民法院作出是否收监执行的决定。对于决定收监的，应当将罪犯交付监狱执行；对于决定暂予监外执行的，由看守所将罪犯交付罪犯居住地公安机关执行。"

在判决、裁定执行过程中，对具备监外执行条件的罪犯，由监狱提出书面意见，报省、自治区、直辖市监狱管理机关批准。在看守所、拘役所服刑的罪犯需要暂予监外执行的，应由看守所或拘役所提出书面意见，报主管的县级以上公安机关审查决定。批准暂予监外执行的机关应当将批准的决定抄送人民检察院。

对于暂予监外执行的罪犯，由居住地公安机关执行，基层组织或者罪犯的原所在单位协助进行监督，执行机关应当对暂予监外执行的罪犯严格管理监督。对于服刑中决定暂予监外执行的罪犯，原执行机关应当将罪犯服刑改造的情况通报负责监外执行的公安机关，以便有针对性地对罪犯进行管理监督；负责执行的公安机关应当告知罪犯，在暂予监外执行期间必须接受监督改造并遵守有关的规定。

暂予监外执行的情形消失后，罪犯刑期未满的，应当及时收监。对于人民法院在做出判决、裁定的同时决定对罪犯暂予监外执行的，对该罪犯的收监，应当由负责执行的公安机关通知人民法院将该罪犯依法交付执行。如果罪犯是在执行过程中被决定暂予监外执行的，负责执行的公安机关应当通知监狱等执行机关收监。暂予监外执行过程中罪犯刑期届满的，应当由原关押监狱等执行机关办理释放手续。罪犯在暂予监外执行期间死亡的，负责执行的公安机关应当及时通知原关押监狱或其他执行机关。

由于监狱办理监外执行的执法程序是本章的重点，所以下面以常见的暂予监外执行的情形——保外就医为例说明暂予监外执行的程序：

根据《刑事诉讼法》第 214 条、《监狱法》第 26 条、第 27 条和司法部、最高人民检察院、公安部印发的《罪犯保外就医执行办法》等规定，对于正在监狱服刑的有期徒刑犯，发现其身患严重疾病需要保外就医或者生活不能自理需要暂予监外执行的，其处理程序是：

第一，由罪犯所在监狱监区或分监区区务会讨论通过，报狱政科讨论并邀请驻监狱的检察院（组）人员列席参加，初审同意后，进行病残鉴定。

第二，由省级人民政府指定的医院开具证明文件。证明文件应由医院业务院长签字，加盖公章，并附化验单、照片等有关病历档案。

第三，对于符合暂予监外执行情形的，监狱应当填写《罪犯保外就医征求意见书》，征求罪犯家属所在地公安机关意见，并与罪犯家属联系，办理取保手续。取保人和被保人应当在《罪犯保外就医取保书》上签名或者盖章。

第四，对需要保外就医的罪犯，由监狱填写《罪犯保外就医审批表》，连同《罪犯保外就医征求意见书》、有关病残鉴定和当地公安机关意见，报省、自治区、直辖市监狱局审批。同时将上述副本送给担负检察任务的派出机构。监狱局批准同意保外就医的，应将《罪犯保外就医审批表》副本 3 份送交报请审批单位。

第五，对批准保外就医的罪犯，监狱应当办理出监手续，发给《罪犯保外就医证明书》，并对罪犯进行遵纪守法和接受公安机关监督的教育，同时，应将《罪犯保外就医审批表》、《保外就医罪犯出监所鉴定表》、人民法院判决书复印件或者抄件，及时送达罪犯家属所在地的县级公安机关和人民检察院。

第六，保外就医罪犯由取保人领回到当地公安机关报到。保外就医罪犯在规定时间内不报到的，公安机关及时通知其所在的监狱，由监狱负责寻找。

以上所述是比较通行的做法，当然，各省、自治区、直辖市在执法程序的细节上不尽一致。下面，请参考浙江省监外执行执法流程图 5。

保外就医的建议、审核、审批
分监区审查刑期条件
提出鉴定申请
监区审核
监狱医院审批
狱政部门开具鉴定委托书
在省政府指定的医院鉴定
符合病残条件的
分监区评议社会危险性
报告监区、办理取保手续
具保不成的，取证后中止办理
制作审批材料
分监区合议
监区长办公会审议
生活卫生部门审查
刑罚执行部门审查
送驻监检察机关
评审委员会审议
主管副监狱长审核
省局生活卫生部门审核
省局刑罚执行部门审核
主管副局长审批
省局刑罚执行部门书面通知公安、法院、检察机关
监狱办理出监鉴定
刑罚执行部门将审批材料副本送驻监检察机关
狱政部门开具保外就医证书
分监区向罪犯、具保人宣布义务后签字、发证
办理出监
押送罪犯到居住地
与公安机关办理交接
刑罚执行部门在七个工作日将材料寄送罪犯居住地检察院、社区矫正机构，通知公安出入境管理部门
相关材料存入罪犯副档
材料不齐全的退回
省局指定一所监狱考察
外省浙江籍罪犯保外就医
外省民警押送到居住地
与当地公安办理交接
档案及保外材料移交我省局
保外就医的考察与调查
期满前2月实地考察
应当收监执行的
收监审批表及档案报省局
拟延长保外期限内
按首保程序报省局
省局审批
监狱在7个工作日内通知公安、检察、社区矫正等部门
有关材料存入罪犯副档
罪犯刑满、死亡、立功的
办理释放、注销手续或提请减刑假释
非法骗取保外就医
未经公安批准擅自外出
分监区民警填写不计入刑期审批表
分监区合议
监区长办公会审议
刑罚执行部门审核
主管副监狱长签署意见
省局刑罚执行部门审核
主管副局长审批
省局刑罚执行部门下发决定书
监狱将罪犯收监
监狱将决定书寄送有关机关
有关材料存入罪犯副档

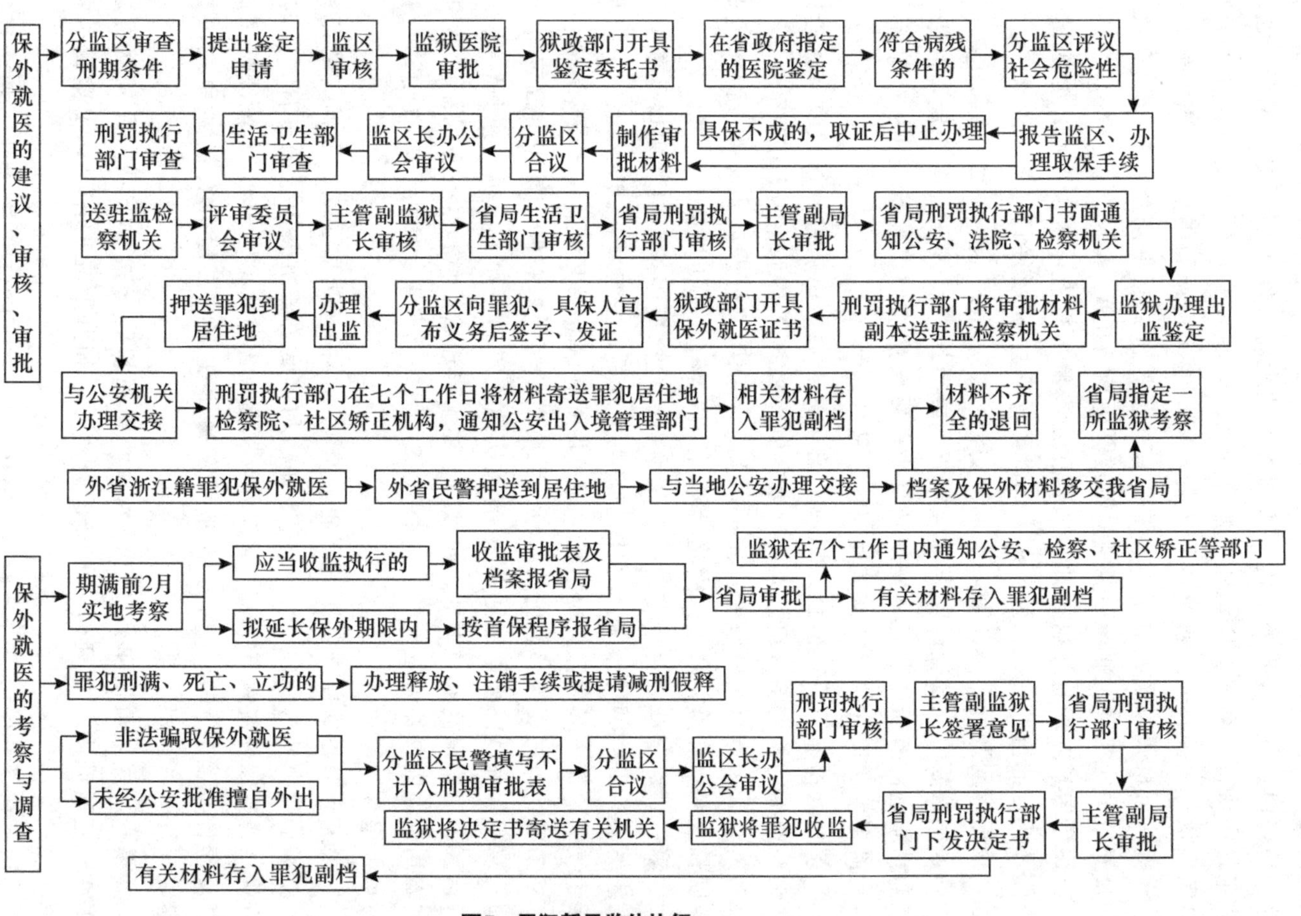

图5 罪犯暂予监外执行

注意问题

对暂予监外执行的条件的把握需要注意以下几点：(1) 生理条件；(2) 刑期和刑种条件。须是犯有期徒刑和拘役的罪犯。死缓犯、无期徒刑犯，只有减为有期徒刑，才能监外执行。(3) 不致危害社会可能性条件是指是否具有危害社会可能性，应从是否确有悔改表现、罪犯原判情况、服刑期间的一贯表现进行全面考察。符合认罪服法、认真遵守监规，接受教育改造，积极参加政治、文化、技术学习，积极参加劳动，完成生产任务的，可认定为确有悔改表现。罪行严重的，自伤、自残的，在狱内违法犯罪行为中致伤残的，不得监外执行。通常，累犯和危害国家安全罪的罪犯的监外执行要从严，对未成年犯、老年犯、女性犯的监外执行，可以适当从宽。(4) 监外执行可能性条件主要是评估罪犯监外执行的生活、就医、管理条件。如有无取保人、家庭经济条件、罪犯原居住地基层组织、公安机关对管理方面的意见。

暂予监外执行执法过程中，应当把握好以下问题：(1) 把好监外执行对象的审查关；(2) 把好监外执行条件的审查关；(3) 把好罪犯健康状况检查关；(4) 把好出具暂予监外执行证明等文书关；(5) 把好人身物品检查关；(6) 把好对罪犯进行遵纪守法和接受公安机关监督的教育关；并对具保人宣告期义务；(7) 把好寄发通知关；(8) 把好收监执行关；(9) 把好暂予监外执行材料汇总关；(10) 把好刑期计算关。

人权保障

监狱机关对行刑中的暂予监外执行有权决定，监狱机关应当依法、有效、合理使用这一权力，根据法律规定，罪犯在暂予监外执行期间计入刑期。如果罪犯采取非法手段骗取保护就医，责任属实后，监狱应当启动罪犯暂予监外执行期间不计入刑期的审批和决定程序。确保罪犯的身体健康权和妇婴权利，实现社会主义行刑人道主义，严格地按照法律规定的条件和程序决定对罪犯的监外执行。

对于个别确有困难保护就医的罪犯，经当地公安机关证明，监狱可酌情给予医疗补助。

技能训练

一、训练目的

通过文书制作的形式，训练暂予监外执行执法实务。

二、训练方案

(1) 指导具保人和被保人在《暂予监外执行保证书》上签名或者盖章；

(2) 制作《暂予监外执行审批表》、《暂予监外执行通知书》、《暂予监外执行保证书》、《暂予监外执行证明书》、《收监执行决定书》。

三、训练的材料

文书制作一：暂予监外执行审批表

暂予监外执行审批表是监狱机关提请省、自治区、直辖市监狱管理局对符合暂予监外执行条件的罪犯，暂予监外执行的执法文书。

暂予监外执行审批表的填写内容包括：

①罪犯基本情况栏。依次填写清楚罪犯姓名、性别、民族、出生日期、出生地、罪名、剥夺政治权利期限、减（加）刑期限、刑期及起止日期。

②暂予监外执行原因栏。主要填写患严重疾病需要保外就医或生活不能自理等法定条件的内容。

③家庭住址栏，填写罪犯家庭所在地的省（自治区、直辖市）、县（市）、乡镇、村（街道）及门牌号。

④主要犯罪事实及改造表现栏。记载人民法院判决书所认定的罪犯的主要事实和罪犯服刑期间的改造表现，这是该文书的重要栏目，主要犯罪事实一般从入监登记表中转抄。改造表现应如实、概括填写，重点在说明罪犯放到社会上有无社会危险性等法定条件。

⑤省级政府指定医院鉴定结论栏。由省级人民政府指定的医院出具意见，并由主治医师填写并签名，加盖医院公章。

⑥保证人情况栏，记录保证人的姓名、住址、工作单位、与罪犯的关系及联系电话。

⑦监区、分监区、呈报单位意见栏。由监区（分监区）和监狱领导做出是否同意暂予监外执行的批示，并加盖公章。

⑧审批机关意见栏。监狱管理局要对上报的审批表认真审查，并明确做出是否暂予监外执行的批示，并加盖公章。

此表一式两份，一份留监狱管理局保存，一份发回报送的监狱执行。

示例如表 4-1。

表 4-1　暂予监外执行审批表

单位：××省××监狱　　　　编号：00452121

<table>
<tr><td>姓名</td><td colspan="2">牛××</td><td>性别</td><td>男</td><td>民族</td><td>汉</td></tr>
<tr><td>出生日期</td><td colspan="2">1965 年 3 月 8 日</td><td>出生地</td><td colspan="3">北京市××区</td></tr>
<tr><td>罪名</td><td colspan="2">抢劫罪</td><td>原判法院</td><td colspan="3">××省××市中级人民法院</td></tr>
<tr><td>原判刑期</td><td colspan="2">10 年</td><td>剥夺政治权利</td><td>2 年</td><td>减（加）刑期限</td><td>/</td></tr>
<tr><td>暂予监外执行原因</td><td colspan="6">牛犯因患有严重疾病，需要保外就医。</td></tr>
<tr><td>家庭住址</td><td colspan="6">北京市××区××路 50 号</td></tr>
<tr><td>主要犯罪事实及改造表现</td><td colspan="6">2002 年 10 月 20 日，牛××发现赵某独自回家，即携带刀具窜至 18 楼，冒充物业人员，以查房屋漏水为由，进入了房间。在房内赵某说自家卫生间没有漏水，提议到楼下查看。牛××随即用手捂住赵某嘴巴，持刀威胁，抢走赵某 16 元后逃离。
自入监以来，该犯能够认罪悔罪，遵守纪律，服从管理。“三课”学习态度端正，成绩较好。能够服从劳动安排，完成生产任务。改造表现稳定。</td></tr>
<tr><td>省级政府指定医院鉴定结论</td><td colspan="3">缺血缺氧性脑病（精神分裂）建议：保外就医</td><td colspan="3">（病残鉴定书）文号（2005）×医证字×号</td></tr>
<tr><td rowspan="2">保证人情况</td><td>姓名</td><td>华××</td><td>住址</td><td colspan="3">北京市××区××路 50 号</td></tr>
<tr><td>工作单位</td><td>××市××贸易公司</td><td>与罪犯的关系</td><td>夫妻</td><td>联系电话</td><td>××</td></tr>
<tr><td>所在监（分监）区意见</td><td colspan="6">经过××医院检查鉴定，牛××患精神分裂症，符合暂予监外执行的法定条件，根据《中华人民共和国监狱法》第二十五条之规定，建议暂予监外执行。
（签名/公章）
二〇〇五年五月十五日</td></tr>
<tr><td>呈报单位意见</td><td colspan="6">根据《中华人民共和国监狱法》第二十五条之规定，同意暂予监外执行，特呈报监狱管理局批准。
（签名/公章）
二〇〇五年五月十五日</td></tr>
<tr><td>审批机关意见</td><td colspan="6">经审查该犯符合暂予监外执行的法定条件，决定暂予监外执行。期限自 2005 年 6 月 1 日至 2006 年 5 月 31 日。
（签名/公章）
二〇〇五年五月十九日</td></tr>
</table>

备注：本表一式两份，一份留审批机关保存，一份呈报单位执行。

文书制作二：暂予监外执行保证书

暂予监外执行保证书是由监狱机关制作、罪犯亲属签字或签章，为暂予监外执行罪犯提供保证的执法文书。

暂予监外执行保证书两纸四联，由开头、正文、文尾三部分内容构成。文头即标题“暂予监外执行保证书”。正文主要写明保证人的住址、工作单位、与被保证人的关系、保证意愿及保证人应承担的义务等。文尾是保证人签字或签章，注明成文日期。

示例如表 4-2。

表 4-2

<table>
<tr>
<td>暂予监外执行保证书
（存根）
(2009)浙×监保字第 2 号

保证人 万×
性别 男 年龄 68
住址××省××市××区××路50号
与罪犯关系 父子
保证期间
自2009年4月1日
至2010年3月31日
保证人电话 0571—××××××××
罪犯姓名 万××
性别 男
刑期 2006 年 5 月 2 日
至 2016 年 5 月 1 日。
填写人：王××
填发时间：二〇〇九年三月二十五日</td>
<td>（贰零零玖）浙×监保字第贰号</td>
<td>暂予监外执行保证书
（副本）
(2009)浙×监保字第 2 号

我住在××，在××市××公司工作，与被保证人是父子关系，我自愿作如下保证：
1. 接被保证人出监（所），并送其到当地公安机关报到；
2. 管束、教育被保证人遵守公安机关纪律；
3. 发现被保证人擅自外出或违法犯罪，及时向公安机关报告。
4. 每半年到公安机关开据介绍信，送被保证人到政府指定的医院进行病情复查，并将有关证明材料送交公安机关；
5. 对被保证人经济困难提供必要的帮助；
6. 被保证人暂予监外执行条件消失后，积极配合监管单位收监执行；
7. 认真完成公安机关和审批、决定暂予监外执行机关交办的其他有关事项；
8. 如实履行上述保证，承担经济或法律责任。

保证人：万×
二〇〇九年三月二十五日</td>
<td>（贰零零玖）浙×监保字第贰号</td>
</tr>
<tr>
<td>第一联：存根</td>
<td></td>
<td>第二联：交罪犯本人</td>
<td></td>
</tr>
</table>

<table>
<tr>
<td>（贰零零玖）浙×监保字第贰号……</td>
<td>

暂予监外执行保证书

（副本）
(2009)浙×监保字第 2 号

我住在××，在××市××公司工作，与被保证人是父子关系，我自愿作如下保证：
1. 接被保证人出监（所），并送其到当地公安机关报到；
2. 管束、教育被保证人遵守公安机关纪律；
3. 发现被保证人擅自外出或违法犯罪，及时向公安机关报告。
4. 每半年到公安机关开据介绍信，送被保证人到政府指定的医院进行病情复查，并将有关证明材料送交公安机关；
5. 对被保证人经济困难提供必要的帮助；
6. 被保证人暂予监外执行条件消失后，积极配合监管单位收监执行；
7. 认真完成公安机关和审批、决定暂予监外执行机关交办的其他有关事项；
8. 如实履行上述保证，承担经济或法律责任。

保证人：万×
二〇〇九年　三　月二十五日

</td>
<td>（贰零零玖）浙×监保字第贰号</td>
<td>

暂予监外执行保证书

（副本）
(2009)浙×监保字第 2 号

我住在××，在××市××公司工作，与被保证人是父子关系，我自愿作如下保证：
1. 接被保证人出监（所），并送其到当地公安机关报到；
2. 管束、教育被保证人遵守公安机关纪律；
3. 发现被保证人擅自外出或违法犯罪，及时向公安机关报告。
4. 每半年到公安机关开据介绍信，送被保证人到政府指定的医院进行病情复查，并将有关证明材料送交公安机关；
5. 对被保证人经济困难提供必要的帮助；
6. 被保证人暂予监外执行条件消失后，积极配合监管单位收监执行；
7. 认真完成公安机关和审批、决定暂予监外执行机关交办的其他有关事项；
8. 如实履行上述保证，承担经济或法律责任。

保证人：万×
二〇〇九年　三　月二十五日

</td>
</tr>
<tr>
<td></td>
<td>第三联：送达公安机关</td>
<td></td>
<td>第四联：交保证人</td>
</tr>
</table>

文书制作三：暂予监外执行通知书

暂予监外执行通知书是省、自治区、直辖市监狱管理局将批准监外执行的情况依法通知有关机关时制作的执法文书。

监外执行通知书属于填写式文书，两纸四联，由一个存根、两个正本和一个副本组成。存根由监狱管理局留存，两个正本分别主送公安机关、原判人民法院，副本抄送人民检察院。

暂予监外执行通知书的正本由文头、正文、文尾三部分组成。文头包括文书名称、发文字号和主送机关。主送机关分别顶格填写公安机关和原判人民法院。正文依次填写罪犯服刑监狱（未成年犯管教所）、罪犯基本情况、保证人姓名、住址、法律依据、批准机关、监外执行期限及限定罪犯到居住地公安机关派出所报到的时间等项内容。不要留下空栏或漏写有关内容。尤其是保证人的姓名、住址、暂予监外执行的期限、限定罪犯报到的日期要准确无误。文尾注明成文日期，加盖机关印章。

示例如表 4-3。

表 4-3

暂予监外执行通知书

（存根）

（2009）浙×监通字第 2 号

姓名：万××
性别：男
年龄：28
罪名：盗窃
刑期：2006 年 5 月 1 日至 2016 年 5 月 1 日 暂予监外执行期限自 2009 年 4 月 1 日至 2010 年 3 月 31 日
通知书文号：
(2009) ×监通字第 2 号
发往
××公安局
××人民法院
抄送××人民检察院
填写人：××
填发机关：
填发时间： 2009 年 3 月 25 日

（贰零零玖）浙×监通字第贰号

暂予监外执行通知书

（2009）浙×监通字
第 2 号

××县（市）公安局

××省××（区、市）××监狱服刑罪犯万××因犯盗窃罪于 2006 年 4 月 23 日××人民法院以(2006) ×刑终字第 16 号文判处有期徒刑 10 年，减刑（改判）为/年，刑期至 2016 年 5 月 1 日止。保证人万×住××省××市县区××乡镇村街道。经审查，该犯符合《刑事诉讼法》规定的暂予监外执行条件和最高人民检察院、最高人民法院、司法部、公安部、卫生部《关于罪犯暂予监外执行实施办法》的规定，经省监狱管理局批准暂予监外执行，期限自 2009 年 4 月 1 日至 2010 年 3 月 31 日。

限罪犯万 ×× 于 2009 年 4 月 3 日前到居住地公安派出所报到，特此通知。

（公章）
二〇〇九年三月二十五日

抄送：××人民检察院
家属：万×（签字）
二〇〇九年三月二十五日
注：请将此回执寄回发函单位。

（贰零零玖）浙×监通字第贰号

暂予监外执行通知书

（2009）浙×监通字
第 2 号

××人民法院

××省××（区、市）××监狱服刑罪犯万××因犯盗窃罪于 2006 年 4 月 23 日××人民法院以(2006) ×刑终字第 16 号文判处有期徒刑 10 年，减刑（改判）为/年，刑期至 2016 年 5 月 1 日止。保证人万×住××省××市县区××乡镇村街道。经审查，该犯符合《刑事诉讼法》规定的暂予监外执行条件和最高人民检察院、最高人民法院、司法部、公安部、卫生部《关于罪犯暂予监外执行实施办法》的规定，经省监狱管理局批准暂予监外执行，期限自 2009 年 4 月 1 日至 2010 年 3 月 31 日。

限罪犯万××于 2009 年 4 月 3 日前到居住地公安派出所报到，特此通知。

（公章）
二〇〇九年三月二十五日

抄送：××人民检察院

（贰零零玖）浙×监通字第贰号

暂予监外执行通知书

（2009）浙×监通字
第 2 号

××人民法院

××省××（区、市）××监狱服刑罪犯万××因犯盗窃罪于 2006 年 4 月 23 日 ×× 人民法院以(2006) ×刑终字第 16 号文判处有期徒刑 10 年，减刑（改判）为/年，刑期至 2016 年 5 月 1 日止。保证人万×住 ×× 省 ×× 市县区××乡镇村街道。经审查，该犯符合《刑事诉讼法》规定的暂予监外执行条件和最高人民检察院、最高人民法院、司法部、公安部、卫生部《关于罪犯暂予监外执行实施办法》的规定，经省监狱管理局批准暂予监外执行，期限自 2009 年 4 月 1 日至 2010 年 3 月 31 日。

限罪犯万××于 2009 年 4 月 3 日前到居住地公安派出所报到，特此通知。

（公章）
二〇〇九年三月二十五日

抄送：××人民检察院

文书制作四：暂予监外执行证明书

暂予监外执行证明书，是监狱机关发给暂予监外执行罪犯，证明身份和出监原因的执法文书。

暂予监外执行证明书一纸两联，由正本和存根两部分构成，正本发给罪犯本人，存根由监狱留档备查。

正本部分由文头、正文和文尾三项内容。文头包括文书名称和发文字号，正文应依次填写罪犯姓名、性别、出生年月、刑种、刑期、原判法院、判决时间、暂予监外执行的理由及时限、保证人姓名、法律依据、批准机关等。文尾处注明成文日期，加盖监狱机关印章。存根部分重点填写罪犯姓名、刑种、出生日期、刑期起止时间、原判人民法院、监外执行原因、监外执行时限、家庭住址及保证人姓名、住址、与罪犯关系、职业等。最后是批准机关、加盖印章填发日期及填发人姓名。

示例如表 4-4。

表 4-4

第一联　存根		第二联　送达公安机关
暂予监外执行证明书 (存根) (2009)浙×监证字第 15 号 罪犯姓名黄××　性别男 年龄46岁　罪名贪污罪 刑期自2004年7月23日至2019年7月22日，剥夺政治权利年限2年 原判法院浙江省××市中级人民法院 保证人姓名黄××，与罪犯关系父子 住址浙江省杭州市××路××花园6—101室 单位职务××市××有限公司总经理 批准机关浙江省监狱管理局 暂予监外执行期限自2009年8月1日至2010年7月31日 填发人：应×× 填发时间2009年7月28日	(贰零零玖)浙×监证字第拾伍号	**暂予监外执行证明书** (2009)浙×监证字第 15 号 罪犯姓名黄××　性别男1961年11月生，于2004年9月11日因贪污罪，经浙江省××市中级人民法院判处有期徒刑15年，刑期自2004年7月23日至2019年7月22日，现因身患重病需保外就医，根据有关法律规定，由黄××保证，经浙江省监狱管理局批准暂予监外执行，期限自2009年8月1日至2010年7月31日，特此证明。 限罪犯黄××于2009年8月3日到居住地公安派出所报到。 (公章) 二〇〇九年七月二十八日

文书制作五：收监执行决定书

收监执行决定书是监狱和未成年犯管教所制作的，对刑期未满的暂予监外执行的罪犯，在暂予监外执行的情形消失或产生其他法定情由后，决定收监执行的执法文书。

收监执行决定书一纸两联，由正本和存根组成。正本发给负责对暂予监外执行的公安机关，副本由监狱、未成年犯管教所留存。

收监执行决定书的正本由文头、正文、文尾三部分组成。文头包括文书名称和发文字号。正文主要写明收监执行建议书的发文字号和收悉情况，何时前往何处对暂予监外执行罪犯予以收监。文尾注明成文时间，并加盖发文机关印章。

示例如表 4-5。

表 4-5

<table>
<tr>
<td>收监执行决定书
（存根）
(2009)浙×监收字第 4 号

罪犯姓名楼×× 性别男
年龄51 岁 罪名受贿罪
刑期15 年
发往单位名称
浙江省××公安局

填发人马××
填发机关浙江省××监狱
填发时间 2009 年 3 月 24 日</td>
<td>（贰零零玖）浙×监收字第肆号</td>
<td>收监执行决定书
(2009)浙×监收字第 4 号

浙江省××市公安局：
(2009) ×公建字第×号收监建议书收悉。经研究决定于×年×月×日，前往××市县（区）××乡镇村（街道）对暂予监外执行罪犯楼××予以收监，请予协助。

公章
二○○九年三月二十四日
抄送：审批机关、原判人民法院、担负检察任务的人民检察院</td>
</tr>
<tr>
<td>第一联　存根</td>
<td></td>
<td>第二联　交公安机关</td>
</tr>
</table>

典型案例

案例 1　残疾犯因病暂予监外执行

2009 年 9 月上旬，某服刑罪犯杨××自诉其肛门周围长有肿块，且越来越大，常流血，疼痛。监狱于 9 月 14 日带其至县医院就诊，诊断为尖锐湿疣。后遵医嘱，每日为其肌肉注射相关药物治疗，经十余天治疗未见明显效果。9月29日上午监狱再次带该罪犯至县医院复诊，由于疣体过大，医生建议手术治疗。

“两节”放假在即，监狱当天成立了鉴定小组对其进行生活不能自理鉴定，通过向其管教民警和同监室罪犯详细了解得知，该罪犯因肛门处疣体过大，平时肛周疼痛，活动时疼痛加剧，白天无法正常坐立，夜晚疼痛明显，严重影响睡觉。每日上厕所时出血量很大，起床、用餐、行走、如厕时需他人帮助方能完成。根据刑诉法第214条第5款规定：“对于被判处有期徒刑、拘役，生活不能自理，适用暂予监外执行不致危害社会的罪犯，可以暂予监外执行”，县检察院监所科向院领导汇报了上述调查核实结果，院领导同意协助监狱按程序解决。驻监检察人员在《对罪犯杨××生活不能自理的鉴定意见》上签名，监狱将有关材料报经省监狱管理局审核同意后，局审批决定暂予监外执行。

10月1日上午，监狱负责人、管教民警、经办人、驻所检察人员依据省局决定，由监狱将该罪犯送交其住地管辖派出所监管，终于在新中国60周年大庆盛典开始前将该罪犯暂予监外执行，使其可以得到更好的治疗和照顾，也减轻了监管场所的压力。

案例2 罪犯陈×保外就医案

罪犯陈×，男，1990年12月24日生，重庆市×县×镇×村人，2007年9月13日，因贩卖毒品罪，被案发地人民法院判处有期徒刑二年，刑期起止为：2007年3月30日至2009年3月29日，2007年10月15日送入××省未成年犯管教所（下称未管所）服刑改造。

2008年9月初，该犯因“发热、上腹痛一周”被送至××省青春医院住院治疗。同年10月9日，经××省青春医院医学司法鉴定“××监医鉴字第1839号”诊断为Ⅲ型肺结核上/（一）涂（一）初治；Ⅴ型结核初治（心包炎、腹膜炎）；中度贫血。该犯病情符合《罪犯保外就医疾病伤残范围》第30条之规定。

考虑到其病情较重，有可能出现心包积液增多致心包填塞、肠梗阻、肝功能损害等并发症，未管所专门就此犯的保外就医问题向省局领导作了报告。不久，该省监狱管理局与重庆市监狱管理局取得了联系，并就有关罪犯保外交接事项达成了共识。

2008年10月13日，未管所为陈×呈报了保外就医；11月5日，省局正式批复，“同意保外就医至刑满”。2008年11月8日，未管所指派两名民警将其护送至重庆，并于11月10日与重庆市监狱管理局狱政管理处实现了档案交接。

针对此案例，需要特别说明的是陈×适用《罪犯保外就医疾病伤残范围》（司发［1990］247号）的条款是第30条，其内容是“其他需保外就医的疾病”，这其实是一条兜底条款。××省人民检察院、公安厅、司法厅、卫生厅于2007年9月20日联合下发的《关于罪犯保外就医病残鉴定的适用意见》中，对《罪犯保外就医疾病伤残范围》第30条之疾病情形作了适用解释：

1. 疾病不可逆转需要尽早进行高尖技术或高难度、高风险方法治疗的（心、肺、肝、肾、脑等重要脏器的Ⅳ类手术或国家卫生部规定在三甲医院的准入性手术）。如需植入起搏器、支架，关节、股骨头置换术等。

2. 肺外结核病：经短期强化治疗无效的多器官结核；耐药难治型结核；结核病合并有肝功能损坏难以治疗的。

3. 急性、亚急性重症肝炎等病重、病危的其他疾病。

根据司发［1990］247号有关“对少年犯、老残犯、女犯的保外就医，适当放宽”之精神，××省未管所对陈犯呈报保外就医，事实清楚，依据充分，程序合法，从一个层面体现了对未成年犯的真诚关爱。

视野拓展

1. 联合国相关法律中关于暂予监外执行的规定

由于监外执行实际上是非机构处遇（非监禁刑，监禁刑又被称为机构处遇），在我国纳入了社区矫正的工作范围之内，所以《联合国非拘禁措施最低限度标准（东京规则）》、欧盟有关社区矫正的《欧洲社区制裁与措施规则》均可参考。

2. 其他国家法律中关于暂予监外执行的规定

如上所述理由，其他各国有关社区矫正的立法均可参考。

【课后思考】

1. 什么是监外执行？它有何特点？

2. 如何把握暂予监外执行的条件？

3. 简述暂予监外执行的程序。

4. 案例分析

被告人龙×，男，27岁，待业人员。1995年以来，多次进行盗窃活动，共窃得钱财价值人民币15 000多元。1996年2月，某县人民法院以盗窃罪判处被告人龙×有期徒刑8年，交付执行1年后，该县人民法院又于1997年2

月 20 日作出裁定："龙×原判有期徒刑 8 年，现改为监外执行。"县法院决定对龙×实行监外执行的原因是：龙×系家中独子，父母早亡，与祖母共同生活，为人孝顺。其祖母现年 88 岁，别无他人照顾。1997 年 2 月以来，其祖母生病住院，急需龙×照顾。本着革命人道主义的精神，现决定将龙×予以监外执行。问：县人民法院对龙×所作的监外执行的裁定是否合法？为什么？

【推荐阅读】

1. 冯建军：《监外执行的价值底蕴和制度更新》，载《犯罪与改造研究》2006 年第 7 期。

2. 魏彤：《关于保外就医执行制度改革和完善的调研与思考》，载《中国司法》2009 年第 3 期。

3. 李汝川：《论我国刑罚执行中止制度的完善——兼对暂予监外执行制度的反思》，载《犯罪与改造研究》2008 年第 10 期。

4. 吴新中：《暂予监外执行工作的历史发展之管见》，载《中国监狱学刊》2009 年第 1 期。

5. 田伟明、韩宏西主编：《监狱执法文书》，金城出版社 2003 年版。

6. 浙江省监狱管理局编：《浙江省监狱机关执法指南》（试行），暂予监外执行部分，内部资料，2010 年编。

附录一

关于加强和规范监外执行工作的意见①

关于印发《中央社会治安综合治理委员会办公室最高人民法院　最高人民检察院　公安部　司法部关于加强和规范监外执行工作的意见》的通知

各省、自治区、直辖市社会治安综合治理委员会办公室、高级人民法院、人民检察院、公安厅（局）、司法厅（局），新疆生产建设兵团社会治安综合治理委员会办公室、新疆维吾尔自治区高级人民法院生产建设兵团分院、新疆生产建设兵团人民检察院、公安局、司法局、监狱管理局：

为加强和规范监外执行工作，中央社会治安综合治理委员会办公室、最高人民法院、最高人民检察院、公安部、司法部制定了《关于加强和规范监外执行工作的意见》，现印发给你们，请遵照执行。

中央社会治安综合治理委员会办公室

最高人民法院　最高人民检察院公安部　司法部

二〇〇九年六月二十五日

为加强和规范被判处管制、剥夺政治权利、宣告缓刑、假释、暂予监外执行罪犯的交付执行、监督管理及其检察监督等工作，保证刑罚的正确执行，根据《中华人民共和国刑法》、《中华人民共和国刑事诉讼法》、《中华人民共和国监狱法》、《中华人民共和国治安管理处罚法》等有关规定，结合工作实际，提出如下意见：

一、加强和规范监外执行的交付执行

1. 人民法院对罪犯判处管制、单处剥夺政治权利、宣告缓刑的，应当在判决、裁定生效后五个工作日内，核实罪犯居住地后将判决书、裁定书、执行通知书送达罪犯居住地县级公安机关主管部门，并抄送罪犯居住地县级人民检察院监所检察部门。

2. 监狱管理机关、公安机关决定罪犯暂予监外执行的，交付执行的监狱、监狱应当将罪犯押送至居住地，与罪犯居住地县级公安机关办理移交手

① 此处所谓“监外执行”，是指被判处管制、剥夺政治权利、宣告缓刑、假释、暂予监外执行罪犯后执行，不同于监狱的暂予监外执行。

续，并将暂予监外执行决定书等法律文书抄送罪犯居住地县级公安机关主管部门、县级人民检察院监所检察部门。

3. 罪犯服刑地与居住地不在同一省、自治区、直辖市，需要回居住地暂予监外执行的，服刑地的省级监狱管理机关、公安机关监所管理部门应当书面通知罪犯居住地的同级监狱管理机关、公安机关监所管理部门，由其指定一所监狱、监狱接收罪犯档案，负责办理该罪犯暂予监外执行情形消失后的收监、刑满释放等手续，并通知罪犯居住地县级公安机关主管部门、县级人民检察院监所检察部门。

4. 人民法院决定暂予监外执行的罪犯，判决、裁定生效前已被羁押的，由公安机关依照有关规定办理移交。判决、裁定生效前未被羁押的，由人民法院通知罪犯居住地的县级公安机关执行。人民法院应当在作出暂予监外执行决定后五个工作日内，将暂予监外执行决定书和判决书、裁定书、执行通知书送达罪犯居住地县级公安机关主管部门，并抄送罪犯居住地县级人民检察院监所检察部门。

5. 对于裁定假释的，人民法院应当将假释裁定书送达提请假释的执行机关和承担监所检察任务的人民检察院。监狱、看守所应当核实罪犯居住地，并在释放罪犯后五个工作日内将假释证明书副本、判决书、裁定书等法律文书送达罪犯居住地县级公安机关主管部门，抄送罪犯居住地县级人民检察院监所检察部门。对主刑执行完毕后附加执行剥夺政治权利的罪犯，监狱、看守所应当核实罪犯居住地，并在释放罪犯前一个月将刑满释放通知书、执行剥夺政治权利附加刑所依据的判决书、裁定书等法律文书送达罪犯居住地县级公安机关主管部门，抄送罪犯居住地县级人民检察院监所检察部门。

6. 被判处管制、剥夺政治权利、缓刑罪犯的判决、裁定作出后，以及被假释罪犯、主刑执行完毕后附加执行剥夺政治权利罪犯出监时，人民法院、监狱、看守所应当书面告知其必须按时到居住地公安派出所报到，以及不按时报到应承担的法律责任，并由罪犯本人在告知书上签字。自人民法院判决、裁定生效之日起或者监狱、看守所释放罪犯之日起，在本省、自治区、直辖市裁判或者服刑、羁押的应当在十日内报到，在外省、自治区、直辖市裁判或者服刑、羁押的应当在二十日内报到。告知书一式三份，一份交监外执行罪犯本人，一份送达执行地县级公安机关，一份由告知机关存档。

7. 执行地公安机关收到人民法院、监狱、看守所送达的法律文书后，应当在五个工作日内送达回执。

二、加强和规范监外执行罪犯的监督管理

8. 监外执行罪犯未在规定时间内报到的，公安派出所应当上报县级公安

机关主管部门，由县级公安机关通报作出判决、裁定或者决定的机关。

9. 执行地公安机关认为罪犯暂予监外执行条件消失的，应当及时书面建议批准、决定暂予监外执行的机关或者接收该罪犯档案的监狱的上级主管机关收监执行。批准、决定机关或者接收该罪犯档案的监狱的上级主管机关审查后认为需要收监执行的，应当制作收监执行决定书，分别送达执行地公安机关和负责收监执行的监狱。执行地公安机关收到收监执行决定书后，应当立即将罪犯收押，并通知监狱到羁押地将罪犯收监执行。

对于公安机关批准的暂予监外执行罪犯，暂予监外执行条件消失的，执行地公安机关应当及时制作收监执行通知书，通知负责收监执行的监狱立即将罪犯收监执行。

10. 公安机关对暂予监外执行罪犯未经批准擅自离开所居住的市、县，经警告拒不改正，或者拒不报告行踪、下落不明的，可以按照有关程序上网追逃。

11. 人民法院决定暂予监外执行罪犯收监执行的，由罪犯居住地公安机关根据人民法院的决定，剩余刑期在一年以上的送交暂予监外执行地就近监狱执行，剩余刑期在一年以下的送交暂予监外执行地看守所代为执行。

12. 暂予监外执行罪犯未经批准擅自离开所居住的市、县，经警告拒不改正的，或者拒不报告行踪、下落不明的，或者采取自伤、自残、欺骗、贿赂等手段骗取、拖延暂予监外执行的，或者两次以上无正当理由不按时提交医疗、诊断病历材料的，批准、决定机关应当根据执行地公安机关建议，及时作出对其收监执行的决定。

对公安机关批准的暂予监外执行罪犯发生上述情形的，执行地公安机关应当及时作出对其收监执行的决定。

13. 公安机关应当建立对监外执行罪犯的考核奖惩制度，根据考核结果，对表现良好的应当给予表扬奖励；对符合法定减刑条件的，应当依法提出减刑建议，人民法院应当依法裁定。执行机关减刑建议书副本和人民法院减刑裁定书副本应当抄送同级人民检察院监所检察部门。

14. 监外执行罪犯在执行期、考验期内，违反法律、行政法规或者国务院公安部门有关监督管理规定的，由公安机关依照《中华人民共和国治安管理处罚法》第六十条的规定给予治安管理处罚。

15. 被宣告缓刑、假释的罪犯在缓刑、假释考验期间有下列情形之一的，由与原裁判人民法院同级的执行地公安机关提出撤销缓刑、假释的建议：

（1）人民法院、监狱、看守所已书面告知罪犯应当按时到执行地公安机关报到，罪犯未在规定的时间内报到，脱离监管三个月以上的；

(2) 未经执行地公安机关批准擅自离开所居住的市、县或者迁居，脱离监管三个月以上的；

(3) 未按照执行地公安机关的规定报告自己的活动情况或者不遵守执行机关关于会客等规定，经过三次教育仍然拒不改正的；

(4) 有其他违反法律、行政法规或者国务院公安部门有关缓刑、假释的监督管理规定行为，情节严重的。

16. 人民法院裁定撤销缓刑、假释后，执行地公安机关应当及时将罪犯送交监狱或者监狱收监执行。被撤销缓刑、假释并决定收监执行的罪犯下落不明的，公安机关可以按照有关程序上网追逃。公安机关撤销缓刑、假释的建议书副本和人民法院撤销缓刑、假释的裁定书副本应当抄送罪犯居住地人民检察院监所检察部门。

17. 监外执行罪犯在缓刑、假释、暂予监外执行、管制或者剥夺政治权利期间死亡的，公安机关应当核实情况后通报原作出判决、裁定的人民法院和原关押监狱、看守所，或者接收该罪犯档案的监狱、看守所，以及执行地县级人民检察院监所检察部门。

18. 被判处管制、剥夺政治权利的罪犯执行期满的，公安机关应当通知其本人，并向其所在单位或者居住地群众公开宣布解除管制或者恢复政治权利；被宣告缓刑的罪犯缓刑考验期满，原判刑罚不再执行的，公安机关应当向其本人和所在单位或者居住地群众宣布，并通报原判决的人民法院；被裁定假释的罪犯假释考验期满，原判刑罚执行完毕的，公安机关应当向其本人和所在单位或者居住地群众宣布，并通报原裁定的人民法院和原执行的监狱、看守所。

19. 暂予监外执行的罪犯刑期届满的，执行地公安机关应当及时通报原关押监狱、看守所或者接收该罪犯档案的监狱、看守所，按期办理释放手续。人民法院决定暂予监外执行的罪犯刑期届满的，由执行地公安机关向原判决人民法院和执行地县级人民检察院通报，并按期办理释放手续。

三、加强和规范监外执行的检察监督

20. 人民检察院对人民法院、公安机关、监狱、看守所交付监外执行活动和监督管理监外执行罪犯活动实行法律监督，发现违法违规行为的，应当及时提出纠正意见。

21. 县级人民检察院对人民法院、监狱、看守所交付本县（市、区、旗）辖区执行监外执行的罪犯应当逐一登记，建立罪犯监外执行情况检察台账。

22. 人民检察院在监外执行检察中，应当依照有关规定认真受理监外执行罪犯的申诉、控告，妥善处理他们反映的问题，依法维护其合法权益。

23. 人民检察院应当采取定期和不定期相结合的方法进行监外执行检察，并针对存在的问题，区别不同情况，发出纠正违法通知书、检察建议书或者提出口头纠正意见。交付执行机关和执行机关对人民检察院提出的纠正意见、检察建议无异议的，应当在十五日内纠正并告知纠正结果；对纠正意见、检察建议有异议的，应当在接到人民检察院纠正意见、检察建议后七日内向人民检察院提出，人民检察院应当复议，并在七日内作出复议决定；对复议结论仍然提出异议的，应当提请上一级人民检察院复核，上一级人民检察院应当在七日内作出复核决定。

24. 人民检察院发现有下列情形的，应当提出纠正意见：

（1）人民法院、监狱、看守所没有依法送达监外执行法律文书，没有依法将罪犯交付执行，没有依法告知罪犯权利义务的；

（2）人民法院收到有关机关对监外执行罪犯的撤销缓刑、假释、暂予监外执行的建议后，没有依法进行审查、裁定、决定的；

（3）公安机关没有及时接收监外执行罪犯，对监外执行罪犯没有落实监管责任、监管措施的；

（4）公安机关对违法的监外执行罪犯依法应当给予处罚而没有依法作出处罚或者建议处罚的；

（5）公安机关、监狱管理机关应当作出对罪犯收监执行决定而没有作出决定的；

（6）监狱、看守所应当将罪犯收监执行而没有收监执行的；

（7）对依法应当减刑的监外执行罪犯，公安机关没有提请减刑或者提请减刑不当的；

（8）对依法应当减刑的监外执行罪犯，人民法院没有裁定减刑或者减刑裁定不当的；

（9）监外执行罪犯刑期或者考验期满，公安机关、监狱、看守所未及时办理相关手续和履行相关程序的；

（10）人民法院、公安机关、监狱、看守所在监外执行罪犯交付执行、监督管理过程中侵犯罪犯合法权益的；

（11）监外执行罪犯出现脱管、漏管情况的；

（12）其他依法应当提出纠正意见的情形。

25. 监外执行罪犯在监外执行期间涉嫌犯罪，公安机关依法应当立案而不立案的，人民检察院应当按照《中华人民共和国刑事诉讼法》第八十七条的规定办理。

四、加强监外执行的综合治理

26. 各级社会治安综合治理部门、人民法院、人民检察院、公安机关、司法行政机关应当充分认识加强和规范监外执行工作对于防止和纠正监外执行罪犯脱管、漏管问题，预防和减少重新犯罪，促进社会和谐稳定的重要意义，加强对这一工作的领导和检查；在监外执行的交付执行、监督管理、检察监督、综治考评等各个环节中，根据分工做好职责范围内的工作，形成各司其职、各负其责、协作配合、齐抓共管的工作格局。各级社会治安综合治理部门应当和人民检察院共同做好对监外执行的考评工作，并作为实绩评定的重要内容，强化责任追究，确保本意见落到实处。

27. 各级社会治安综合治理部门、人民法院、人民检察院、公安机关、司法行政机关应当每年定期召开联席会议，通报有关情况，研究解决监外执行工作中的问题。交付执行机关和县级公安机关应当每半年将监外执行罪犯的交付执行、监督管理情况书面通报同级社会治安综合治理部门和人民检察院监所检察部门。

28. 各省、自治区、直辖市应当按照中央有关部门的统一部署，认真开展并深入推进社区矫正试点工作，加强和规范对社区服刑人员的监督管理、教育矫正工作，努力发挥社区矫正在教育改造罪犯、预防重新违法犯罪方面的重要作用。社区矫正试点地区的社区服刑人员的交付执行、监督管理工作，参照本意见和依照社区矫正有关规定执行。

附录二

司法部、最高人民检察院、公安部关于印发《罪犯保外就医执行办法》的通知

（1990 年 12 月 31 日　司发［1990］247 号）

各省、自治区、直辖市司法厅（局）、人民检察院、公安厅（局）：

保外就医是一项严肃的执法活动。近年来，各地依法实施对罪犯保外就医工作，总的情况是好的，使保外就医人员的疾病得到及时治疗，充分体现了社会主义人道主义精神。但此项工作也存在不少问题，主要是：第一，一些地区和单位对罪犯保外就医的条件、审批手续掌握不严，把一些不该保外就医的罪犯保外了；第二，“以保代放”，有损执法的严肃性；第三，部分地区劳改机关与公安机关联系不够，使保外就医人员脱管失控，有些公安机关对保外就医人员监督考察不严；第四，个别干警营私舞弊，贪赃枉法，致使有的罪犯利用保外就医逍遥法外，危害社会治安。为了严格依法办事，加强廉政建设，确保社会安定，特制定《罪犯保外就医执行办法》，今后对罪犯的保外就医应一律按此办理。

望各地按照《罪犯保外就医执行办法》，组织力量对现有保外就医罪犯进行一次全面检查、整顿，该收监的坚决收监；需要继续保外就医的，确定期限办理继续保外手续；对离家外出的，要责成取保人通知本人限期回归，接受监督考察。通过清理、整顿，总结经验教训，制定相应的制度，提高工作透明度，加强制约机制，加强内外监督，严格依法办事，使此项工作正常健康地开展下去。

罪犯保外就医执行办法

第一条　为了加强和改进对罪犯的保外就医的管理工作，根据《中华人民共和国劳动改造条例》的有关规定，制定本办法。

第二条　对于被判处无期徒刑、有期徒刑或者拘役的罪犯，在改造期间有下列情形之一的，可准予保外就医：

（一）身患严重疾病，短期内有死亡危险的。

（二）原判无期徒刑和死刑缓期二年执行后减为无期徒刑的罪犯，从执行无期徒刑起服刑七年以上，或者原判有期徒刑的罪犯执行原判刑期（已减刑的，按减刑后的刑期计算）三分之一以上（含减刑时间），患严重慢性疾病，长期医治无效的。但如果病情恶化有死亡危险、改造表现较好的，可以不受上述期限的限制。

（三）身体残疾、生活难以自理的。

（四）年老多病，已失去危害社会可能的。

第三条　下列罪犯不准保外就医：

（一）被判处死刑缓期二年执行的罪犯在死刑缓期执行期间的；

（二）罪行严重，民愤很大的；

（三）为逃避惩罚在狱内自伤自残的。

第四条　对累犯、惯犯、反革命犯的保外就医，从严控制，对少年犯、老残犯、女犯的保外就医，适当放宽。

第五条　对需要保外就医的罪犯，由所在监狱、劳改队、少管所中队队务会讨论通过，报单位狱政科讨论并邀请驻劳改机关的检察院（组）人员列席参加，初审同意后，进行病残鉴定。

第六条　保外就医的病残鉴定由监狱、劳改队、少管所医院进行，未设医院的，可送劳改局中心医院或者就近的县级以上医院检查鉴定。鉴定结论应经医院业务院长签字，加盖公章，并附化验单、照片等有关病历档案。

第七条　对符合第二条规定情形之一的罪犯，监狱、劳改队、少管所应当填写《罪犯保外就医征求意见书》，征求罪犯家属所在地公安机关意见，并与罪犯家属联系，办理取保手续。

取保人应当具备管束和教育保外就医罪犯的能力，并有一定的经济条件。取保人资格由公安机关负责审查。

取保人和被保人应当在《罪犯保外就医取保书》上签名或者盖章。

第八条　对需要保外就医的罪犯，由监狱、劳改队、少管所填写《罪犯保外就医审批表》，连同《罪犯保外就医征求意见书》、有关病残鉴定和当地公安机关意见，报省、自治区、直辖市劳改局审批。同时将上述副本送给担负检察任务的派出机构。劳改局批准同意保外就医的，应将《罪犯保外就医审批表》副本三份送还报请审批单位。

第九条　对批准保外就医的罪犯，监狱、劳改队、少管所应当办理出监手续，发给《罪犯保外就医证明书》，并对罪犯进行遵纪守法和接受公安机关监督的教育，同时，应将《罪犯保外就医审批表》、《保外就医罪犯出监所鉴定表》、人民法院判决书复印件或者抄件，及时送达罪犯家属所在地的县级公安机关和人民检察院。

第十条 保外就医罪犯由取保人领回到当地公安机关报到。保外就医罪犯在规定时间内不报到的，公安机关应及时通知其所在的监狱、劳改队、少管所，由劳改机关负责寻找。

第十一条 家居外省、自治区、直辖市的罪犯回原住地保外就医的，监狱、劳改队、少管所应当将其档案材料转给原住地劳改局，由该劳改局指定就近的监狱、劳改队、少管所管理。

第十二条 对符合本办法第二条第（一）、（二）项规定情形的罪犯，实行定期保外就医制度。依据罪犯病情，可以一次批准决定保外就医时间半年至一年。期满前，监狱、劳改队、少管所应当派干警实地考察或者发函调查。保外就医罪犯病情基本好转的，由监狱、劳改队、少管所收监执行；经县级以上医院证明尚未好转的，由监狱、劳改队、少管所提出意见，报省、自治区、直辖市劳改局批准，办理延长保外就医期限手续，每次可以延长半年至一年。

决定收监执行或者延长保外就医时间的，监狱、劳改队、少管所应当及时通知当地公安机关和人民检察院。

第十三条 罪犯保外就医期间的生活和医疗费用，由其负有扶养义务的亲属负担；个别确有困难的，经当地公安机关证明，监狱、劳改队、少管所可以酌情予以补助。

因公致残或者因意外伤残的罪犯保外就医的，由监狱、劳改队、少管所负责治疗，也可以给予定期或者一次性补助。

第十四条 保外就医罪犯，由所在地公安机关负责日常性监督考察，劳改机关每年应当派干警或者发函进行一次全面考察，了解罪犯病情和表现情况，根据情况进行处理。派出干警考察的，应当与负责监督考察的公安机关联系并与罪犯本人、取保人见面；发函考察的，负责监督考察的公安机关应当及时回复。

罪犯在保外就医期间死亡、迁移地址或者重新犯罪的，当地公安机关应当及时函告负责管理的监狱、劳改队、少管所；对确有悔改或者立功表现的，应当向负责管理的监狱、劳改队、少管所介绍情况，监狱、劳改队、少管所可以向人民法院提出减刑建议。

第十五条 罪犯保外就医期间刑期届满的，监狱、劳改队、少管所应当按期办理释放手续。

第十六条 罪犯保外就医期间计入执行刑期，但采取非法手段骗取保外就医、经查证属实的除外。

保外就医罪犯未经公安机关批准擅自外出的期间不计入执行刑期。

第十七条　保外就医罪犯有下列情形之一的，予以收监执行：

（一）重新违法犯罪的；

（二）采取非法手段骗取保外就医的；

（三）经治疗疾病痊愈或者病情基本好转的。

第十八条　依照规定由公安机关监狱羁押的罪犯需要保外就医的，参照本办法执行。

第十九条　本办法自发布之日起施行。

附件：

罪犯保外就医疾病伤残范围

正在服刑的罪犯有下列病残情况之一，且符合其他规定条件者，可准予保外就医：

一、经精神病专科医院（按地区指定的司法鉴定医院）司法鉴定确诊的经常发作的各种精神病，如精神分裂症、躁狂忧郁症、周期性精神病等。

二、各种器质性心脏病（风湿性心脏病、冠状动脉粥样硬化性心脏病、高血压性心脏病、心肌病、心包炎、肺源性心脏病、先天性心脏病等），心脏功能在三级以上。

器质性心脏病所致的心律失常，如多发多源性期前收缩、心房纤颤、二度以上的房室传导阻滞等。

心肌梗塞经治疗后，仍有严重的冠状动脉供血不足改变或合并症者。

三、高血压病Ill期。

四、空洞型肺结核、反复咯血，经两个疗程治疗不愈者，支气管扩张、反复咯血、且合并肺感染者。

患有肺脑膜性疾病，同时存在严重呼吸功能障碍着，如渗出性胸膜炎、脓胸、外伤性血气胸、弥漫性肺间质纤维化等。

五、各种肝硬变所致的失代偿期，如门静脉性肝硬变、坏死后肝硬变、胆汁性肝硬变、心源性肝硬变、血吸虫性肝硬变等。

六、各种慢性肾脏疾病引起的肾功能不全，经治疗不能恢复者，如慢性肾小球肾炎、慢性肾盂肾炎、双侧肾结核、肾小动脉硬化等。

七、脑血管疾病、颅内器质疾病所致的肢体瘫痪、明显语言障碍或视力障碍等，经治疗不愈者。

脑血管疾病，如脑出血、脑血栓形成、蛛网膜下腔出血、脑栓塞等。

颅内器质疾病，如颅内肿瘤、脑脓肿、森林脑炎、结核性脑膜炎、化脓性脑膜炎、严重颅脑外伤等。

八、各种脊髓疾病及周围神经所致的肢体瘫痪、大小便失禁、生活不能自理者。

各种脊髓疾病，如脊髓炎、高位脊髓空洞症、脊髓压迫症、运动神经元疾病。

周围神经疾病，如多发性神经炎、周围神经损伤、治疗无效、生活不能自理者。

九、癫痫病频繁大发作，伴有精神障碍者。

十、糖尿病合并心、脑、肾病变或严重继发感染者。

十一、胶原性疾病造成脏器功能障碍，治疗无效者，如系统性红斑狼疮、皮肌炎、结节性多发动脉炎等。

十二、内分泌腺疾病，难以治愈者，达到丧失劳动能力者，如脑垂体瘤、肢端肥大症、尿崩症、柯兴氏综合症、原发性醛固酮增多症、嗜铬细胞瘤、甲状腺机能亢进、甲状腺机能减退、甲状旁腺机能亢进、甲状旁腺机能减退症。

十三、白血病、再生障碍性贫血者。

十四、寄生虫病侵犯肺、脑、肝等重要器官，造成继发性损害，生活不能自理者。寄生虫病包括囊虫病、肺吸虫病、中华分枝睾吸虫病、丝虫病、血吸虫病等。

十五、心、肝等重要脏器损伤或患有严重功能障碍，各种重要脏器手术治疗后，患有严重功能障碍、丧失劳动能力者。

十六、消化器官及其腹部手术后有严重并发症，如重度粘连性肠梗阻，反复发作，不宜治愈者。

十七、肺、肾、肾上腺等器官一侧切除，对侧仍有病变或有明显功能障碍者。

十八、严重骨盆骨折合并尿道损伤，经治后在骨关节患有运动功能障碍，或患有尿道狭窄和尿路感染久治不愈者。

十九、脑、脊髓外伤治疗后患有痴呆、失语（包括严重语言不清），截瘫或一个肢体功能丧失、大小便不能控制、功能难以恢复者。

二十、双上肢、双下肢、一个上肢和一个下肢因伤、病截肢或失去功能，不能恢复者。

截肢指上肢在腕关节以上，下肢踝关节以上。

失去功能指肢体强直、畸形、肌肉萎缩、上肢必须达到手不能提物，下肢必须达到足不能持重。

二十一、双手完全失去功能或伤病致双手手指缺损六个以上者。且六个缺损的手指中有半数以上在指掌关节处离断，必须包括双拇指全失。

二十二、两个以上主要关节（指肩、膝、肘髋）因伤病发生强直畸形，经治疗不见好转、相当于双下肢或双上肢或一个上肢和一个下肢丧失功能的程度，脊柱功能完全丧失者。

二十三、各种恶性肿瘤经过治疗不见好转者。

二十四、其他各类肿瘤，严重影响肌体功能而不能进行彻底治疗，或者全身状态不佳、肿瘤过大、肿瘤和主要脏器有严重粘连等原因而不能手术治疗或有严重后遗症。

其他各类肿瘤系指各种良性肿瘤或暂时难以确定性质的肿瘤。能进行彻底治疗的甲状腺瘤、胸腺瘤、支气智囊肿、纵隔肿瘤等肿瘤压迫推移脏器，影响呼吸循环功能者。

严重的后遗症和癫痫、偏瘫、截瘫、胃瘘、尿瘘等。

二十五、伤病后所致的双目失明或接近失明（指两眼视力均为一米内指数）。内耳伤、病所致的平衡失调，经治疗不能恢复者。

二十六、上下颌伤、病经治疗后有语言不清、严重咀嚼障碍，两者同时存在者。

二十七、经专科防治机构（省、市职业病防治院所）确定的二、三期矽肺、煤矽肺、石棉肺；各种职业性中毒性肺病及其他职业病治疗后，遗有肢体瘫痪、癫痫、失语、痴呆、失明、精神病等，职业性放射线病所致主要脏器有严重损伤者。

职业性中毒，系指在生产条件下，接触工农业毒物而引起的一种职业性疾病。

二十八、同时患有两种（合两种）以上疾病，其中一种病情必须接近上述各项疾病程度。

二十九、艾滋病毒反应阳性者。

三十、其他需保外就医的疾病。

附录三

浙江省监狱机关执法工作指南（试行）

（暂予监外执行部分）

第十二章　暂予监外执行

第一节　建议、审核、审批

第一百一十六条　分监区拟对罪犯保外就医的，应当按照以下要求和程序处理：

（一）分监区审查确认有关罪犯符合保外就医的服刑期限条件后，提出对罪犯的疾病或伤残进行鉴定的书面申请，经监区负责人审核、监狱医院审批后，由刑罚执行或者狱政管理部门开具《医学司法鉴定委托书》。

（二）监区与接受委托的鉴定医院约定后，办理罪犯外出就医审批手续，由监区安排民警押解。

（三）罪犯的疾病或伤残经鉴定符合保外就医条件的，分监区对罪犯的改造表现进行评议。分监区认为适用保外就医没有社会危险性的，向监区负责人报告后，及时向罪犯家属（包括其他亲属，下同）发出《罪犯保外就医取保书》（对外省籍的罪犯，向其家属发出《罪犯保外就医征求意见书》）。《罪犯保外就医取保书》由具保人签字或盖章，经当地公安机关对具保人的资格进行确认并签署意见后寄回或送回。

（四）对危害国家安全罪犯在征求原侦查机关的意见后，再启动保外就医程序；作出决定后及时通报原侦查机关。

（五）对港澳台籍罪犯在办理边控手续后，再启动保外就医程序。

（六）对家属无力担保、不愿担保，或者无法与家属联系的，由监区向刑罚执行部门报告后，指派民警前往罪犯家属居住地，收集罪犯家属无力担保、不愿担保或无法联系的材料，经当地村委会、居委会或社区矫正机构（司法所，下同）以及公安派出所证明后中止办理，有关材料存入罪犯副档。与罪犯家属取得联系的，继续办理保外就医手续。

（七）对符合保外就医条件并有家属具保的罪犯，由分监区主管民警填写《罪犯保外就医审批表》（一式七份），附上《罪犯疾病伤残鉴定书》和《罪犯保外就医取保书》（各一式三份），经分监区全体民警集体合议后提请监区长办公会议审议。对合议情况作好记录，与会人员分别在《罪犯保外就医审批表》和会议记录上签字。

第一百一十七条　监区长办公会应当根据分监区报送的以下材料进行审议：

（一）罪犯副档；

（二）《罪犯保外就医审批表》；

（三）《罪犯疾病伤残鉴定书》；

（四）《罪犯保外就医取保书》或者《罪犯保外就医征求意见书》。

监区长办公会审议后同意提请保外就医的，应当报送监狱的生活卫生部门审查。

审议情况应当作记录，与会人员应当分别在《罪犯保外就医审批表》和会议记录上签字。

第一百一十八条　监狱的主管职能部门对监区提请保外就医的罪犯材料，应当按照以下要求和程序审查、监督、审核：

（一）生活卫生部门对监区报送的保外就医材料进行疾病、伤残条件审查后，移送刑罚执行部门审查。

（二）刑罚执行部门对拟保外就医罪犯的犯罪性质、改造表现以及服刑期限等条件进行审查，经法制部门会签后，将罪犯保外就医材料送驻监检察机关，由驻监检察机关填写《罪犯保外就医检察机关监督意见表》。

（三）刑罚执行部门将罪犯保外就医材料及检察机关监督意见一并提交监狱评审委员会审议后，主管副监狱长审核签字，盖监狱公章。评审委员会成员在会议记录上签字。

（四）刑罚执行部门将保外就医材料及《罪犯保外就医检察机关监督意见表》等报省监狱管理局审批。

第一百一十九条　省监狱管理局对监狱提请保外就医的罪犯材料，应当按照以下要求和程序审核、审批及核查：

（一）生活卫生部门对拟保外就医罪犯的疾病、伤残条件进行审核确认后，移送刑罚执行部门。

（二）刑罚执行部门对拟保外就医罪犯的犯罪性质、改造表现以及服刑期限等条件进行审核确认。

（三）经上述主管职能部门审核确认后，报主管副局长审批签字，并盖省监狱管理局公章。

（四）刑罚执行部门填写《暂予监外执行通知书》，通知罪犯家属居住地公安机关、原判人民法院，抄送罪犯家属居住地人民检察院及驻监检察机关。对于外省籍罪犯，需通知罪犯亲属居住地的省监狱管理局。

（五）检察机关对省局作出罪犯保外就医决定后提出异议的，由刑罚执行部门核查和答复。

第一百二十条 省局批准罪犯保外就医的，监狱应当按照程序及时办理罪犯的出监鉴定手续。

第一百二十一条 监狱的刑罚执行部门应当将省局批准的《罪犯保外就医审批表》、《罪犯疾病伤残鉴定书》、《罪犯保外就医取保书》或《罪犯保外就医征求意见书》副本送驻监检察机关。

第一百二十二条 监狱的刑罚执行部门应当在保外就医罪犯出监后7个工作日内，将《罪犯保外就医审批表》《保外就医罪犯出监（所）鉴定表》、人民法院判决书的复印件等材料，寄送罪犯家属居住地人民检察院、社区矫正机构，材料送达回执存罪犯档案；向当地公安机关出入境管理部门寄送《法定不批准出境人员通报备案通知书》。

第一百二十三条 监狱办理罪犯保外就医出监以及押送时，应当按照以下要求和程序进行：

（一）狱政管理部门开具《罪犯保外就医证明书》和《保外就医罪犯报到证》，交罪犯所在分监区。

（二）分监区民警向具保人宣告义务，由其在《保外就医具保人须知》上签字具保人未来监狱的，可以将罪犯押送到具保人居住地后向其宣告并签字。《保外就医具保人须知》一式二份，一份交具保人，一份存入罪犯副档。

（三）分监区民警应当向保外就医的罪犯宣布必须履行的义务，由其在《保外就医罪犯守则》上签字后，发给《罪犯保外就医证明书》。《保外就医罪犯守则》一式二份，一份交罪犯，一份存入罪犯副档。

（四）办理罪犯保外就医出监手续后，监狱指派民警押送罪犯到具保人居住地，将《罪犯保外就医审批表》、《保外就医罪犯出监（所）鉴定表》、人民法院判决书的复印件等材料移交当地公安机关并办理监督管理交接手续。公安机关在《保外就医罪犯报到证（回执）》上签字盖章。“回执”存入罪犯副档。对外省籍罪犯，押送民警将“回执”及罪犯档案一并移交罪犯亲属居住地的省监狱管理局。

第一百二十四条 罪犯保外就医期间的生活和医疗费用，由其负有扶养或赡养义务的家属承担。个别确有困难的，经当地公安机关证明，监狱可以酌情予以医疗补助。

第一百二十五条 外省监狱的浙江籍罪犯保外就医的，由外省监狱的民警押送罪犯到具保人居住地，与当地公安机关办理交接手续。罪犯的档案与《保外就医罪犯报到证（回执）》由押送民警移交我省监狱管理局，或者由该省监狱管理局寄送我省监狱管理局。对保外就医材料不齐全、其他档案材料不齐全或者没有“回执”的，均应当退回，并要求其补齐相关材料后，再与我省监狱管理局办理档案移交和考察责任交接。

办理交接手续后，我省监狱管理局应当指定一所监狱负责该罪犯的保外就医考察工作。

第一百二十六条　外国籍罪犯的暂予监外执行，由外交部向司法部提出建议后，由司法部指示相关部门办理。对符合暂予监外执行条件、在我国境内有亲属，且亲属或者罪犯所属国驻华使领馆的官员愿意具保的外国籍罪犯，可以办理暂予监外执行手续。省监狱管理局审批前，应当报司法部监狱管理局审核，并将暂予监外执行的决定通知罪犯所属国驻华使领馆和罪犯亲属居住地公安机关。

第一百二十七条　罪犯短期内有死亡危险，医院开出《病危、病重通知书》的，可以按照分监区、监区负责人，生活卫生、刑罚执行、法制部门负责人，评审委成员、监狱长逐级审查会签后，报省局主管职能部门审核、主管副局长审批的保外就医特别程序办理。

第二节　疾病鉴定

第一百二十八条　监狱应当委托省人民政府指定的医院对罪犯保外就医的疾病或伤残进行鉴定，鉴定结论应当由 3 名以上具有鉴定资质的医师共同作出并签字，对精神病的鉴定结论应当明确有无服刑能力。业务院长应当对鉴定书签署意见并签字，加盖鉴定专用章。鉴定书应当附有化验单、照片等病历资料。

第一百二十九条　疾病鉴定一般在监狱办理保外就医（包括续保）前 3 个月内有效。对精神疾病的鉴定，一般在办理前 6 个月内有效。对残疾作出鉴定后，一般无时效限制。

第三节　考　察

第一百三十条　保外就医期满 2 个月前，监狱应当派民警实地考察，直接向保外就医罪犯、具保人和辖区公安派出所、社区矫正机构了解情况。

经指定医院诊断罪犯疾病已痊愈或者基本好转以及其他符合收监情形的，监狱应当及时将《罪犯收监执行审批表》随罪犯档案报省监狱管理局，由省局决定将罪犯收监执行。经诊断原疾病未好转或者又患其他符合保外就医条件的疾病的，由分监区填写《罪犯保外就医期限届满、延长保外就医期限审批表》（一式六份），连同考察报告、历次《罪犯保外就医审批表》、疾病伤残鉴定书（一式三份）等，按照首次保外就医规定的要求和程序办理。

第一百三十一条　省局决定收监执行或者批准延长保外就医期限的，监狱应当在7个工作日内分别将省局的收监决定或者延长保外就医期限决定，通知当地的公安机关、社区矫正机构、人民检察院以及驻监检察机关，并向当地公安机关出入境管理部门寄送《撤销法定不批准出境人员通报备案通知书》或者《法定不批准出境人员通报备案通知书》。

决定收监或者延长保外就医期限的材料存入罪犯档案。

第一百三十二条 保外就医的罪犯有以下情形的，监狱应当及时办理相关手续或者提出减刑、假释建议：

（一）刑期届满的，按时办理释放手续；

（二）有立功表现并有当地县级以上公安机关证明的，可以向监狱所在地中级人民法院提请减刑、假释；

（三）死亡的，根据当地出具的死亡证明或者死亡通知书等办理注销手续。

第一百三十三条 保外就医的罪犯有以下情形之一的，监狱应当将其收监，罪犯保外就医期间不计入执行刑期：

（一）采取非法手段骗取保外就医，查证属实的；

（二）未经公安机关批准擅自外出，有公安机关证明的。

第一百三十四条 监狱对罪犯有前条规定的情形之一的，应当按照以下要求和程序办理保外就医期间不计入执行刑期：

（一）分监区主管民警填写《罪犯暂予监外执行期间不计入刑期审批表》，并附监狱或当地公安机关的相关证明材料，经分监区集体合议、监区长办公会审议、刑罚执行部门审核、主管副监狱长签署意见后，向省监狱管理局提出罪犯暂予监外执行期间不计入刑期的报告。

（二）省监狱管理局刑罚执行部门对监狱的报告进行审核后，报主管副局长审批。省监狱管理局决定暂予监外执行期间不计入刑期的，应当制作《暂予监外执行期间不计入刑期决定书》下发呈报监狱，并由监狱代为送达原判人民法院和驻监检察机关。决定书存入罪犯档案。

（三）监狱在执行通知书和释放证上注明不计入刑期的期间和刑期截止日期。

任务五 提请减刑和假释实务

基本要求：通过本任务的学习，使学生（员）明了罪犯减刑假释的含义及意义、减刑假释的实体规定和程序要求，减刑假释过程中应注意的罪犯合法权利保障内容。通过典型案例引导学生（员）掌握减刑假释的刑事奖励事务。同时通过实习训练，使学生（员）掌握减刑假释事务有关规定、基本要求、注意事项及程序。

渴望减刑和假释，盼望早日出狱是服刑罪犯一种最普遍、最基本的心理需求。监狱作为国家的刑罚执行机关，只要正确地执行刑罚，科学地运用减刑和假释这种手段，有效地使用，就可以在很大程度上促使罪犯真诚悔改，积极改造。同时，减刑和假释也是社会非常关注的刑罚执行制度。因此，作为监狱的执法者，在处理减刑和假释时应予以特别注意。

基本知识

一、减刑和假释的含义

（一）减刑的含义

所谓减刑，是刑法规定的刑罚执行过程中的一项措施。它是对被判处管制、拘役、有期徒刑、无期徒刑的犯罪分子，在执行期间如果认真遵守监规，接受教育改造，确有悔改或者立功表现，将其原判刑罚予以适当减轻的刑罚执行制度。

减刑是指缩短自由刑的执行期限，目的是同其他刑罚执行中减轻的情形区别。例如被判死刑缓期二年执行的罪犯两年执行期满，由于在两年执行期间没有故意犯罪，因而刑种发生变更，将死刑改为无期徒刑或者有期徒刑。这种死刑缓期二年执行期满后改变刑种的刑罚执行措施虽然也具有减刑性质，可它是死刑制度的内容之一，不同于减刑制度。在实务操作中，执行机关对死刑缓期二年执行期满罪犯必须提出改变刑种的书面意见，习惯也称为减刑，下文中的减刑就包括这种情形。又如罚金刑在执行中也涉及减轻的问题，我国《刑法》第 53 条规定：如果由于遭遇不能抗拒的灾祸缴纳罚金确实有困难的，可以酌情减少或者免除。这种罚金的减轻不是因为罪犯有悔改或立功表现，而是依据其实际负担能力而采取的变通执行措施。还如剥夺政治权利刑在执行中也存在减轻的问题，我国《刑法》第 57 条第 2 款规定：在死刑缓期执行减为有期徒刑或者无期徒刑减为有期徒刑的时候，应当把附加剥夺政治权利的期限改为三年以上十年以下。这只是随着主刑的减轻而对附加刑的一种调整，而非实务操作上的减刑。

（二）假释的含义

所谓假释，简言之就是假的释放，是指被判处有期徒刑或无期徒刑的犯罪分子，在刑罚执行一定时间后，确有悔改表现，不致再危害社会，附条件地将其回归社会，使犯罪分子在监督之下执行完剩余刑期的一种刑罚执行制度。

假释制度是刑罚执行过程中一项刑事奖励制度，“今以求达自由刑矫治受刑人的积极性的刑罚效果，则附条件释放实为有效的处遇手段。它乃自由刑之行刑制度上符合自由刑目的的一种做法，因此假释本质上可视为一种行刑措施，也即是为达自由刑目的而为的权益措施。”① 假释罪犯需满足刑种条件、实际服刑条件、实质的刑期条件经法定程序，获得法院的裁定才能适用，并接受公安机关的监督。

二、减刑和假释的意义

（一）具有调动和促进罪犯积极改造的意义

罪犯在服刑改造期间的物质和精神需要中，最普遍和最基本的心理需要是获得较多自由，早日融合到社会。这种心理状态，是促使其积极自觉改造和自力救助的有效手段之一。当前的减刑假释制度，对真诚悔改并达到法律规定条件的罪犯适当减刑或假释，有利于鞭策其自律自励、激励其努力改造的内在力量。同时，由于减刑假释与否，取决于罪犯的改造优劣，有利于向罪犯昭示改造优劣与自由刑执行长短的对应关系，把罪犯要求缩短自由刑执行的心理需要引导、转变为积极改造的内在压力和动力，外化为真诚接受改造和自我改造的服刑实践。

（二）具有实现刑罚社会功能的意义

减刑假释制度是刑罚执行的细化，具有明确的刑罚向度。刑罚不是乱刑

---

① 王利荣：《行刑法律机能研究》，法律出版社 2001 年版，第 312 页。

乱罚乱减乱释，它不仅仅是惩罚罪犯的手段，更重要的是教育、改造罪犯的手段。通过减刑假释制度对罪犯改造表现给予明确的肯定导向，实现对罪犯改造的同时，也能够遏制社会上不稳定分子，促进社会的稳定，实现刑罚的社会功能。

（三）具有优化刑罚执行资源的意义

第一是有利于减轻执行机关的压力与负担。将符合条件不必继续在监管场所内服刑的罪犯减刑假释，能减轻执行机关押犯数量，集中力量处理具体管教改造事务。第二是有利于规范监狱民警执法。减刑假释作为监狱机关刑罚执行过程中的执法活动，是由监狱人民警察通过对罪犯服刑改造的现实表现进行考核评价后，报刑罚执行管理机关审查，由审判机关作出裁定的。可见，监狱人民警察作为直接管理罪犯的人员，在对罪犯的减刑假释工作中所起的作用是最直接、最重要的。对罪犯改造表现的考核评价是否恰当，不仅是对罪犯改造程度的肯定或否定，而且可以清楚地反映出监狱人民警察的执法水平。

法律依据

一、《中华人民共和国刑法》中的规定

第七十八条　被判处管制、拘役、有期徒刑、无期徒刑的犯罪分子，在执行期间，如果认真遵守监规，接受教育改造，确有悔改表现的，或者有立功表现的，可以减刑，有下列重大立功表现之一的，应当减刑：

（一）阻止他人重大犯罪活动的；

（二）检举监狱内外重大犯罪活动，经查证属实的；

（三）有发明创造或者重大技术革新的；

（四）在日常生产、生活中舍己救人的；

（五）在抗御自然灾害或者排除重大事故中，有突出表现的；

（六）对国家和社会有其他重大贡献的。

减刑以后实际执行的刑期，判处管制、拘役、有期徒刑的，不能少于原判刑期的二分之一；判处无期徒刑的，不能少于十年。

第七十九条　对于犯罪分子的减刑，由执行机关向中级以上人民法院提出减刑建议书。人民法院应当组成合议庭进行审理，对确有悔改或者立功事实的，裁定予以减刑。非经法定程序不得减刑。

第八十条　无期徒刑减为有期徒刑的刑期，从裁定减刑之日起计算。

假释的规定：

第八十一条 被判处有期徒刑的犯罪分子，执行原判刑期二分之一以上，被判处无期徒刑的犯罪分子，实际执行十年以上，如果认真遵守监规，接受教育改造，确有悔改表现，假释后不致再危害社会的，可以假释。如果有特殊情况，经最高人民法院核准，可以不受上述执行刑期的限制。

对累犯以及因杀人、爆炸、抢劫、强奸、绑架等暴力性犯罪被判处十年以上有期徒刑、无期徒刑的犯罪分子，不得假释。

第八十二条 对于犯罪分子的假释，依照本法第七十九条规定的程序进行。非经法定程序不得假释。

第八十三条 有期徒刑的假释考验期限，为没有执行完毕的刑期；无期徒刑的假释考验期限为十年。

假释考验期限，从假释之日起计算。

第八十四条 被宣告假释的犯罪分子，应当遵守下列规定：

（一）遵守法律、行政法规，服从监督；

（二）按照监督机关的规定报告自己的活动情况；

（三）遵守监督机关关于会客的规定；

（四）离开所居住的市、县或者迁居，应当报经监督机关批准。

第八十五条 被假释的犯罪分子，在假释考验期限内，由公安机关予以监督，如果没有本法第八十六条规定的情形，假释考验期满，就认为原判刑罚已经执行完毕，并公开予以宣告。

第八十六条 被假释的犯罪分子，在假释考验期限内犯新罪，应当撤销假释，依照本法第七十一条的规定实行数罪并罚。

在假释考验期限内，发现被假释的犯罪分子在判决宣告以前还有其他罪没有判决的，应当撤销假释，依照本法第七十条的规定实行数罪并罚。

被假释的犯罪分子，在假释考验期限内，有违反法律、行政法规或者国务院公安部门有关假释的监督管理规定的行为，尚未构成新的犯罪的，应当依照法定程序撤销假释，收监执行未执行完毕的刑罚。

二、《中华人民共和国刑事诉讼法》中的规定

第二百一十条 最高人民法院判处和核准的死刑立即执行的判决，应当由最高人民法院院长签发执行死刑的命令。

被判处死刑缓期二年执行的罪犯，在死刑缓期执行期间，如果没有故意犯罪，死刑缓期执行期满，应当予以减刑，由执行机关提出书面意见，报请高级人民法院裁定；如果故意犯罪，查证属实，应当执行死刑，由高级人民

法院报请最高人民法院核准。

第二百二十一条　罪犯在服刑期间又犯罪的，或者发现了判决的时候所没有发现的罪行，由执行机关移送人民检察院处理。

被判处管制、拘役、有期徒刑或者无期徒刑的罪犯，在执行期间确有悔改或者立功表现，应当依法予以减刑、假释的时候，由执行机关提出建议书，报请人民法院审核裁定。

第二百二十二条　人民检察院认为人民法院减刑、假释的裁定不当，应当在收到裁定书副本后二十日以内，向人民法院提出书面纠正意见。人民法院应当在收到纠正意见后一个月以内重新组成合议庭进行审理，作出最终裁定。

三、《中华人民共和国监狱法》中的规定

第二十九条　被判处无期徒刑、有期徒刑的罪犯，在服刑期间确有悔改或者立功表现的，根据监狱考核的结果，可以减刑。有下列重大立功表现之一的，应当减刑：

（一）阻止他人重大犯罪活动的；

（二）检举监狱内外重大犯罪活动，经查证属实的；

（三）有发明创造或者重大技术革新的；

（四）在日常生产、生活中舍己救人的；

（五）在抗御自然灾害或者排除重大事故中，有突出表现的；

（六）对国家和社会有其他重大贡献的。

第三十条　减刑建议由监狱向人民法院提出，人民法院应当自收到减刑建议书之日起一个月内予以审核裁定；案情复杂或者情况特殊的，可以延长一个月。减刑裁定的副本应当抄送人民检察院。

第三十一条　被判处死刑缓期二年执行的罪犯，在死刑缓期执行期间，符合法律规定的减为无期徒刑、有期徒刑条件的，二年期满时，所在监狱应当及时提出减刑建议，报经省、自治区、直辖市监狱管理机关审核后，提请高级人民法院裁定。

第三十二条　被判处无期徒刑、有期徒刑的罪犯，符合法律规定的假释条件的，由监狱根据考核结果向人民法院提出假释建议，人民法院应当自收到假释建议书之日起一个月内予以审核裁定；案情复杂或者情况特殊的，可以延长一个月。假释裁定的副本应当抄送人民检察院。

第三十三条　人民法院裁定假释的，监狱应当按期假释并发给假释证明书。

被假释的罪犯由公安机关予以监督。被假释的罪犯，在假释期间有违反法律、行政法规和国务院公安部门有关假释的监督管理规定的行为，尚未构成新的犯罪的，公安机关可以向人民法院提出撤销假释的建议，人民法院应当自收到撤销假释建议书之日起一个月内予以审核裁定。人民法院裁定撤销假释的，由公安机关将罪犯送交监狱收监。

第三十四条 对不符合法律规定的减刑、假释条件的罪犯，不得以任何理由将其减刑、假释。

人民检察院认为人民法院减刑、假释的裁定不当，应当依照刑事诉讼法规定的期间提出抗诉，对于人民检察院抗诉的案件，人民法院应当重新审理。

四、部门规章及有关司法解释的规定

1997年10月29日公布，自1997年11月8日起施行的最高人民法院《关于办理减刑、假释案件具体应用法律若干问题的规定》(具体内容见附录一) 对减刑和假释过程中具体应用法律问题分18条进行阐述。

中华人民共和国司法部令第77号《监狱提请减刑假释工作程序规定》(具体内容见附录二) 是专门的减刑工作程序规定。

五、地方性法规、自治条例和单行条例

地方性法规、自治条例和单行条例中，有些属于罪犯减刑假释规范。如浙江省高级人民法院、省人民检察院、省司法厅、省公安厅2008年8月1日起施行的《浙江省办理减刑、假释案件若干规定（试行)》，对减刑、假释工作进行了细致的规定。

六、监狱系统有关减刑假释的规范性文件

监狱系统对于罪犯减刑假释的系统性解释文件和对法律适用的说明、具体执行细则，对罪犯减刑假释有约束力。如2007年7月1日起施行的《浙江省监狱提请减刑假释工作规程（试行)》，对浙江省监狱减刑假释工作程序进行规范。

执法程序

本书按《浙江省监狱提请减刑假释工作规程（试行)》的规定，以某监狱某一批次减刑假释操作过程中，执行减刑假释程序为例，说明监狱减刑假释

工作的执法程序。参见图 6。

一、分监区集体评议

接 2009 年 4 月 1 日某分监区对第二批减刑假释工作已经开始的通知，服刑人员投递书面减刑假释申请，分监区再对符合减刑假释规定条件的罪犯进行改造数据统计，于 4 月 30 日由指导员主持分监区减刑假释集体评议会议。结果如下：

本次减刑假释有申请报告罪犯 37 人，其中 2 人属下一批次希望减刑，不予考虑，从 35 人中评议出拟提请减刑假释的罪犯 24 人，其中减刑的 16 人，假释的 8 人；决定提请监区长办公会审核减刑的 16 人，假释的 8 人；决定不予提请减刑 11 人，假释的 0 人；决定对材料补充更正的减刑的 0 人，假释的 0 人；决定调查核实的减刑的 0 人，假释的 0 人。

评议后分监区对合议结果进行公示，明确被定为 2009 年拟第二批报减刑、假释罪犯名单。公示期间有异议罪犯可以向分监区反映，公示结束后报监区长办公会议审定。

二、监区长办公会审核

2009 年 5 月 8 日某分监区所在监区，对第二批呈报的减刑假释罪犯情况进行汇总，在监区长的主持下召开监区长办公会议进行审核。结果如下：

本次共审核拟提请减刑假释的罪犯 59 人，其中减刑的 47 人，假释的 12 人；同意提请刑罚执行部门审查减刑的 46 人，假释的 12 人；决定不予提请减刑 1 人，假释的 0 人；决定对材料补充更正的减刑的 2 人，假释的 0 人；决定调查核实的减刑的 0 人，假释的 0 人；本次审核共对 3 名罪犯的减刑幅度作出变更决定。

审核后监区对审核结果在所辖分监区进行公示，明确被定为 2009 年拟第二批报减刑、假释罪犯名单。公示期间有异议罪犯可以向监区反映，公示结束后报刑罚执行部门审查。

三、刑罚执行部门审查

2009 年 5 月中旬至 6 月上旬，某分监区所在监狱狱政支队，对第二批呈报的减刑假释罪犯情况进行审理并汇总，于 6 月 12 日在支队长的主持下召开狱政支队减刑假释审查会议，并形成以下审查结果：

本次共审查拟提请减刑假释的罪犯 478 人，其中无期徒刑、死刑缓期二年执行的罪犯63人，同意提请评审委员会评审减刑的61人，撤销提请的2人；有期徒刑罪犯减刑371人，同意提请评审委员会评审减刑的362人，撤销提请的9人，共审查拟提请假释的罪犯44人，同意提请评审委员会评审假释的42人，撤销提请的2人。本次审查共对8名罪犯的减刑幅度提出变更建议。

刑罚执行部门认为应当撤销提请或者变更减刑幅度的，刑罚执行部门负责人应当在监狱提请减刑假释评审委员会评审时作详细报告。

四、监狱提请减刑假释评审委员会评审

6月15日某分监区所在监狱由分管副监狱长主持，召开减刑假释评审委员会评审会议，并形成以下评审结果：

本次评审拟提请减刑假释的罪犯478人，其中无期徒刑、死刑缓期二年执行的罪犯63人，同意提请评审委员会评审减刑的61人，撤销提请的2人；有期徒刑罪犯减刑371人，同意提请评审委员会评审减刑的362人，撤销提请的9人；共审查拟提请假释的罪犯44人，同意提请评审委员会评审假释的42人，撤销提请的2人。本次审查共对8名罪犯的减刑幅度提出变更建议。

评审委评审后，应当将拟提请减刑假释的罪犯名单在有关分监区公示7个工作日，公示期内，如有警察或者罪犯对公示内容提出异议，需要进行调查核实的，评审委主要负责人应当指派2名以上警察进行调查核实。负责调查的警察调查完毕后，应向被指派人提交书面的调查结论。

评审委完成评审和公示程序后，进行复议，形成复议结论，应当将拟提请减刑假释的建议和评审报告，报请监狱长办公会审议决定，同时在刑罚执行部门审查的基础上形成督导意见。

五、监狱长办公会审议

6月25日某分监区所在监狱由监狱长主持，召开监狱长办公会审议，听取评审委所作的评审报告，形成以下审议决定：

本次共评审拟提请减刑假释的罪犯465人，其中无期徒刑、死刑缓期二年执行的罪犯61人，同意提请评审委员会评审减刑的61人，撤销提请的0人；有期徒刑罪犯减刑362人，同意提请评审委员会评审减刑的361人，撤销提请的1人，共审查拟提请假释的罪犯42人，同意提请评审委员会评审假释的42人，撤销提请的0人。本次审查共对0名罪犯的减刑幅度提出变更建议。

监狱长办公会决定提请减刑假释的，由监狱长在《罪犯减刑（假释）审核表》上签署意见，并组织制作《提请减刑建议书》或者《提请假释建议书》，连同有关案卷材料一并报送人民法院裁定，或者报送省监狱管理局审核。

六、省监狱管理局审核

对被判处死刑缓期二年执行的罪犯提请减刑，和对被判处无期徒刑的罪犯提请减刑或假释，监狱应当报送省监狱管理局审核。7 月 11 日，在省监狱管理局分管副局长主持下召开提请减刑假释审核会，形成以下意见：

本次共审核某监狱呈报的拟提请减刑假释的无期徒刑、死刑缓期二年执行的罪犯 61 人，其中无期徒刑罪犯 42 名，死刑缓期二年执行罪犯 19 名。同意提请评审委员会评审减刑的 61 人，撤销提请的 0 人。本次审核共对 0 名罪犯的减刑幅度提出变更建议。

省监狱管理局审核同意对罪犯提请减刑假释的，由局长在《罪犯减刑（假释）审核表》上签署意见，加盖省监狱管理局公章。狱政管理（刑罚执行）部门应当依法及时向省高级人民法院报送提请减刑假释的案卷。

注意问题

一、准确统计分监区罪犯减刑假释名单

准确统计分监区罪犯减刑假释名单是减刑假释工作的基础，也是监狱公平公正执法的依据。分监区罪犯减刑假释名单统计表（见案例 1），统计过程中需注意：第一，数据准确性。刑期、刑种、罪名、籍贯、入监时间、刑事奖励、行政奖励、考核期、考核得分、扣分情况等情况必须与日常考核相符，如某监狱曾将扣 3 分分成扣 1 分和扣 2 分，这种统计工作是一种违法行为，执法民警应相应地承担法律责任，受到法律处罚。第二，数据完整性。如刑事奖惩中罪犯上次减刑时间，对罪犯的间隔期计算就是依据，落下会出现提前报减刑的情况。第三，数据全面性。在案例 1 的表格中，除规定的项目以外，减刑还有部分未成年犯、累犯、严重暴力犯、1997 年以前暴力犯、老病残犯、数罪并罚两罪 10 年以上罪犯、犯罪集团首要分子、扣 3 分以上行政处罚及一年内合计扣 8 分以上等罪犯个人情况，必须在备注栏中注明，这些项目也是监狱执行宽严相济政策的依据，没有这些数据，分监区评议时会出现错误。

提请的一般程序
分监区合议
公示3日
有异议
分监区调查
告知异议人
无异议
监区长办公会审核
公示3日
有异议
监区调查
告知异议人
无异议
刑罚执行部门审查
法制部门监督审查
评审委员会评审
公示7个工作日
有异议
评审委复核
告知异议人
无异议
监狱长办公会审议
报送中级法院
裁定书送达罪犯后存档
死缓、无期徒刑的减刑报省局刑罚执行部门审查
材料不齐或有异议的，通过监狱补正
法制部门监督审查
省局审核会审核
局长签批
报送高级法院
裁定书送达罪犯后存档
提请的特别程序
死缓减为无期徒刑
分监区、监区、刑罚执行部门、评审委员会、监狱长逐级审查
省局刑罚执行部门、局长逐级审签
涉黑、邪教罪犯的减刑假释
监狱适用一般程序
省局审核
监狱报送中级法院裁定
撤回、撤销减刑假释建议
罪犯有余罪、又犯罪或严重违纪
报送法院前发生或发现的
监狱立即中止提请程序
裁定生效后发现的
裁定生效前发生或发现的
分监区专题报告
监区审核
主管部门审核
主管副监狱长审核
书面向驻监检察机关提请撤销裁定
书面向受理法院提请撤回减刑或假释建议
法院同意撤回或撤销的
记录经过和结果
在有关监区公告
相关文书存入罪犯档案

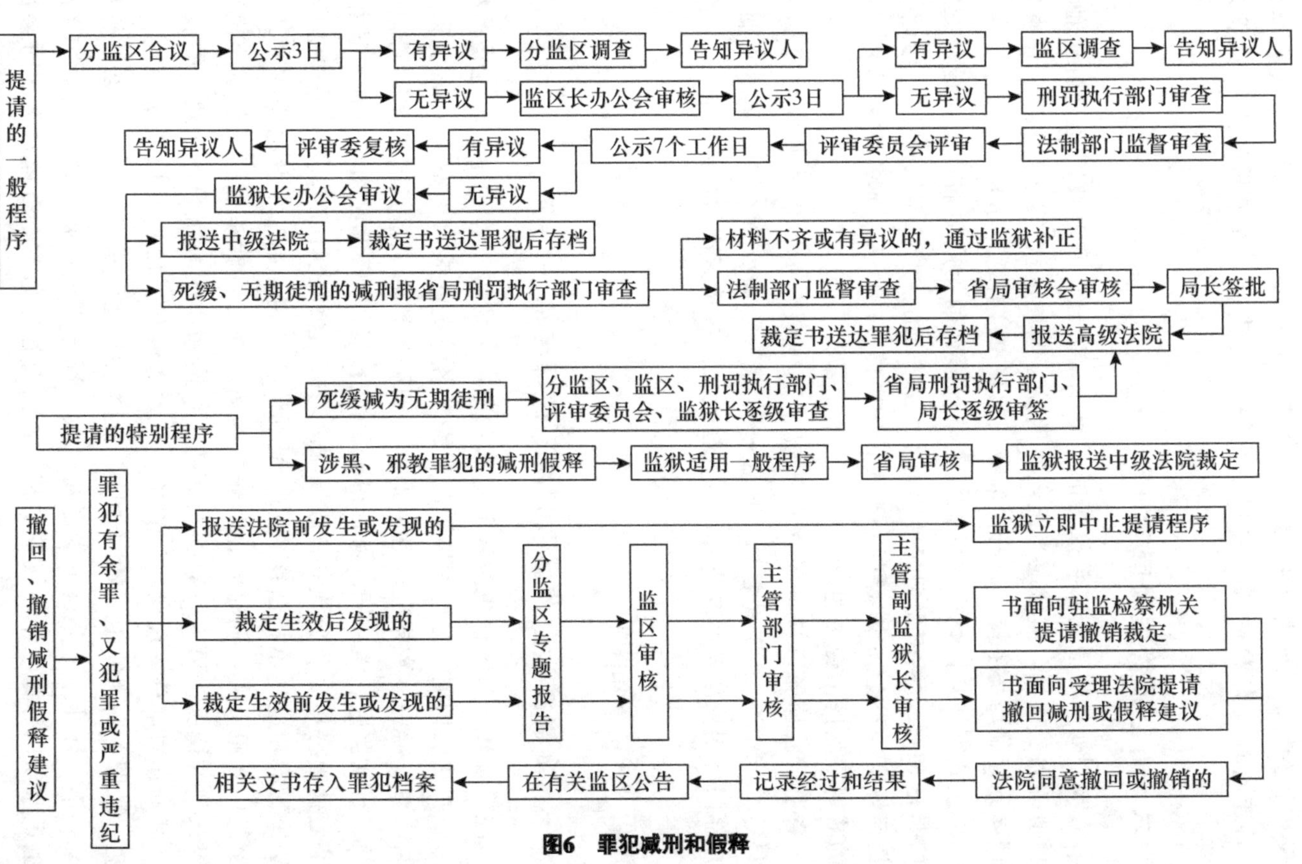

图6 罪犯减刑和假释

二、综合分析申请减刑假释罪犯的数据

分析申请减刑假释罪犯的数据从以下几个方面考虑：第一，末次减刑假释罪犯情况。第二，末二次减刑假释罪犯情况。第三，用足奖励及分数的情况。第四，从宽从严条件的把握。

三、有效收集公示期间的罪犯评价

减刑假释在分监区集体评议、监区长办公会审核、监狱减刑假释评审委员会评审的三个程序中，有规定需公示，这不仅能反应罪犯对减刑假释的知情权，同时也更好地体现执法的公开公平公正性。公示过程中需有效收集罪犯的评价及议论，更充分地验证监狱减刑假释执法中的正确程度，发现错误，可以在下一个程序中及时更正。如案例 1 中杨××，分监区集体评议时将累犯这一因素疏忽了，在公示过程中收集到罪犯杨××属累犯这一信息，监区长办公会审核中就决定将杨××提请减刑给予撤销。

四、把好减刑假释材料制作

减刑假释材料指《罪犯减刑（假释）审核表》、《提请减刑（假释）建议书》，这两份材料是记载罪犯改造状况，建议法院给予减刑多少或假释的重要依据，法院审阅后重新装回副档以备查验。这两份材料的制作需注意以下几点：第一，基本情况及减刑情况。第二，改造表现的定性。改造积极分子以下奖励为确有悔改表现、没有立功或省级改造积极分子而有改造积极分子为改造表现突出、有立功表现即为立功表现。第三，客观表述改造表现。从认罪伏法、遵守监规、三课学习、参加劳动、获奖情况五个方面进行表述，不能前后出现矛盾。第四，监狱对减刑或假释的建议。第五，落款、签名及盖章。

五、及时处置减刑假释过程中的异常情况

指罪犯在呈报减刑、假释的过程中，法院裁定没有生效前，罪犯出现扣 2 分以上违规情形或发现余罪或漏罪情况。下级部门向上级部门反映或监狱向法院建议，给予撤销。

六、绝对保证减刑假释工作按程序执行

程序的公正才是真正的公正，按减刑假释工作规程执行才能充分保证减刑假释的公平性和公正性。如某监狱减刑假释执法过程中，分监区曾将

某犯出现了禁闭的情形上报给刑罚执行部门，该部门没有将这一情况按规程在减刑假释评审委员会评审，直接上报监狱长办公会审议，导致法院裁定时出现错误，刑罚执行部门负责人最后受到行政处理。

七、自觉接受法制部门及驻监检察组的监督

监狱法制部门对监狱执法情况进行内部监督，针对分监区减刑假释集体评议名单公示情况，监区长办公会审核提请减刑假释罪犯名单公示情况，监狱法制部门在名单公示 7 天内，收集听取各方意见，保证执法的规范性、公平性和公正性，保护有异议罪犯的正常改造生活。驻监检察机关除行使抗诉权外，在减刑假释评审委员会评审决定拟呈报减刑假释名单公示后 7 日内，为了收集、听取其他罪犯的意见和听取该犯主管民警的意见，可以深入罪犯所在的监区、分监区，保障提出异议的罪犯不受打击报复。

八、充分利用减刑假释向度对监管工作的促进作用

减刑假释对罪犯改造的向度就是促进罪犯积极改造，但必须处理好以下关系。第一，改造表现与考核得分。第二，考核得分与减刑幅度。第三，减刑幅度与改造稳定程度及守规向善意识的强化程度。当前的减刑假释制度，对真诚悔改并达到法律规定的罪犯适当减刑或假释，有利于把罪犯要求缩短自由刑执行的心理需要引导、转变为积极改造的内在压力和动力，外化为真诚接受改造和自我改造的服刑实践。

人权保障

一、获得公平减刑假释权

罪犯有对照法定的减刑条件，按考核得分和获得行政奖励情况，获得公正的减刑假释权利。这不仅是罪犯的权利，也是监狱公平公正执法的体现。如其他条件同等的情况下，罪犯甲得分为 300 分，罪犯乙得分为 295 分，则甲有优先呈报的资格。

二、知情权

知情权指罪犯对减刑条件和启动减刑工作时自身的符合条件的了解程度。减刑条件就是法律规定的条件，如刑期、刑种、罪名、籍贯、入监时间、刑事奖励、行政奖励、考核期、考核得分、扣分情况等。启动减刑工作时自身条件就是自身的刑期、刑种、罪名、籍贯、入监时间、刑事奖励、行政奖励、考

核期、考核得分、扣分等情况，以便罪犯对自身能否适用减刑作出自我评价。

三、提出异议权

罪犯在监狱启动减刑假释工作后，对监狱减刑假释各个执法环节有异议的，可以提出异议。如罪犯对自身同他犯比较认为自身有优越条件应当优先呈报，可以向有关部门提出异议。

四、申请复议权

罪犯在减刑假释的各个公示环节，对拟提请减刑假释的罪犯有不符法律规定的，在公示期内可以申请对不符法律规定的拟提请减刑假释的罪犯进行复议。

五、申诉权

根据《行政诉讼法》第62条规定，罪犯对已经发生法律效力的减刑假释裁定，认为确有错误的，可以向原审人民法院或者上一级人民法院提出申诉。

典型案例

案例1　罪犯减刑假释名单

见技能训练三，材料1某分监区罪犯减刑假释名单

案例2　减刑假释评审委员会督导意见

2009年第二批减刑假释评审委员会督导意见

各监区：

在刑罚执行部门对第二批减刑假释材料审查的基础上，6月15日监狱召开提请减刑假释评审委员会评审会议，评审拟提请减刑假释的罪犯478人，其中无期徒刑、死刑缓期二年执行的罪犯63人，同意提请评审委员会评审减刑的61人，撤销提请的2人；有期徒刑罪犯减刑371人，同意提请评审委员会评审减刑的362人，撤销提请的9人；共审查拟提请假释的罪犯44人，同意提请评审委员会评审假释的42人，撤销提请的2人。本次审查共对8名罪犯的减刑幅度提出变更建议。现提出以下督导意见：

一、撤销情况

共13人，分别是：甲分监区罪犯杨××、乙分监区罪犯何××、丙分监区罪犯卢××、黄××、丁分监区罪犯陈××、戊分监区李××等六人未达到起报要求；己分监区的徐××、杜××、庚分监区的刘××、施××、辛分监区的曲××、壬分监区赵××、癸分监区的钱××等七人间隔期未达到。

二、更改情况

共 8 人，分别是：乙分监区罪犯朱××、陈××，丙分监区罪犯孙××、邹××等 4 名累犯提请减刑幅度未控制；己分监区的陈××、郑××、辛分监区的章××、壬分监区姚××等 4 名罪犯未成年时的考核积分没有考虑。

特此说明，下一批次减刑时请给予纠正。

浙江省××监狱减刑假释评审委员会
二零零九年六月十五日

案例 3　提请减刑建议书

提请减刑建议书是监狱机关对具备法定条件的罪犯，提请人民法院裁定予以减刑时制作和使用的法律文书。其格式由首部、正文和尾部三部分组成。

首部。(1) 首部的标题即文种的名称，居中填写“提请减刑建议书”。(2) 发文字号。由年份、机关代字、文种代字和序号组成。写在标题名称的下方。(3) 罪犯的有关情况。包括罪犯的姓名等基本情况和收监日期；执行刑期的变动情况。对首次提请减刑的，不填写；对本次提请减刑建议前执行刑期有变动情况的，在填写时要写明历次减刑的裁定时间、减刑幅度以及刑期截止日期。

正文。正文部分由案由、事实、理由等部分组成。(1) 案由。案由是案件的原由，或为何要提请减刑裁定。提请裁定减刑的理由有：或是悔改表现；或是立功表现；或是重大立功表现。据实填写，如果同时具备，要一并填写。(2) 事实部分。事实部分包括悔改表现、立功表现和重大立功表现。(3) 理由部分。在对事实进行概括的基础上，得出被提请减刑的罪犯已经具备了法定的减刑条件的结论。写好理由的关键：第一是要抓住该犯的悔改表现方面的具体特征，第二是要有法律依据和建议。这一部分的格式是：“为此，根据《中华人民共和国监狱法》第______条、《中华人民共和国刑法》第______条第______款和《中华人民共和国刑事诉讼法》第______条第______款的规定，建议对罪犯予以减刑。特提请裁定。”(3) 尾部。注明送达的机关。首先另起一行写“此致”，再另起一行顶格写明要送达的人民法院的名称。在右下方注明成文的日期，加盖机关印章。附项注明随文送达的罪犯服刑档案的卷数、册数和页数。服刑档案包括：人民法院的终审判决书、裁定书、罪犯评审鉴

定表、奖惩审批表、历次减刑裁定书、罪犯悔改或者立功表现的证明材料。（参见下述提请减刑建议书）

提请减刑建议书①

（2009）浙×监减字第×号

罪犯何××，男，1957年7月12日出生，汉族，重庆市人。因盗窃罪，经绍兴市中级人民法院于2002年7月26日以（2002）绍中刑初字第78号刑事判决书，判处罪犯何××无期徒刑，剥夺政治权利终身。罪犯何××不服，在法定期限内提出上诉。浙江省高级人民法院于2002年10月7日以（2002）浙刑二终字第××号刑事裁定书，裁定驳回罪犯何××的上诉，维持原判。

罪犯何××于2002年10月30日押送浙江省××监狱执行改造。服刑期间执行刑期变动情况：2005年2月20日，经浙江省高级人民法院以（2005）浙刑执字第××号刑事裁定书，裁定将何××的刑罚，减为有期徒刑十八年九个月，剥夺政治权利期限改为八年（刑期自2005年2月20日至2023年11月19日）。

罪犯何××自上次减刑以来，悔改表现突出，依据《中华人民共和国刑事诉讼法》第二百二十一条第二款之规定，提出减刑建议，请予审核裁定。

一、原判犯罪事实

2002年2月11日18时许，该犯在绍兴市区用事先偷配的汽车钥匙窃得价值30万余元的本田雅阁轿车一辆及现金人民币15万元。

二、改造表现

①经过教育，能认罪伏法。该犯本次考核开始以来，通过警官不断的教育和感化以及通过该犯自己的努力学习、改造，目前对于自己的罪行有了深刻认识，能认识自己所犯罪行对社会的严重危害性，真诚地服从法院判决，认罪悔罪，态度端正。他在2006年度的改造总结中写道："一贯服从法院判决，深挖犯罪根源，深刻认清犯罪的危害，自觉提高改造意识，服从管理，接受惩罚，认真矫正不良恶习。"

②能基本遵守监规纪律。在日常改造中，该犯积极靠拢政府，能尊重警官，努力以《监狱服刑人员行为规范》为准则，严格要求自己，自觉约束自己的言行。在此次考核期间，该犯违规一次，在2006年终考试作弊，被扣思想分1分，该犯能深刻认识到自己的错误，在此后没有违规违纪行为发生。

---

① 本《提请减刑建议书》选自浙江某监狱实例，在依据司法部监狱管理局发布的版本基础上，结合本地实际，并注重具体事实。

③能积极参加政治、文化、技术学习。该犯能做到上课认真听讲，课后按时完成作业，尊重老师，遵守纪律，到课率和作业上交率均为100%，考试成绩有不及格现象，2006年政治课成绩为30分，被扣0.5分，在此后该犯努力学习，2007年政治课成绩100分，2008年政治课成绩99分。

④参加劳动，完成劳动任务。该犯自上次减刑以来，能继续积极参加劳动，该犯曾从事烧炉灶工作，现在从事分监区点名工作，在工作中，该犯态度端正，细致认真，保持高度责任心，不弄虚作假，较好完成分监区分配的劳动任务。本次减刑考核期内，2006年劳动出勤率为99%，完成率104%，劳动得分64.7分；2007年劳动出勤率为99.7%，完成率104.5%，劳动得分58.7分；2008年劳动出勤率为100%，完成率100%，劳动得分50.9分。

⑤奖惩情况。该犯从2005年2月至2009年3月，考核总积分为447.2分，其中思想改造分198.8分，劳动改造分212.1分，奖励积分36.3分，2006年度获监狱表扬；2007年度获监狱表扬，2008年度获监狱表扬，累计扣分1.5分。

三、处理意见

综上事实，认为罪犯何××自上次减刑以来，能继续做到认罪伏法，服从管教，能遵守监规纪律，学习认真，劳动态度端正，悔改表现突出。根据《中华人民共和国监狱法》第二十九条、《中华人民共和国刑法》第七十八条、《中华人民共和国刑事诉讼法》第二百二十一条第二款之规定，经本监2009年6月25日讨论，建议给予罪犯何××减刑二年，剥夺政治权利期限改为1年。

此致

××市中级人民法院

(公章)

二〇〇九年六月二十五日

附：罪犯卷1宗材料共1卷2册76页。

案例4　提请假释建议书

提请假释建议书是监狱机关对具备了法定假释条件的罪犯依法提请人民法院裁定，予以假释的执法文书。

提请假释建议书包括首部、正文和尾部三部分。

首部。居中写“提请假释建议书”即可。发文字号标在标题的右下方，由年份、机关代字、文种代字和序号组成。如“(2010)×监假字第×号”。其中的年份必须写完整，并加小括号；机关代字要注意不能和其他监狱的代字混淆。

罪犯的有关情况。包括三个部分。第一是罪犯的基本情况包括姓名、性别、民族、出生日期、原户籍所在地等。第二是判决情况和收监日期。第三是刑期变动情况。刑期变动包括改判、减刑和加刑三种情况。

正文包括案由、事实部分和理由部分。

案由是提请假释的原因。应在“该犯在近期确有______表现”句中的空处填写“悔改”或“悔改和立功”。但不能只填“立功”，因立功表现不能单独构成假释的条件。如适用刑法中的“特殊情况”的规定，则案由的表述应作相应变通。

事实部分。事实部分即为悔改和立功表现。它是本文书的核心部分。依照最高人民法院《关于办理减刑、假释案件具体应用法律若干问题的规定》办理。对于老残犯和特殊情况者也应予以说明。特殊情况是指具有“政治、国防、外交”等方面特殊情况。事实部分的撰写应该主旨鲜明，既有概括，亦有事实支撑。

理由部分。理由部分包括提请裁定的理由、法律依据和监狱机关的建议三项内容。提请裁定的理由是在事实叙述之后，另起一行，写上“综上所述”开头。理由的内容，一般首先对事实进行概括。概括事实一是要概括法定的条件；二是要概括罪犯的特征。逐渐引入人身危险性评估方法，评估其不致再危害社会。要得出结论。法律依据则有格式化的规定：“为此，根据《中华人民共和国监狱法》第______条、《中华人民共和国刑法》第______条和《中华人民共和国刑事诉讼法》第______条的规定，建议对罪犯______予以假释。特提请裁定。”

尾部。包括：致送机关（首先另起一行空两格写“此致”，再另起一行顶格写要送达的人民法院的名称）、成文日期和机关印章。在右下方用汉字注明成文日期。印章应端正清晰地加盖在成文日期上。附项应在末页行顶格写“附”字，加冒号。然后注明随文附送的罪犯服刑档案的卷数、册数、页数。附送的档案应包括人民法院的终审判决书、裁定书；历次减刑的裁定书的复印件；罪犯确有悔改或立功、重大立功表现的具体事实的书面证据材料；罪犯评审鉴定表、奖惩审批表。对无期徒刑罪犯提请假释，还应附送经省、自治区、直辖市监狱管理局签署意见的《罪犯假释审核表》。

提请假释建议书

（2008）浙×监假字第×号

罪犯王××，男，1976年1月31日出生，汉族，浙江省××市人。因破坏电力设备罪，经金华市中级人民法院于1996年12月16日以（1996）金中法刑初字第×××号刑事判决书，判处王××无期徒刑，剥夺政治权利终身。

王××于1997年4月10日押送浙江省第×监狱执行改造。

服刑期间执行刑期变动情况：1999年9月16日经浙江省高级人民法院以(1999)浙法刑执字第×××号刑事裁定书，裁定将王××的刑罚，减为有期徒刑十九年六个月，剥夺政治权利期限改为九年（刑期自1999年9月16日至2019年3月15日止）。

王××在服刑期间，悔改表现突出并获得省级改造积极分子，依据《中华人民共和国刑事诉讼法》第二百二十一条第二款之规定，提出假释建议，请予审核裁定。

一、原判犯罪事实

1994年8月至1996年3月间，罪犯王××先后窜至××市官塘乡、香溪镇、××市麻车乡等地，偷盗正在使用的电线21起，窃得电线15 100米，价值人民币13 880余元，造成直接经济损失，计人民币2万余元。

二、改造表现

①经过教育，能认罪伏法。该犯自入监改造以来，通过警官不断的教育和感化，以及通过该犯自己的努力学习、改造。目前，对于自己的罪行有了深刻认识，能认识自己所犯罪行对社会的严重危害性，真诚地服从法院判决，认罪悔罪，态度端正。他在2007年度的改造总结中写道："特别在这几年的思想教育中，对法律的学习，对时事政治的了解，使本服刑人员进一步认识到自己犯罪的危害，为此本服刑人员在今后的改造中加快思想改造，认罪伏法，自觉接受改造。"

②能遵守监规纪律。在日常改造中，该犯积极靠拢政府，能尊重警官，服从管教，努力以《罪犯改造行为规范》为准则，来规范自己的一言一行，注重本质改造及改造细节。在日常生活中能与同犯互帮互督，和睦相处，共同进步，没有发生过一起争吵、打架等违规行为。

③能积极参加政治、文化、技术学习。该犯能做到上课认真听讲，课后按时完成作业，尊重老师，遵守纪律，到课率和作业上交率均为100%，2007年政治课成绩为96分，2008年政治课成绩为100分，成绩优秀，并获得2008年度监狱优秀学员。

④参加劳动，完成劳动任务。该犯从事检验线长工作，在劳动中做到积极参加，认真、公正严把质量关，努力提高自己的生产技术，积极完成分监区分配的劳动任务，基本上没有发生重大质量事故，只是在2007年11月因一时马虎发生一起质量事故被扣劳动分1.5分。但在此后，该犯能吸取教训，在劳动中尽心尽职，没有再出现差错。本次减刑考核期内2006年劳动出勤率为100%，劳动加分83.6分，2007年劳动出勤率98%，劳动加分85分。在

完成本职劳动任务的同时，该犯积极参加QC，并在2007年QC成果中获奖励2分。

⑤奖惩情况：该犯从2006年8月至2008年3月，考核总积分为429.8分，其中思想改造分170.1分，劳动改造分192.5分，奖励积分67.2分，2006年度获监狱改造积极分子，2007年获省级改造积极分子，累计扣分1.5分。

三、处理意见

综上事实，认为罪犯王××服刑改造期间，经过教育，能做到认罪伏法，服从管教，能遵守监规纪律，学习认真，劳动态度基本端正，悔改表现突出并获得省级改造积极分子。根据《中华人民共和国监狱法》第三十二条、《中华人民共和国刑法》第八十一条第一款、《中华人民共和国刑事诉讼法》第二百二十一条第二款之规定，经本监2008年6月25日讨论，建议给予罪犯王××假释。

此致

××市中级人民法院

二〇〇八年六月二十五日

附：罪犯王××卷宗材料共4卷4册48页。

案例5　罪犯减刑（假释）审核表

罪犯减刑（假释）审核表是罪犯服刑的监区或直属分监区填写并逐级报请监狱或上级监狱管理机关审核批准，对罪犯提请人民法院裁定予以减刑或假释的表格式执法文书。该文书是内部文书，有期徒刑只报批到监狱一级；无期徒刑、死缓罪犯应报批至监狱管理局。

罪犯减刑（假释）审核表的制作包括：

①单位名称和罪犯编号。单位即罪犯所在地的监区或直属分监区的名称。罪犯编号是指罪犯档案管理中使用的固定统一的编号。

②罪犯基本情况栏。依次填写罪犯的姓名、别名、性别、文化程度、籍贯、民族、出生日期、家庭住址、罪名、刑种、原判刑期、刑期起止时间、刑期变动情况等栏目。

③犯罪事实栏。犯罪事实是决定提请减刑、假释的参考因素。一般将时间、地点、目的、动机、情节、手段、后果等七个要素写上即可。

④改造表现栏。改造表现是审核决定的关键内容，十分重要。要全面反映改造表现，既包括成绩，也包括不足，分为考核分情况和奖惩情况。

⑤意见栏目。该栏内容较为简单。要注意得体而明确。分监区意见栏是

提供情况的最基层单位，其意见应当概括地说明该犯符合减刑、假释的法定条件，也要提出自己的意见，最好是以建议的形式出现。监区意见栏中，如监区同意，则可表述为“同意分监区意见，请监狱领导审核”。如不同意，应具体写明理由。科室意见栏中，如同意监区意见，表明同意即可。监狱意见栏部分，因监狱是法定的请求人民法院裁定对罪犯予以减刑、假释的法定主体。所以，监狱的意见应该以决定的形式出现。如“经审核，该犯具备了法定的假释条件，决定提请人民法院裁定，予以假释”。对死缓犯的提请减刑，可表述为“经审核，该犯符合《中华人民共和国监狱法》第×条第×款规定的条件，决定报经省监狱管理局核准后，提请人民法院裁定，将其刑罚减为……”。对于死缓犯和无期徒刑犯，还需要监狱管理局提出意见。该栏可以表述为：“经审查，该犯符合《中华人民共和国监狱法》第×条第×款规定的条件，同意××监狱对其提出的减刑的建议。”

以下列罪犯何××减刑审核为例（表5-1）：

表 5-1 罪犯减刑审核表①

单位：××省××监狱　　　　罪犯编号：97125

<table>
<tr><td>姓名</td><td>何××</td><td>别名</td><td>无</td><td>性别</td><td>男</td><td>文化程度</td><td>小学</td></tr>
<tr><td>籍贯</td><td>××市</td><td>民族</td><td>汉</td><td colspan="2">出生日期</td><td colspan="2">1957 年 7 月 12 日</td></tr>
<tr><td>家庭住址</td><td colspan="7">××市××县××村</td></tr>
<tr><td>罪名</td><td colspan="2">盗窃</td><td>刑种</td><td>无期徒刑</td><td colspan="2">原判刑罚</td><td>无期徒刑</td></tr>
<tr><td>原判刑期起止</td><td colspan="4">自××年××月××日
至××年××月××日</td><td colspan="2">附加刑</td><td>剥夺政治权利终身</td></tr>
<tr><td rowspan="2">刑期变动</td><td rowspan="2" colspan="3">2005 年 2 月减为有期 18 年 9 个月</td><td rowspan="2">当前刑罚</td><td colspan="3">自 2005 年 2 月 20 日至 2023 年 11 月 19 日</td></tr>
<tr><td colspan="3">附加刑：剥夺政治权利八年</td></tr>
<tr><td>犯罪事实</td><td colspan="7">该犯于 2002 年 2 月 11 日 18 时许，在绍兴市区用事先偷配的汽车钥匙窃得价值 30 余万元的本田雅阁轿车一辆及现金人民币 15 万元。</td></tr>
<tr><td>改造表现</td><td colspan="7">一、考核分情况：
该犯从 2005 年 2 月至 2009 年 3 月，考核总积分为 447.2 分，其中思想改造分 198.8 分，劳动改造分 212.1 分，奖励积分 36.3 分，累计扣分 1.5 分。
二、行政奖惩情况：
2006 年度监狱表扬
2007 年度监狱表扬
2008 年度监狱表扬</td></tr>
</table>

① 本表中“呈报意见”为浙江省减刑（假释）意见栏签署格式，参考了司法部监狱管理局发布的通用格式。

	呈报意见	签　　名
分监区	经分监区评议：建议减刑二年零个月，剥夺政治权利改为______年 分监区长（签名）：张×× 2009 年 4 月 30 日	
监区	经监区审核：建议减刑二年零个月，剥夺政治权利改为______年 监区长（签名）李×× 2009 年 5 月 12 日	
狱政管理（刑罚执行）部门	经初审：建议减刑二年零个月，剥夺政治权利改为______年 科长（签名）：裘×× 2009 年 5 月 21 日	
评审委员会	经评审：建议减刑二年零个月，剥夺政治权利改为______年 评审委（盖章）：倪××邵××刘××王××陈×× 2009 年 6 月 1 日	
监狱长办公会	经审议：建议减刑二年零个月，剥夺政治权利改为______年 监狱长（签名）：邱×× 2009 年 6 月 8 日	
局部门初审	经初审： 处长（签名） 年　月　日	
局审核	局审核（盖章） 年　月　日	
局长意见	局长（签名） 年　月　日	

注：本表同时也可为罪犯假释审核表

技能训练

一、训练目的

1. 学会减刑假释工作的初步分析。

2. 掌握减刑假释工作规程。

3. 熟悉《罪犯减刑（假释）审核表》、《提请减刑（假释）建议书》的基本内容。

4. 领会减刑假释评审委员会评审的督导意见。

二、训练方案

1. 分析材料1罪犯减刑假释情况。

2. 根据材料2制作《罪犯减刑审核表》、《提请减刑建议书》。(可参见案例4、案例5)

三、训练材料

1. 材料1(表5-3)

某分监区罪犯减刑假释名单

2. 材料2

罪犯何××，男，1957年7月12日出生，汉族，××市人。因盗窃罪，经绍兴市中级人民法院于2002年7月26日以(2002)绍中刑初字第××号刑事判决书，判处罪犯何××无期徒刑，剥夺政治权利终身。罪犯何××不服，在法定期限内提出上诉。浙江省高级人民法院于2002年10月7日以(2002)浙刑二终字第××号刑事裁定书，裁定驳回罪犯何××的上诉，维持原判。罪犯何××于2002年10月30日押送浙江省某监狱执行改造。服刑期间执行刑期变动情况：2005年2月20日，经浙江省高级人民法院以(2005)浙刑执字第××号刑事裁定书，裁定将何××的刑罚，减为有期徒刑18年9个月，剥夺政治权利期限改为8年(刑期自2005年2月20日至2023年11月19日)。

罪犯何××原判犯罪事实

2002年2月11日18时许，该犯在绍兴市区用事先偷配的汽车钥匙窃得价值30余万元的本田雅阁轿车一辆及现金人民币15万元。

罪犯何××度改造数据

在2006年终考试作弊，被扣思想分1分，年终政治课平均成绩为30分，被扣思想分0.5分。2007年政治课成绩100分。2008年政治课成绩99分。2006年劳动出勤率为99%，完成率104%，劳动得分64.7分；2007年劳动出勤率为99.7%，完成率104.5%，劳动得分58.7分；2008年劳动出勤率为100%，完成率100%，劳动得分50.9分。

该犯从2006年1月至2009年3月，考核总积分为447.2分，其中思想改造分198.8分，劳动改造分212.1分，奖励积分36.3分，2006年度获监狱表扬，2007年度获监狱表扬，2008年度获监狱表扬，累计扣分1.5分。

表 5-3　某监狱分监区提请减刑假释名单及情况

序号	姓名	出生年月	籍贯	罪名与原判	刑期起止时间	入监时间	刑事奖惩	行政奖惩	考核期（月）	考核分数	累计扣分	分监区评议	监区审核	狱政审查	评审委评审
1	陈某	1953.5	浙江	故意伤害绑架勒索（20年）	1995.12.11—2010.10.10	1996.10.29	2007.4 减刑1年	2008年度监狱表扬	26	207.1	1.5	提请减刑1年3个月	同意提请	提请减刑1年2个月	
2	邹某	1971.12	贵州	运输毒品（14年）	1999.8.1—2010.11.30	2000.7.4	2006.7 减刑1年8个月	2007年度监狱改积	35	339.0	2.5	提请减刑1年5个月	同意提请	提请减刑1年4个月	
3	徐某	1975.3	浙江	盗窃（死缓）	2001.3.26—2017.2.25	1996.11.21	2006.12 减刑1年8个月	2006年度监狱表扬 2008年度监狱改积	30	350.8		提请减刑1年6个月	同意提请	同意提请	
4	茹某	1972.2	浙江	绑架、抢劫（20年）	2000.7.5—2017.10.04	2001.8.1	2007.4 减刑1年8个月	2007年度监狱表扬	26	313.8		提请减刑1年4个月	同意提请	提请减刑11个月	
5	覃某	1982.6	广西	盗窃（12年）	2003.8.20—2014.1.19	2004.3.9	2007.10 减刑1年7个月	2007年度监狱改积 2008年度监狱表扬	20	240.3		提请减刑1年	同意提请	同意提请	
6	林某	1966.11	福建	抢劫（无期）	2002.6.21—2020.5.20	2000.2.1	2005.10 减刑1年7个月	2005、2006年度监狱记功 2008年度监狱表扬	44	460.8		提请减刑1年11个月	同意提请	同意提请	

续前表

序号	姓名	出生年月	籍贯	罪名与原判	刑期起止时间	入监时间	刑事奖惩	行政奖惩	考核期（月）	考核分数	累计扣分	分监区评议	监区审核	狱政审查	评审委评审
7	朱某	1976.5	浙江	盗窃（死缓）	2001.3.26—2015.3.25	1996.12.13	2006.12减刑2年1个月	2006年度监狱改积 2008年度监狱表扬	30	461.1	0.5	提请减刑1年6个月	同意提请	同意提请	
8	柯某	1970.12	贵州	盗窃破坏电力设备（死缓）	2001.12.24—2017.9.23	1997.7.23	2007.7减刑1年8个月	2007年度监狱表扬 2008年度监狱表扬	23	265.0		提请减刑1年1个月	不提请		
9	杨某	1969.10	浙江	盗窃、抢劫（死缓）	2001.3.26—2017.8.25	1996.11.12	2007.1减刑2年1个月	2007年度监狱表扬 2008年度监狱表扬	29	315.0		提请减刑1年4个月	不提请		
10	李某	1978.10	浙江	故意杀人（无期）	2003.12.30—2021.10.29	2001.8.8	2006.12减刑1年8个月	2008年度监狱表扬		240.0		不提请	不提请		
11	邹某	1971.12	贵州	运输毒品（14年）	1999.8.1—2010.11.30	2000.7.4	2006.7减刑1年8个月	2007年度监狱改积	35	339.0	2.5	提请减刑1年5个月	同意提请	提请减刑1年4个月	
12	徐某	1975.03	浙江	盗窃（死缓）	2001.3.26—2017.2.25	1996.11.21	2006.12减刑1年8个月	2006年度监狱表扬 2008年度监狱改积	30	350.8		提请减刑1年6个月	同意提请	同意提请	

视野拓展

一、1992 年《中国改造罪犯的状况》白皮书有关减刑假释内容

第二部分依法保障罪犯的权利中："罪犯在服刑期间表现好的有获得依法减刑、假释的权利。"

第三部分对罪犯的劳动改造中，举具体事例："河北省第一监狱罪犯毛某在劳动改造中创造了三项重要发明，并获得了国家的专利，受到了社会的好评，同时得到依法减刑的奖励。"同其他内容说明许多罪犯由于在劳动改造过程中表现突出，依法获得减刑、假释。

第五部分对罪犯的感化中，举具体事例："1990 年 4 月 26 日 18 时，6.9 级强烈地震将青海省第十三劳改支队的建筑物瞬间震为废墟。因监房建筑较坚固，罪犯中无人死亡或重伤。在余震不断，没有照明的情况下，罪犯没有一人逃跑，而是积极投入到紧张的抢险救灾中，共救出职工及家属 118 人。事后，115 名罪犯受到依法减刑、假释的宽大处理，169 名罪犯受到记功、表扬。"说明真诚感化罪犯在特殊情况下的抢险救灾表现，得到政府的认可及减刑奖励。

第六部分对罪犯的依法文明管理中，明确表示"对符合条件的，及时报请人民法院依法减刑或假释，以充分调动罪犯的改造积极性，在监内树立积极改造的风尚"。说明监狱减刑假释政策运用在我国监狱具体工作中的积极意义。

第七部分对罪犯的刑罚执行中，对我国当时减刑假释制度及具体情况进行概括。

为了有效地调动罪犯的改造积极性，中国法律规定了减刑和假释制度，即罪犯在服刑改造期间，凡经过考核，接受改造、确有悔改或有立功表现，均可依法获得减刑或假释。80 年代初以来，中国劳改机关对罪犯的考核、奖惩普遍实行了计分的办法，即对罪犯的日常改造表现用分数来反映，根据规定的基础分，对积极改造的给予奖分，对有违规违纪行为的给予扣分，并按月公布每名罪犯的奖、扣分情况，罪犯有权对所得分数提出质疑和申辩。劳改机关定期或不定期按照罪犯的综合改造表现，择优依法提请人民法院予以减刑或假释。罪犯本人根据考核办法和公布的得分情况，也可以知道自己获得减刑或假释的机会。为了保证奖罚的公正、合理，还对罪犯的减刑和假释程序作了严格规定。这种考核、奖罚办法大大调动了罪犯接受改造的主动性。据统计，1990 年全国在押罪犯中获得减刑、假释的罪犯占在押犯总数的 16.83％，1991 年为 18.35％。

二、国外减刑假释

（一）减刑

1．美国的减刑制度

美国减刑主要实行“善行折减制”（Good-time credit system），所谓善行折减制是指对有善行（即良好表现）的犯人用缩减刑期的方式予以奖励。这种制度最早可以追溯到1817年，当年美国纽约州通过了“善时法”（Good time law），规定监狱可以对表现良好，服刑5年以上的罪犯实行减刑，并规定减去的刑期总数不得超过原判刑期的四分之一。美国《监狱与犯人》法第309章“表现良好而减去刑期”第4161条规定：“每一名犯有反对合众国罪行的，在一定的时期内而不是终身被监禁在监狱或感化院里的犯人，他们的行为表现证明他们能够老老实实遵守监规，而并未受到处罚，就有资格从其判决开始生效之日起，接受以下规定的减刑：刑期在六个月以上一年以下的，每月减去五天；刑期在一年以上三年以下的，每月减去六天；刑期在三年以上五年以下的，每月减去七天；刑期在五年以上十年以下的，每月减去八天；刑期在十年以上或十年的，每月减去十天。当犯人要对二个或二个以上的连续徒刑服刑时，减刑时间的计算将以其几次刑期的总和为基础。”①

2．英国的减刑制度

英国的减刑制度称之为“良好表现的减刑”。英国《1952年监狱法条例》第532条规定：“被判处监禁的已决犯，不论是执行一次判决还是与前合并执行，刑期在一个月以下的，可由于特别勤劳和良好行为，取得不超过整个刑期六分之一的减刑。”②

3．希腊的减刑制度

希腊实行“劳动减刑”（Goodtime allowance）。在希腊1952年法令（The 1952 Act）中规定：被判处六个月以上监禁的囚犯，可以通过在监狱农场从事户外劳动来减少刑期。一个监狱农场劳动日可折抵两天刑期，如果囚犯在其服刑的监狱从事劳动，则劳动一日可折抵刑期一日半。若在保安性监狱从事轻体力劳动，则劳动一日可折抵刑期1.75天。如果囚犯的行为不端，或者他没有以适当方式从事劳动，那么折抵的刑期就会被宣布无效。据统计仅在1983年希腊释放出监的犯人中就有11%是通过劳动而获得了减刑。③

4．其他国家的减刑规定

除了上述所列以外还有许多国家有着形形色色的减刑制度，只是有的规

①②③ www.sx.jcy.gov.cn/qwfb

定比较简单，如巴基斯坦和缅甸两国实行的刑期减免制度分为普通减免和特殊减免；有的使用率不高，比如意大利有“奖励性提前出狱”的规定：如果被处监禁刑者，确已接受教育，为了鼓励他的这种表现，使其更有效地重返社会，可以每服 6 个月刑罚减刑 45 天，对无期徒刑执行 26 年后可适用此类奖励性提前出狱制度。①

（二）假释

国外把假释当作行刑制度现代化的一项重要措施加以推广，反映在刑事立法上是不断扩大假释的范围，颁布单行的假释规则，在刑事司法上大量地适用假释。假释制度创立之初，还只是作为一种恩典或者特殊的奖赏适用于极少数囚犯，而现在几乎所有的囚犯都有可能获得假释。刑事政策还强调，司法当局和公众应当积极帮助囚犯创造获准假释的条件。20 世纪 60 年代美国州监狱的犯人有 60％获假释，到 70 年代达 70％。在日本，现在假释出狱者也超过刑满出狱者。瑞典 1943 年的法律规定罪犯服刑三分之二的可以假释，服刑六分之五的应当假释，实际使每一个被处自由刑的囚犯都能以假释的方式出狱。一些广泛适用假释的西方国家，自由刑的执行方式因此发生了重大变化。对于多数囚犯来说，自由刑的执行实际分成了两个阶段，前一阶段在监狱中执行，后一阶段在社会上以假释的方式执行。这种刑罚执行方式日益朝制度化、原则化方向发展。②

国外广泛适用假释的第一个原因来源于刑罚哲学的变化。传统的刑罚哲学强调报复和惩罚，在这种刑罚哲学影响下，形成了立法和司法中罪与刑之间的僵化关系。一种新的刑罚哲学强调教育、改造罪犯和预防犯罪，抛弃了报应刑思想，为实践中摆脱这种僵化的罪刑关系的束缚、采用包括假释在内的比较灵活的刑罚制度铺平了道路。第二个原因是单纯依靠监狱改造罪犯的效果并不理想，累犯率一直很高。罪犯在刚刚出狱的一段时间里难以适应社会的自由生活，尤其容易重新犯罪。这一事实促成了这样的设想：应当有计划地使犯人实现由监狱生活到社会自由生活的平稳过渡，以减少重新犯罪的现象。假释制度作为贯彻这一设想的措施便得到了推广应用。另外，假释比监禁犯人节省费用，也是它得以广泛适用的重要原因。③

【课后思考】

1．如何理解减刑的含义？如何理解假释的含义？

---

① www.sx.jcy.gov.cn/qwfb

②③ 阮齐林：《外国假释制度的几个问题》，www.criminallawbnu.cn/。

2.《监狱法》第三十一条规定了什么内容？

3. 减刑和假释启动后的操作程序。

4. 监狱人民警察在减刑和假释操作过程中应当注意哪些问题？

5. 在减刑和假释过程中应如何保障罪犯的合法权利？

【推荐阅读】

1. 张明楷主编：《外国刑法纲要》，清华大学出版社 1999 年版。

2. 金鉴主编：《监狱学总论》，法律出版社 1997 年版。

3. 应朝雄主编：《监狱分监区工作实务》，中国政法大学出版社 2006 年版。

4. 司法部监狱管理局编：《监狱工作手册》第四辑，法律出版社 2003 年版。

5. 司法部监狱管理局编：《监狱工作手册》第五辑，内部资料。

6. 武延平主编：《中外监狱法比较研究》，中国政法大学出版社 1999 年版。

7. 韩玉胜主编：《刑事执行制度研究》，中国人民大学出版社 2007 年版。

8. 浙江省监狱管理局编：《浙江省监狱机关执法指南》（试行），减刑和假释部分，内部资料，2010 年编。

附录一

最高人民法院关于办理减刑、假释案件具体应用法律若干问题的规定

法释［1997］6号

1997年10月29日公布，自1997年11月8日起施行

为正确适用刑法、刑事诉讼法，依法办理减刑、假释案件，根据刑法、刑事诉讼法和有关法律的规定，结合减刑、假释工作的实践经验，制定本规定。

第一条　根据刑法第七十八条第一款的规定，被判处管制、拘役、有期徒刑、无期徒刑的犯罪分子，在执行期间，如果认真遵守监规，接受教育改造，确有悔改表现的，或者有立功表现的，可以减刑；有重大立功表现的，应当减刑。

（一）“确有悔改表现”是指同时具备以下四个方面情形：认罪服法；认真遵守监规，接受教育改造；积极参加政治、文化、技术学习；积极参加劳动，完成生产任务。对罪犯在刑罚执行期间提出申诉的，要依法保护其申诉权利。对罪犯申诉应当具体情况具体分析，不应当一概认为是不认罪服法。

（二）“立功表现”是指具有下列情形之一的：

1. 检举、揭发监内外犯罪活动，或者提供重要的破案线索，经查证属实的；

2. 阻止他人犯罪活动的；

3. 在生产、科研中进行技术革新，成绩突出的；

4. 在抢险救灾或者排除重大事故中表现积极的；

5. 有其他有利于国家和社会的突出事迹的。

（三）“重大立功表现”是指具有刑法第七十八条规定的应当减刑的六种表现之一的情形。

第二条　对有期徒刑罪犯在刑罚执行期间，符合减刑条件的减刑幅度为：如果确有悔改表现的，或者有立功表现的，一般一次减刑不超过一年有期徒刑；如果确有悔改表现并有立功表现，或者有重大立功表现的，一般一次减

刑不超过两年有期徒刑。被判处十年以上有期徒刑的罪犯，如果悔改表现突出的，或者有立功表现的，一次减刑不得超过两年有期徒刑；如果悔改表现突出并有立功表现，或者有重大立功表现的，一次减刑不得超过三年有期徒刑。

第三条 有期徒刑罪犯的减刑起始时间和间隔时间为：被判处五年以上有期徒刑的罪犯，一般在执行一年半以上方可减刑；两次减刑之间一般应当间隔一年以上。被判处十年以上有期徒刑的罪犯，一次减二年至三年有期徒刑之后，再减刑时，其间隔时间一般不得少于二年。被判处不满五年有期徒刑的罪犯，可以比照上述规定，适当缩短起始和间隔时间。

确有重大立功表现的，可以不受上述减刑起始和间隔时间的限制。

第四条 在有期徒刑罪犯减刑时，对附加剥夺政治权利的刑期可以酌减。酌减后剥夺政治权利的期限，最短不得少于一年。

第五条 对判处拘役或者三年以下有期徒刑、宣告缓刑的犯罪分子，一般不适用减刑。如果在缓刑考验期间有重大立功表现的，可以参照刑法第七十八条的规定，予以减刑，同时相应的缩减其缓刑考验期限。减刑后实际执行的刑期不能少于原判刑期的二分之一，相应缩减的缓刑考验期限不能低于减刑后实际执行的刑期。判处拘役的缓刑考验期限不能少于两个月，判处有期徒刑的缓刑考验期限不能少于一年。

第六条 无期徒刑罪犯在执行期间，如果确有悔改表现的，或者有立功表现的，服刑二年以后，可以减刑。减刑幅度为：对确有悔改表现的，或者有立功表现的，一般可以减为十八年以上二十年以下有期徒刑；对有重大立功表现的，可以减为十三年以上十八年以下有期徒刑。

第七条 无期徒刑罪犯在刑罚执行期间又犯罪，被判处有期徒刑以下刑罚的，自新罪判决确定之日起一般在两年之内不予减刑；对新罪判处无期徒刑的，减刑的起始时间要适当延长。

第八条 被判处无期徒刑的罪犯减刑后，实际执行的刑期不能少于十年，其起始时间应当自无期徒刑判决确定之日起计算。

第九条 根据刑法第五十条的规定，死刑缓期执行罪犯在死刑缓期执行期间，如果没有故意犯罪，二年期满以后，减为无期徒刑；如果确有重大立功表现，二年期满以后，减为十五年以上二十年以下有期徒刑。

对死刑缓期执行罪犯经过一次或几次减刑后，其实际执行的刑期，不得少于十二年（不含死刑缓期执行的二年）。

第十条 刑法第八十一条第一款规定的“不致再危害社会”，是指罪犯在刑罚执行期间一贯表现好，确已具备本规定第一条第（一）项所列情形，不致违法、重新犯罪的，或者是老年、身体有残疾（不含自伤致残），并丧失作案能力的。

第十一条　刑法第八十一条第一款规定的“特殊情况”，是指有国家政治、国防、外交等方面特殊需要的情况。

第十二条　根据刑法第八十一条第二款的规定，对累犯以及因杀人、爆炸、抢劫、强奸、绑架等暴力性犯罪中的一罪被判处十年以上有期徒刑、无期徒刑的犯罪分子，不得假释。

第十三条　对犯罪时未成年的罪犯的减刑、假释，在掌握标准上可以比照成年罪犯依法适度放宽。未成年罪犯能认罪服法，遵守监规，积极参加学习、劳动的，即可视为确有悔改表现予以减刑，其减刑的幅度可以适当放宽，间隔的时间可以相应缩短。符合刑法第八十一条第一款规定的，可以假释。

第十四条　对老年和身体有残疾（不含自伤致残）罪犯的减刑、假释，应当主要注重悔罪的实际表现。对除刑法第八十一条第二款规定的情形之外，有悔罪表现，丧失作案能力或者生活不能自理，且假释后生活确有着落的老残犯，可以依法予以假释。

第十五条　对死刑缓期执行罪犯减为无期徒刑或者有期徒刑后，符合刑法第八十一条第一款和本规定第九条第二款规定的，可以假释。

第十六条　被假释的罪犯，除有特殊情形，一般不得减刑，其假释考验期也不能缩短。

第十七条　罪犯减刑后又假释的间隔时间，一般为一年；对一次减二年或者三年有期徒刑后，又适用假释的，其间隔时间不得少于二年。

第十八条　对判处有期徒刑的罪犯减刑、假释，执行原判刑期二分之一以上的起始时间，应当从判决执行之日起计算，判决执行以前先行羁押的，羁押一日折抵刑期一日。

附录二

监狱提请减刑假释工作程序规定

中华人民共和国司法部令

第 77 号

《监狱提请减刑假释工作程序规定》已经 2003 年 1 月 7 日司法部部长办公会议通过，现予发布，自 2003 年 5 月 1 日起施行。

部　长　张福森

二〇〇三年四月二日

第一章　总则

第一条　为规范监狱提请减刑、假释工作程序，根据《中华人民共和国刑法》、《中华人民共和国刑事诉讼法》、《中华人民共和国监狱法》的有关规定，结合刑罚执行工作实际，制定本规定。

第二条　监狱提请减刑、假释，应当根据法律规定的条件和程序进行，遵循公开、公平、公正的原则，实行集体评议、首长负责的工作制度。

第三条　被判处有期徒刑的罪犯的减刑、假释，由监狱提出建议，提请罪犯服刑地的中级人民法院裁定。

第四条　被判处死刑缓期二年执行的罪犯的减刑，被判处无期徒刑的罪犯的减刑、假释，由监狱提出建议，经省、自治区、直辖市监狱管理局审核同意后，提请罪犯服刑地的高级人民法院裁定。

第五条　监狱成立提请减刑假释评审委员会，由主管副监狱长及刑罚执行、狱政管理、教育改造、生活卫生、狱内侦查、监察等有关部门负责人组成，主管副监狱长任主任。监狱提请减刑假释评审委员会不得少于 7 人。

第六条　监狱提请减刑、假释，应当由分监区集体评议，监区长办公会审核，监狱提请减刑假释评审委员会评审，监狱长办公会决定。

省、自治区、直辖市监狱管理局审核减刑、假释建议，应当由主管副局长召集刑罚执行等有关部门审核，报局长审定，必要时可以召开局长办公会决定。

第二章 监狱提请减刑、假释的程序

第七条 提请减刑、假释，应当由分监区召开全体警察会议，根据法律规定的条件，结合罪犯服刑表现，集体评议，提出建议，报经监区长办公会审核同意后，报送监狱刑罚执行（狱政管理）部门审查。

直属分监区或者未设分监区的监区，由全体警察集体评议，提出减刑、假释建议，报送监狱刑罚执行（狱政管理）部门审查。

分监区、直属分监区或者未设分监区的监区的集体评议以及监区长办公会议审核情况，应当有书面记录，并由与会人员签名。

第八条 监区或者直属分监区提请减刑、假释，应当报送下列材料：

（一）《罪犯减刑（假释）审核表》；

（二）监区长办公会或者直属分监区、监区集体评议的记录；

（三）终审法院的判决书、裁定书、历次减刑裁定书的复印件；

（四）罪犯计分考核明细表、奖惩审批表、罪犯评审鉴定表和其他有关证明材料。

第九条 监狱刑罚执行（狱政管理）部门收到对罪犯拟提请减刑、假释的材料后，应当就下列事项进行审查：

（一）需提交的材料是否齐全、完备、规范；

（二）认定罪犯是否确有悔改或者立功、重大立功表现；

（三）拟提请减刑、假释的建议是否适当；

（四）罪犯是否符合法定减刑、假释的条件。

刑罚执行（狱政管理）部门完成审查后，应当出具审查意见，连同监区或者直属分监区报送的材料一并提交监狱提请减刑假释评审委员会评审。

第十条 监狱提请减刑假释评审委员会应当召开会议，对刑罚执行（狱政管理）部门审查提交的减刑、假释建议进行评审。会议应当有书面记录，并由与会人员签名。

第十一条 监狱提请减刑假释评审委员会经评审后，应当将拟提请减刑、假释的罪犯名单以及减刑、假释意见在监狱内公示。公示期限为7个工作日。公示期内，如有警察或者罪犯对公示内容提出异议，监狱提请减刑假释评审委员会应当进行复核，并告知复核结果。

第十二条 监狱提请减刑假释评审委员会完成评审和公示程序后，应当将拟提请减刑、假释的建议和评审报告，报请监狱长办公会审议决定。

第十三条 经监狱长办公会决定提请减刑、假释的，由监狱长在《罪犯减刑（假释）审核表》上签署意见，加盖监狱公章，并由监狱刑罚执行（狱政管理）部门根据法律规定制作《提请减刑建议书》或者《提请假释建议书》，连同有关材料一并提请人民法院裁定。

对本规定第四条所列罪犯决定提请减刑、假释的，监狱应当将《罪犯减刑（假释）审核表》连同有关材料报送省、自治区、直辖市监狱管理局审核。

第十四条 监狱提请人民法院裁定减刑、假释，应当提交下列材料：

（一）《提请减刑建议书》或者《提请假释建议书》；

（二）终审法院判决书、裁定书、历次减刑裁定书的复印件；

（三）罪犯确有悔改或者立功、重大立功表现的具体事实的书面证据材料；

（四）罪犯评审鉴定表、奖惩审批表。

对本规定第四条所列罪犯提请减刑、假释的，应当同时提交省、自治区、直辖市监狱管理局签署意见的《罪犯减刑（假释）审核表》。

第十五条 监狱在向人民法院提请减刑、假释的同时，应当将提请减刑、假释的建议，书面通报派出人民检察院或者派驻检察室。

第三章 监狱管理局审核减刑、假释建议的程序

第十六条 省、自治区、直辖市监狱管理局收到监狱报送的提请减刑、假释建议的材料后，应当由主管副局长召集刑罚执行（狱政管理）等有关部门进行审核。审核中发现监狱报送的材料不齐全或者有疑义的，应当通知监狱补交有关材料或者作出说明。

第十七条 监狱管理局主管副局长主持完成审核后，应当将审核意见报请局长审定；对重大案件或者有其他特殊情况的罪犯的减刑、假释问题，可以建议召开局长办公会审议决定。

监狱管理局审核同意对罪犯提请减刑、假释的，由局长在《罪犯减刑（假释）审批表》上签署意见，加盖监狱管理局公章。

第四章 附 则

第十八条 对违反法律规定和本规定提请减刑、假释的，视情节给予责任人相应的行政处分；构成犯罪的，依法追究刑事责任。

第十九条 司法部直属监狱提请减刑、假释的程序，按照本规定办理；对本规定第四条所列罪犯提请减刑、假释的，报送司法部监狱管理局审核。

第二十条 本规定由司法部解释。

第二十一条 本规定自 2003 年 5 月 1 日起施行。

附录三

浙江省监狱机关执法工作指南（试行）

（减刑和假释部分）

第十一章　减刑与假释

第九十六条　对被判处有期徒刑罪犯的减刑、假释，由监狱提出建议，提请监狱所在地的中级人民法院裁定；对危害国家安全罪犯在向人民法院提出减刑、假释建议前，应当征求原侦查机关的意见。

第九十七条　监狱应当成立提请减刑假释评审委员会，成员由主管副监狱长及刑罚执行、狱政管理、教育改造、生活卫生、狱内侦查、劳动改造、监察、法制等部门负责人组成，主管副监狱长任主任。

第九十八条　分监区对罪犯提请减刑、假释，应当按照以下要求和程序进行：

（一）分监区负责人主持召开全体民警会议。由主管民警根据罪犯在考核期内的表现和累犯、老病残犯、犯罪时是否未成年等特定情况，对照法律规定的条件，提出提请减刑或假释的意见，供与会人员集体评议。

（二）与会人员对是否同意提请表明自己的意见；2/3 以上与会人员同意的，决定提请；超过 1/3 的与会人员提出异议的，决定不予提请，并及时将集体评议决定告知罪犯。专人负责做好评议会记录，并由全体与会人员签字。

（三）对分监区集体评议决定提请减刑和假释的罪犯，在狱务公开栏内公示 3 日。

（四）公示后无异议的，由主管民警对决定提请的罪犯人选逐一填写《罪犯减刑（假释）审核表》（一式两份），由参加集体评议会的全体民警在审核表上签字。审核表与罪犯的个人案卷一并报送监区长办公会审核。

（五）公示期内如有民警或者罪犯对公示名单提出异议的，由分监区负责调查，并将调查结果告知异议人。

第九十九条　监区对罪犯提请减刑、假释，应当按照以下要求和程序进行：

（一）监区主要负责人主持监区长办公会，由列席会议的分监区负责人汇报分监区集体评议情况。

（二）监区长办公会对分监区决定提请减刑或假释的罪犯逐一进行审核。监区的管教民警做好审核意见的记录，由参加会议的全体人员签字。

（三）对监区长办公会决定同意提请减刑或假释的罪犯，在狱务公开栏内公示3日。监区长办公会对分监区的提请意见作出变动决定的，由分监区负责人将变动决定告知罪犯本人。公示后无异议的，参加监区长办公会的人员在《罪犯减刑（假释）审核表》上签字。

（四）公示期内如有民警或者罪犯对公示名单提出异议，由监区负责调查，并将调查结果告知异议人。

第一百条 监区同意提请减刑或假释的，应当向监狱的刑罚执行部门报送以下材料：

（一）《罪犯减刑（假释）审核表》；

（二）监区长办公会或者直属分监区、监区集体评议的记录；

（三）终审法院的判决书、裁定书、历次减刑裁定书的副本或复印件；

（四）罪犯计分考核明细表、奖惩审批表、罪犯评审鉴定表和其他有关证明材料。

第一百零一条 监狱刑罚执行部门收到监区对罪犯拟提请减刑、假释材料后，应当审查以下事项：

（一）罪犯是否符合法定的减刑、假释条件；

（二）提请减刑、假释的建议是否适当；

（三）罪犯是否确有悔改或者立功、重大立功表现；

（四）报送的材料是否齐全、规范。

刑罚执行部门发现监区报送的材料不齐全或有错误的，应当立即通知有关监区补充或更正。经审查认为不符合减刑或假释条件的材料，应当提交监狱减刑假释评审委员会审议、决定。

刑罚执行部门完成审查、汇总意见后，应当提出由部门负责人签名确认的书面审查意见，并在监狱提请减刑假释评审委员会召开会议的7日前，将汇总的审查意见送评审委员会和驻监检察机关。

第一百零二条 监狱法制部门应当在监狱提请减刑假释评审委员会评审前，对拟提请减刑、假释案件的材料分别按照30%和100%的要求进行审核。

第一百零三条 监狱提请减刑假释评审委员会会议的召开由评审委员会主任决定并主持。开会时，评审委员会的所有人员都应当参加会议，并邀请驻监检察机关派员列席。

评审委员会应当由专人记录评审情况和评审决定，注明缺席会议人员的缺席原因。与会的评审委员会成员应当在评审记录上签字。

第一百零四条 评审委员会评审前，由刑罚执行部门汇报审查情况并提出审查意见，法制部门汇报审核情况。

刑罚执行部门的审查意见应当包括通过提请、变更减刑幅度、撤销提请的建议及理由。

第一百零五条　评审委员会成员应当对提请减刑或假释的案件集体进行逐一评审，对不符合减刑、假释条件的，由评审委员会集体决定撤销提请，退回监区；对符合减刑、假释条件的，由评审委员会集体决定提交监狱长办公会审议，并由与会人员在《罪犯减刑（假释）审核表》上签字。

经评审委员会评审通过的拟提请减刑、假释的罪犯名单应当在狱务公开栏内公示7个工作日。公示期内如有民警或者罪犯对公示名单提出异议，评审委员会应当进行复核，并将复核结果告知异议人。

第一百零六条　公示期满后，刑罚执行部门应当将拟提请减刑、假释的建议和评审报告以及驻监检察机关的监督意见，一并报请监狱长办公会审议。

刑罚执行部门应当将审查意见建成专档保存。

第一百零七条　监狱长办公会的召开由监狱长决定并主持，监狱行政领导参加，刑罚执行、监察、法制等部门负责人列席。参加监狱长办公会议的人员应当在听取提请减刑假释评审委员会的评审报告后提出审议意见。监狱长办公会的审议情况由专人负责记录，参加会议的人员应当在记录上签字。

第一百零八条　监狱长办公会审议后决定提请减刑、假释的，由监狱长在《罪犯减刑（假释）审核表》上签署意见，加盖监狱公章；罪犯所在监狱制作《提请减刑建议书》或《提请假释建议书》，由刑罚执行部门校阅打印后加盖单位公章。

第一百零九条　对原判死刑缓期二年执行的罪犯在缓期执行期间没有故意犯罪应当减为无期徒刑的，监狱可以按照分监区、监区、刑罚执行部门、评审委员会、监狱长逐级审签的特别程序办理，但是罪犯有重大立功表现，建议减为有期徒刑的，应当按照一般程序办理。

第一百一十条　对原判有期徒刑（包括减为有期徒刑）的罪犯提请减刑、假释的，刑罚执行部门应当向监狱所在地中级人民法院提交下列材料：

（一）《提请减刑建议书》或者《提请假释建议书》；

（二）罪犯的副档，包括终审法院判决书、裁定书、历次减刑裁定书副本或者复印件等；

（三）罪犯确有悔改或者立功、重大立功表现的具体事实的书面证据材料；

（四）《罪犯减刑（假释）审核表》、《罪犯评审鉴定表》、奖惩审判表。

监狱应当将《提请减刑（假释）建议书》抄送驻监检察机关。

第一百一十一条 对原判死刑缓期二年执行和无期徒刑（包括减为无期徒刑）的罪犯提请减刑，或者对无期徒刑罪犯提请假释以及对原判有期徒刑的黑社会性质组织犯罪、邪教组织犯罪的等重要案犯的提请减刑、假释，监狱应当将前条规定提交的材料报送省监狱管理局审核。

第一百一十二条 省监狱管理局收到监狱报送的提请减刑、假释的材料后，应当按照以下要求和程序办理：

（一）刑罚执行部门对材料进行初审，发现监狱报送的材料不齐全或者对材料有异议的，通知监狱补交有关材料或作出说明。经审查认为不符合减刑或假释条件的材料，提交省局审核会决定。

（二）法制部门对监狱提请减刑、假释的材料分别按照30%和100%的要求进行审核。

（三）主管副局长召集刑罚执行、狱政管理、教育改造、劳动改造、生活卫生、监察、法制等有关部门进行审核。审核时，刑罚执行部门对建议撤销提请减刑、假释和变更减刑幅度的案件作重点说明；法制部门对审核情况作汇报。

（四）在审核中集体形成审核决定，对不符合减刑假释条件的案件退回监狱，对拟提请减刑、假释的案件报请局长审定。对重大案件或者有其他特殊情况的案件，可以建议召开局行政领导办公会审议决定。与会人员在《罪犯减刑（假释）审批表》和审核记录上签字。

（五）对同意提请减刑、假释的案件，由局长在《罪犯减刑（假释）审批表》上签署意见，加盖省监狱管理局公章；减刑、假释材料由刑罚执行部门送省高级人民法院裁定。

（六）对原判有期徒刑的黑社会性质组织犯罪、邪教组织犯罪的罪犯同意提请减刑、假释的案件，经局长签署意见后，由监狱送所在地中级人民法院裁定。

（七）对监狱提请原判死刑缓期二年执行的罪犯在死刑缓期执行期间没有故意犯罪应当减为无期徒刑的案件，可以按照刑罚执行部门与相关职能部门会签、主管副局长审签的特别程序办理。

第一百一十三条 人民法院将减刑、假释的裁定书送达罪犯后，监狱应当在狱务公开栏内公布，并将裁定书存入罪犯档案。

第二节 撤回、撤销

第一百一十四条 被提请减刑、假释的罪犯又犯罪或有严重违反监规纪律的行为，或者被查明有余罪的，按照以下原则办理：

（一）在报送人民法院前发生或发现的，监狱应当立即中止提请减刑或假释的程序；

（二）在报送人民法院后人民法院的裁定生效前发生或发现的，由罪犯所在分监区写出书面专题报告，经监区、刑罚执行部门审核，主管副监狱长审批后，向受理的人民法院书面提请撤回原减刑、假释建议；

（三）在人民法院的裁定生效后发现的，由罪犯所在分监区写出专题报告，经监区、刑罚执行部门审核，主管副监狱长审批后，向驻监检察机关书面提请撤销法院裁定。

第一百一十五条　人民法院同意撤回或者撤销的，监狱应当对事件的经过和结果作记录，并在有关监区公布，有关文书存入罪犯档案。

任务六　罪犯又犯罪处理实务

基本要求：通过本任务的学习，使学生（员）了解罪犯又犯罪（含死缓犯又犯罪）的含义与条件、特点、罪犯又犯罪处理原则、处理罪犯又犯罪的依据及程序。通过典型案例引导学生（员）掌握处理罪犯又犯罪的业务。通过实际训练，使学生（员）掌握处理罪犯又犯罪的要求及程序。

基本知识

一、罪犯又犯罪

（一）罪犯又犯罪的概念

又犯罪亦称狱内又犯罪，指罪犯在狱内服刑期间重新实施的触犯我国刑法已经构成犯罪的行为。如破坏监管秩序罪、逃脱罪、故意杀人罪、故意伤害罪、妨碍公务罪、传授犯罪方法罪等。

狱内罪犯又犯罪除了必须具备犯罪构成的一般要件外，还须具备以下条件：(1) 主体必须是正在监狱中服刑的罪犯；(2) 犯罪行为实施的时间必须是在刑罚执行期间。罪犯刑满或者赦免后实施的犯罪，以及人民法院在判决宣布以前罪犯的未经判决的罪，都不属于又犯罪。

司法实践中，又犯罪分两种情况，一是监狱内在押服刑犯在监狱场所内的犯罪行为；二是罪犯脱逃期间或在监外执行刑罚期间的犯罪行为。又犯罪具有以下特点：

1. 犯罪主体的特定性。即实施犯罪行为的主体均为正在被迫接受刑罚处罚的罪犯。也即，只有已被判处刑罚处罚的罪犯所实施的犯罪行为，才能称为又犯罪行为。

2. 犯罪客体的特定性。即由于罪犯的又犯罪活动大多是在被剥夺自由的特定时间、特定空间进行的，因而犯罪所侵害的对象受上述时空条件的限制，受害对象多数为执行管教任务的监狱管理人员或者其他罪犯，或者监内设施等。

3．犯罪时间的特定性。即犯罪的时间均是在犯罪人服刑期间内进行的。

（二）又犯罪的处理原则

我国《监狱法》第59条规定："罪犯在服刑期间故意犯罪的，依法从重处罚。"这是我国处理狱内又犯罪案件所坚持的法律原则。罪犯在监狱服刑期间不但不认罪悔改，反而重新实施犯罪活动，公然抗拒改造，说明具有很大的人身危险性和主观恶性，应当受到法律的严厉制裁。只有依法从重处理狱内又犯罪，才能有力地打击犯罪者的嚣张气焰，维护正常的监管改造秩序，保证刑罚正确有效的执行。

（三）又犯罪的处理程序

根据罪犯又犯罪的场所不同，其处理的程序也不尽相同。

罪犯在服刑期间，在监狱内犯罪的案件，由监狱进行侦查。侦查终结后，写出起诉意见书，连同案卷材料、证据一并移送人民检察院，人民检察院依据《刑事诉讼法》规定的案件管辖范围，分别向当地基层人民法院或者中级人民法院提起公诉。

罪犯在监管改造场所服刑期间逃脱又犯罪的，如果犯罪是在捕回监管改造场所之后发现的，应当按照前述案件的管辖范围和程序处理；如果罪犯所犯的新罪是在犯罪地发现的，即由犯罪地的公安机关、人民检察院、人民法院按照《刑事诉讼法》规定的管辖范围和程序处理。判决后，原则上仍送回到原所在监狱执行。

监外执行的罪犯重新犯罪的，如果所犯的新罪不够判刑而又需要收监的，由执行的公安机关直接送到原所在监狱收押。如所犯新罪需要起诉判刑的，由当地公安机关侦查，人民检察院、人民法院依照管辖规定办理。

被假释的罪犯在假释考验期内又犯罪的，按我国《刑法》的规定处理，不必另办逮捕手续。罪犯在监狱服刑期间又犯罪，在案件侦查过程中，如果原判刑期已经执行完毕、如果所犯新罪的主要犯罪事实已经查清，可判处有期徒刑以上刑罚，有逮捕必要的，所在监狱可以提请担负该监狱检察任务的人民检察院审查决定，依法逮捕。逮捕后的关押场所，应当从监狱移送到当地看守所作为未决犯另行羁押。待案件侦查结束后，监狱应将案件移送到人民检察院审查决定是否起诉。

二、死缓犯又故意犯罪

（一）死缓的含义及条件

根据《刑法》第48条的规定："……对于应当判处死刑的犯罪分子，如果不是必须立即执行的，可以判处死刑同时宣告缓期二年执行。……”这就是死刑缓期二年执行制度，简称为死缓。死缓不是独立的刑种，而是死刑适用制度。

依据以上的规定，法院在宣告死缓时必须具备两个条件：一是“应当判处死刑”，即根据刑法的规定与罪行的严重程度，应当判处死刑。这是宣告死刑的前提条件。二是“不是应当立即执行的”，即根据案件的具体情况，可以不立即执行死刑。一般而言的情形包括：犯罪后自首、立功或者有其他法定从轻处罚情节的；在共同犯罪中罪行不是最严重的，或者其他在同一或同类案件中罪行不是最严重的；被害人的过错导致被告人激愤犯罪或者有其他表明容易改造的情节的；有令人怜悯的情节的；虽然极其严重罪行的证据充分、确凿但具有其他应当留有余地情况的。

（二）死缓的意义

作为我国独特的死刑执行制度，死缓制度历来都被视为我国贯彻“少杀慎杀”政策的重要举措。它严格地控制了被执行死刑的人数，使因犯罪被处死的人数减少到最低程度；有利于集中力量打击最严重的犯罪人，分化犯罪人，是贯彻罪刑相适应原则的刑罚制度；有利于死缓罪犯加强改造，争取成为自食其力有益社会的新人；死缓符合世界限制直至废除适用死刑的趋势，对国家而言具有政治性意义。

（三）死缓的三种处理结局

依据《刑法》第 50 条的规定，对于被判处死缓的犯罪人，有三种处理结局：第一，在死缓执行期间，如果没有故意犯罪，二年期满以后，减为无期徒刑；第二，在死刑缓期执行期间，如果确有重大立功表现，二年期满以后，减为 15 年以上 20 年以下有期徒刑，其中的重大立功表现，应根据刑法第 78 条予以确定；第三，在死刑缓期执行期间，如果故意犯罪，查证属实的，由最高人民法院核准，执行死刑。

（四）死缓犯又故意犯罪的处理

死缓犯在死刑缓期执行期间，如果故意犯罪，应当判处死刑。它包括两个条件：

第一，必须是在死刑缓期二年执行期间。死刑缓期二年执行的期间自判决生效之日起开始计算。

第二，必须是故意犯罪。所谓故意犯罪是指明知自己的行为会造成国家、公共利益或者他人损害的犯罪行为，是和过失犯罪相对应的一类犯罪。因为故意犯罪在主观上恶性更高，所以，死缓再犯只规定了故意犯罪的情形，否定过失犯罪作为该类情形存在。

法律依据

一、罪犯又犯罪

(一)《中华人民共和国刑法》的规定

第七十一条　判决宣告以后，刑罚执行完毕以前，被判刑的犯罪分子又犯罪的，应当对新犯的罪作出判决，把前罪没有执行的刑罚和后罪所判处的刑罚，依照本法第六十九条的规定，决定执行的刑罚。

(二)《中华人民共和国刑事诉讼法》的规定

第二百二十一条　罪犯在服刑期间又犯罪的，或者发现了判决的时候所没有发现的罪行，由执行机关移送人民检察院处理。

第二百二十五条　对罪犯在监狱内犯罪的案件由监狱进行侦查。

第二百二十五条　……监狱办理刑事案件，适用本法的有关规定。

(三)《中华人民共和国监狱法》的规定

第五十九条　罪犯在服刑期间故意犯罪的，依法从重处罚。

第六十条　对罪犯在监狱内犯罪的案件，由监狱进行侦查。侦查终结后，写出起诉意见书或免予起诉意见书，连同案卷材料、证据一并移送人民检察院。①

二、死缓犯又故意犯罪

(一)《中华人民共和国刑法》的规定

第五十条　判处死刑缓期执行的……如果故意犯罪，查证属实的，由最高人民法院核准，执行死刑。

(二)《中华人民共和国刑事诉讼法》的规定

第二百一十条　被判处死刑缓期二年执行的罪犯，在死刑缓期执行期间，……如果故意犯罪，查证属实，应当执行死刑，由高级人民法院报请最高人民法院核准。

(三)《中华人民共和国监狱法》的规定

第五十九条　罪犯在服刑期间故意犯罪的，依法从重处罚。

第六十条　对罪犯在监狱内犯罪的案件，由监狱进行侦查。侦查终结后，写出起诉意见书或者免予起诉意见书，连同案卷材料、证据一并移送人民检

① 依 1996 年《刑事诉讼法》的规定，“免予起诉意见书”已修改为“不起诉意见书”。

察院。[1]

执法程序

执法程序参见图 7。

一、狱内案件立案与侦查

依据《刑事诉讼法》第 225 条的规定，罪犯在监狱内犯罪的案件由监狱进行侦查。具体而言，由监狱的狱内侦查部门负责。监狱在决定立案侦查时应同时具备三个条件：一是案件必须是监狱机关管辖范围之内的狱内案件；二是立案侦查的犯罪嫌疑人是又犯罪的狱内罪犯；三是确有重新犯罪事实存在，这是狱内立案的基础条件。

立案是监狱狱侦部门办理狱内刑事案件的第一道工序，也是全部侦查活动的起点和开端，必须依法进行，而立案使刑事诉讼一开始就具有了合法性。它表明狱内案件已正式纳入了刑事诉讼轨道，并为侦查、起诉、审判提供了合法依据。因为，所有的侦查活动都是在立案后进行的。只有立案后，才能展开侦查。立案又是惩罚狱内犯罪的起点，只有及时立案，才能迅速查明案情，收集证据，才能保证狱内侦查和起诉、审判的顺利进行，从而使重新犯罪的罪犯受到应有的惩处。

二、狱内案件结（销）案

监狱机关侦查人员对所审理的案件，经过侦查，查清了全案，取得了能够证实犯罪嫌疑人有罪或者无罪以及犯罪情节轻重的各种证据，没有发现遗漏罪行和其他应当追究刑事责任的人，法律手续完备，可以结案时，填写狱内案件结（销）案表，报请监狱主管领导批准后即结束侦查工作。

主管领导通常的处理意见有：

有罪而且应当追究刑事责任的，指示应当制作起诉意见书，移请驻监检察机关依法审查起诉。

经审查，如果否定犯罪嫌疑人的犯罪事实，则建议撤销案件。经审查，如果犯罪嫌疑人的行为虽然不构成犯罪，但其行为属于违法、违规，则可建议给予行政处分，或者依法作其他处理。

---

① 依 1996 年《刑事诉讼法》的规定，“免予起诉意见书”已修改为“不起诉意见书”。

发案后报告
民警报告监区负责人
保护现场
监区报告狱内侦查部门
重特大案件逐级向监狱指挥长和省局指挥长报告
续报进展
按第70条第四项规定书面报告
逐级向主管副局长至省厅负责人报告
发案
狱侦部门赶赴现场
勘察后填报立案表
监区审查
狱侦部门审核
一般案件
主管副监狱长审批
特大及全国影响案件
主管副监狱长审核
省局主管职能部门审核
主管副局长审批
侦查
一般案件
组成办案小组
开展侦查工作
调查、搜查
讯问、询问、鉴定
侦查终结
填写结（销）案表
审批后结案
按照第87、88、89、33条的规定处理
重特大以上案件
组成办案小组
省局狱侦部门指导、参与侦查
侦查终结
按立案程序办理结案
构成犯罪的案件
刑罚执行部门制作起诉意见书
移送驻监检察机关
检察机关不起诉的
监狱认为有错误的
要求检察机关复议、复核
办案人员提出处理意见
按照第87、88、89、33条规定处理
检察机关要求补充侦查的
一个月内补充证据材料
再次移送驻监检察机关

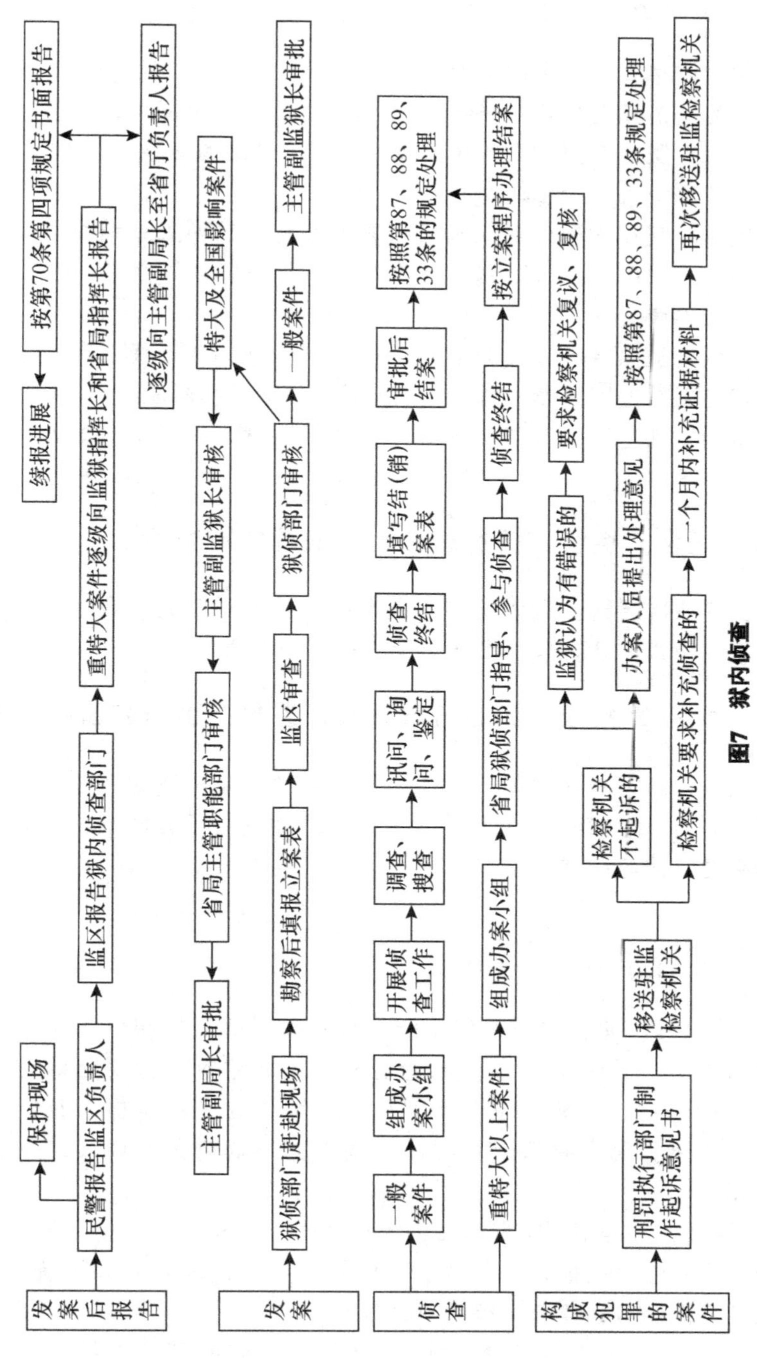

图7　狱内侦查

三、狱内案件起诉或者不予起诉

根据《中华人民共和国刑事诉讼法》第221条第1款、第225条和《中华人民共和国监狱法》第60条的规定，对罪犯在监狱犯罪的案件由监狱进行侦查，罪犯在服刑期间又犯罪的，或者发现了判决的时候所没有发现的罪行，由执行机关移送人民检察院处理。

监狱对罪犯在服刑改造期间又犯罪的案件，经侦查终结后，认为犯罪事实清楚，证据确凿、充分，就应制作起诉意见书，连同案卷材料、证据一并移送人民检察院处理。

监狱认为按照《刑事诉讼法》第15条的相关规定，不予起诉的，写出不予起诉意见书，连同案卷材料、证据一并移送人民检察院。

对狱内案件起诉或者不予起诉，标志着监狱人民警察对狱内案件侦查审理的基本结束。

四、配合人民检察院提起公诉和法院的审判活动

人民检察院提起公诉和法院审判期间，监狱对罪犯又犯罪、死缓犯故意犯罪的案件予以配合，包括保证安全的羁押等活动。

五、如死缓犯故意犯罪查证属实，监狱配合法院执行死刑

死刑立即执行的权力属于人民法院，监狱应当采取必要措施配合法院执行死刑。同时，监狱应当通过死刑执行的活动进行教育活动，以告诫其他的服刑罪犯遵守法律法规和监规纪律。

注意问题

1. 立案时，证据和线索只要能够反映罪犯又犯罪事实即可。证据不一定非完备不可，线索不一定确定无疑或很充分才行。只要能够反映案件侦查活动的初步的、部分的重要情况即可。因为充分的证据，只能在立案后去发现、搜集。而只有迅速立案，才能为充分揭露犯罪和及时追查犯罪分子创造条件。

2. 根据案件的不同情况和法律条款的规定，狱内案件结（销）案时，还要对扣押物品进行处理，对其他有功的罪犯给予行政或刑事奖励。同时总结狱内侦查工作经验、教训，指导今后的工作。

3. 死缓犯又犯罪和有期徒刑犯、无期徒刑犯的又犯罪方面既有相同点，

也有不同点。相同点在于二者都是属于又犯罪情形，将按照《刑法》第71条的规定执行数罪并罚。但是，二者的差异在于，死缓犯的又故意犯罪，直接导致其执行死刑。而有期徒刑和无期徒刑犯的又犯罪，除非新罪被判处死刑，否则仍将在监狱服刑。

4. 死缓犯又故意犯罪被判处死刑，依照《刑事诉讼法》第三篇第四章的规定，必须由最高人民法院核准。

5. 死缓犯过失犯罪不属于以上规定的情形。因此，如果死缓犯在死缓执行期间过失犯罪，不能执行死刑。如果没有其他故意犯罪的，仍应当在死缓期满之后改为无期徒刑。如果有重大立功表现，可以改为15年以上20年以下有期徒刑。

人权保障

在进行狱内侦查及对又犯罪进行处理、死缓犯又故意犯罪处理的过程中，要注重对犯罪嫌疑人或者被告人以下权利的保障：

一、获得法律帮助的权利

可以聘请律师为其提供法律咨询，代理申诉、控告。

二、委托辩护人的权利

公诉案件自案件移送审查起诉之日起，犯罪嫌疑人有权委托辩护人。人民检察院应当在收到移送审查起诉的案件材料之日起三日内，告知犯罪嫌疑人有权委托辩护人。

三、申请回避的权利

对工作人员或者他的近亲属和本案有利害关系的，工作人员接受当事人及其委托人请客送礼的，犯罪嫌疑人有权要求其回避。

四、使用本民族语言文字进行诉讼的权利

五、对与本案无关问题的讯问，有拒绝回答的权利

六、申请补充鉴定或者重新鉴定的权利

对用作证据的鉴定结论，犯罪嫌疑人可以申请补充鉴定或重新鉴定。

七、对人民检察院作出的不起诉决定申诉的权利

犯罪嫌疑人对人民检察院作出的不起诉决定，可向人民检察院申诉。

八、核对笔录的权利

讯问笔录应当交犯罪嫌疑人核对，如果记载有遗漏或者差错，犯罪嫌疑人可以提出补充或者纠正。

九、对侵权提出控告的权利

对于检察人员侵犯公民诉讼权利和人身侮辱的行为，有提出控告的权利。

十、获得赔偿的权利

犯罪嫌疑人的人身权利、财产权利因工作人员违法行使职权受到侵犯的，有取得赔偿的权利。

十一、执行死刑时的权利

死缓犯如被认定为故意犯罪执行死刑，死刑犯执行时应当保障死刑犯的合法权利，包括人格尊严不受侵犯权、遗产处理权、与家属会见权、器官不得非法利用权、尸体合法处置权、执行的死刑方式要简单化，尽量减少死刑犯的痛苦；执行死刑要公开，但不要示众；生活保障权；等等。[①]

典型案例

案例 1　杀警越狱案[②]

2009 年 7 月左右，内蒙古自治区第二监狱内。住在同一监舍的董××便和乔×预谋越狱，董××还有意将亲戚探监时带来的衣服藏起来。因为进入监狱的衣服，都被打印上“囚犯”两个字，董××想用汽油将字偷偷洗掉。

一开始，他们盯上了在监狱施工工地上的油罐车，打算偷偷搭乘油罐车逃走，结果还没等到机会，油罐车就开走了。

接着，两人又商量绑架狱警脱逃，偷偷打磨了两把三棱刀。为了能成功越狱，两人拉上了犯人高×和李×。为了增加高×和李×的信心，董××编了一条短信，内容大致是“外面有人接应，等出去以后有汽车和飞机接应”。

---

① 参见汪勇：《论死刑犯权利》，载《犯罪与改造研究》2000 年第 8 期。

② 案例来源自：http://laws.sinoth.com/Doc/article/2009/11/5/server/1000049724.htm，2009 年 11 月 10 日访问。

2009年10月17日上午，董××等人把事先准备好的衣服塞到一个上工用的手推车内，然后领了两把上工用的裁纸刀，这时4人人手一把刀。

当时董××负责管理库房，利用这个便利，4人选择在库房下手。

他们先将负责清点犯人的囚犯高博等捆绑住塞到库房的一间屋内，又将一名狱警控制后捆绑起来，脱下其警服。为了再弄套警服，4人又将警察兰×骗到库房想抢其警服，兰×不从，囚犯乔×、李×和高×便持刀捅兰×，董××在外面望风。

兰×被捅倒后，4人本想把兰×的警服脱下来，但因为全是血就放弃了。他们抢走兰×身上装的3 800元采暖费和警官证后，将3人全部关到库房内。

随后，4人从手推车内拿出事先准备好的衣服，跑到厕所，董××穿上警服，其他3人穿上便服。

换好衣服后，4人快速跑向监狱大门。这时一民警正好出门，4人便一路尾随出了前三道门，到第四道"鹰眼"门时，4人拥挤着准备尾随出去，被一名田姓工作人员拦住，让走在前面的董××出示批条。

"这是我的警官证。"董××用手挡着兰×警官证上的照片。在工作人员要求董××把手挪开时，几人意识到行径暴露，后面的高×拿出裁纸刀捅了工作人员一刀。"暴狱了!"工作人员大声喊叫，4人早已跑到了门外，上了一辆出租车逃离，后被当场击毙或执行死刑。

案例2　狱内故意伤害案

2009年3月31日，广东省某监狱服刑罪犯刘×在狱内死亡。接到监狱通知后，某市某区检察院随即派员对刘×尸体进行检查，并将情况呈报某市及广东省检察院，并于4月1日对刘×非正常死亡事件立案查处。广东省检察院及某市检察院多次派员对该案的调查工作进行指导，某区检察院组成专案组对该案展开深入调查。

检察机关查明，刘×1995年因犯盗窃罪、销售赃物罪被广东省高级人民法院判处死刑，缓期两年执行，同年10月30日投入某监狱服刑。刘×于2009年3月10日因在狱内参与私藏、倒卖手机被监狱隔离审查。今年3月17日，某监狱对其作出集训70天的决定。

据广东省检察院介绍，3月28日下午，刘×在进行体能训练时，擅自离开队列冲向干警值班岗位，随即被罗×、文×等值班服刑人员按倒在地。由于刘×不断挣扎，罗×、文×在按倒刘×的过程中对其进行了脚踢等粗暴行为。3月29日，由于身体原因和对体能训练有抵触情绪，刘×不愿做规定的训练动作，罗×、文×又多次对其进行殴打，还强迫刘×做动作强度大的上下蹲训练。

3月31日11时集训结束后，刘×出现脸色发白、呼吸异常的症状，于当天12时18分被送到监狱医院抢救，经抢救无效于13时25分死亡。

受检察机关委托，中山大学法医鉴定中心对刘×进行尸体解剖检验，鉴定结论是：刘×符合钝性外力作用造成软组织广泛损伤，导致挤压综合症致急性肾功能衰竭而亡。

经检察机关调查查明，罪犯罗×、文×3月29日对刘×的殴打是导致刘×死亡的主要原因。对罗×、文×涉嫌故意伤害一案，某市检察院已向某市中级法院提起公诉。检察机关在调查过程中还发现某监狱警察李×在该案中涉嫌玩忽职守犯罪，遂对其立案查处，目前李×已被逮捕，案件正在进一步侦查中。

案例3　因爱脱逃案

一名服刑犯因为在改造期间表现突出，被法院裁定减刑七个月。眼看着刑满释放的日子正一步步走来，然而，服刑犯吴×为追求心上人，不惜脱逃而再次触犯法律电网。吴×于2002年8月7日被法院以脱逃罪加刑一年。

2000年8月，吴×因犯诈骗罪被某市张湾区人民法院判处有期徒刑四年。因为有修车的特长，同年8月18日，吴被送往该市某看守所服刑。2001年，吴通过征婚形式与广西桂林的韦×建立了恋爱关系。2001年12月12日，鉴于吴×在改造期间的良好表现，某市中级人民法院特裁定为他减刑七个月。如此，到2003年1月22日，他即可刑满释放。

2002年3月初，吴×家中发生了火灾。他向看守所管教干部请假回家料理。管教干部鉴于吴×的良好表现，给他批准了7天长假。他在料理完家事后，立即给韦×打了电话，约好在襄樊见面。两人一见钟情，在短暂的时间里，两人便订下了终身大事。此后两人联系十分密切。

5月20日，吴×拨通了韦×家的电话，两人聊着聊着，韦×突然说马上要和一个香港人去香港做生意。吴×为了劝阻她，想到了脱逃！

2002年5月29日上午8时许，吴×骗值班干警说："昨晚我胃疼了一夜，想到外面药店买点药，马上就回来。"值班干警看着他难受的样子，加上吴×平时表现很好，便对他说："你快去快回！"

吴×迈出看守所的大门，便立刻登上了前往襄樊的汽车。后又逃往广水。当日傍晚，看守所的管教干部在点名时，发现吴×从早上请假离开后一直没有回来报到。警方迅速行动，6月2日上午，刚刚逃往广水市的吴×被公安干警抓获。

资料来源：中国法院网

案例4　死缓犯燃油伤害他人执行死刑案

新疆××监狱罪犯刘×因犯抢劫罪于1999年2月2日被依法判处死刑，缓期二年执行，剥夺政治权利终身。在服刑期间，刘×不认真进行劳动改造，不能完成规定的劳动任务，却认为是任小组长的同监犯张×故意刁难，遂心怀不满，伺机报复。2002年6月5日上午11时左右，刘×利用劳动之机，从库房内拿出一公斤左右的汽油，泼洒在被害人张×的身上，并用打火机点燃汽油，张×被烧至重伤。新疆维吾尔族自治区高级人民法院依法判处刘×死刑，剥夺政治权利终身，经复核后，依法对罪犯刘×立即执行死刑。

资料来源：中国法院网

案例5　死缓犯故意伤害罪执行死刑案

新疆××监狱罪犯周××因犯故意杀人罪于2000年11月7日被判处死刑，缓期二年执行，剥夺政治权利终身。在死缓考验期内，周××不思悔改，屡犯监规，并对负责管理他的同监犯王××产生不满，于2002年8月15日10时许，持砖块朝王××头部猛击一下，致其轻伤。新疆高级人民法院依法判处周××死刑，剥夺政治权利终身，经复核后，依法对罪犯周××立即执行死刑。

资料来源：中国法院网

案例6　死缓犯脱逃执行死刑案

2002年8月26日，河北省沧州市中级人民法院在河北省第六监狱，对一名在死缓考验期内脱逃的罪犯进行了公开宣判。沧州市中级人民法院对罪犯赵××在死缓考验期内犯脱逃罪，判处有期徒刑2年，并依照法律规定，报请河北省高级人民法院对赵××复核执行死刑。① 河北省高级人民法院的法官宣读了省高级人民法院核准对罪犯赵××执行死刑的裁定和执行死刑的命令。随后，对罪犯赵××执行死刑。

资料来源：北大法意

① 需要注意的是，由于最高人民法院收回死刑复核权是自2006年1月1日开始，因此，本案发生的时间系在此之前，仍由高级人民法院复核。

技能训练

一、训练目的

通过以下文书范例，了解罪犯又犯罪、死缓犯再犯的处理程序。了解罪犯又犯罪、死缓犯再犯司法程序中监狱应当采取的配合措施。

二、训练内容

根据以上典型案例和狱内案件立案表、狱内案件结案表、起诉意见书参考，学会制作狱内案件立案表、狱内案件结案表、起诉意见书。

（一）制作《狱内案件立案表》

狱内案件立案表，是指监狱对狱内发生的案件，经初步侦查，认定犯罪确已发生，需要追究刑事责任，呈报上级组织批准立案的表格或执法文书。狱内案件立案表的填写方法及要求：此表共有 10 档，外加表头和表尾共 12 项。（一）单位；（二）案件编号；（三）案件类别；（四）发案时间；（五）案件性质；（六）发表地点；（七）发案经过及危害；（八）立案根据；（九）现场勘查情况记述；（十）侦查计划及措施；（十一）主管科室意见；（十二）监狱意见；（十三）表尾基本情况。此档案一般由负责此案的监狱内侦查人员填写，写明填表人和日期。

示例参见表 6-1。

表 6-1　狱内案件立案表①

单位：××省××监狱狱侦科　　　　案件编号：（2010）8 号

案件类别	普通案件	案发时间	2010 年 3 月 3 日
案件性质	故意伤害	案发地点	监舍一楼盥洗间
发案经过和危害情况	廖×因需要洗漱，要求同监犯马×让出水龙头而为其使用，马×认为自己使用在先，遂不从；廖×强行要求马×让出，遭拒绝后，便对马×拳打脚踢。此时，服刑人员陈×、李×见状，为讨好时任监督岗的廖×，便加入进来对马×实施殴打，致马×左侧第九后肋骨折。经法医鉴定，马×损伤程度为轻伤。		
立案根据	罪犯廖×、陈×、李×不思悔改，无视监规纪律，打伤他犯，触犯《中华人民共和国刑法》第 234 条之规定，涉嫌故意伤害罪。 为进一步查清该罪犯的犯罪事实，追究其刑事责任，根据《中华人民共和国监狱法》第 60 条规定，建议立案侦查。		

① 案例参考了“荆州江北区检察院：立案监督狱内刑事案件”，具体案情编者根据教学需要作了变动。http://www.spp.gov.cn/site2006/2010-11-03/0001129834.html，2010 年 6 月访问。

续前表

现场勘察情况记述	经勘查，发现：整个盥洗间一片狼藉，鞋子一只。 现场拍有9张照片。
侦查计划及措施	1. 案发后，经请示将廖×、陈×、李×关押禁闭； 2. 成立以××（狱侦科长）为组长，××（狱侦干事）、××（管教干事）为成员的侦破小组，负责本案侦破工作； 3. 从监狱医院提取医疗诊断书，以便确定伤害程度； 4. 询问现场目击罪犯。从中了解案情详细经过； 5. 询问受害人，提取主要证据，以便查清犯罪起因； 6. 在掌握充分证据的基础上，提审罪犯廖×、陈×、李×获取案犯口供； 本案力争在5日内查清。
主管科室意见	同意立案侦查，力争迅速破案。 ×××（鉴章） 2010年3月4日
监狱意见	同意立案侦查，争取尽快破案。 ×××（签章） 2010年3月4日

填表人：王××　　　　填表日期：2010年3月4日

（二）制作《狱内案件结（销）案表》

狱内案件结（销）案表用来表明侦查终结后得出的结论，是制作起诉意见书或者作出其他处理决定的基础性执法文书。该表要体现出侦查情况的清晰性，如采取了什么侦查方案、使用了哪些侦破手段、整个案件的侦破经过等；要事实清楚、证据确凿、充分；明确地表明结论和处理意见。

示例参见表6-2。

表6-2　狱内案件结案表

单位：××监狱狱侦科

立案时间	2009年4月1日	案件类别	普通案件	破案时间	2009年4月6日
案件编号	（2009）05号	案件性质	故意伤害		
犯罪嫌疑人姓名	性别	年龄	民族	原判罪名	原判刑期
罗×	男	32	汉族	盗窃罪	10年
文×	男	33	汉族	故意伤害罪	8年
侦查简况	罪犯刘×（男，1975年12月5日出生，1995年因犯盗窃罪、销售赃物罪被××省高级人民法院判处死刑，缓期两年执行，同年10月30日投入××监狱服刑）于今年3月10日因在狱内参与私藏、倒卖手机被监狱隔离审查，3月17日，监狱对其作出集训70天的决定。送集训后，刘×常以身体弱为由，消极对抗训练。3月28日下午，刘×在进行体能训练时，擅自离开队列冲向干警值班岗位，随即被罗×、文×等值班服刑人员				

续前表

	按倒在地。由于刘×不断挣扎，罗×、文×在按倒刘×的过程中对其进行了用脚踢等粗暴行为。3月29日，由于身体原因和对体能训练有抵触情绪，刘×不愿做规定的训练动作，引起罪犯罗×、文×的不满，遂对其进行多次殴打，还强迫刘×做动作强度大的上下蹲训练。 3月31日上午11时集训结束后，刘×出现脸色发白、呼吸异常的症状，于当天中午12时18分被送到监狱医院抢救，经抢救无效于13时25分死亡。受检察机关委托，中山大学法医鉴定中心对刘×的尸体进行解剖检验，鉴定结论是：刘×符合钝性外力作用造成软组织广泛损伤，导致挤压综合征致急性肾功能衰竭而亡。经检察机关调查查明，罪犯罗×、文×在3月29日对刘×的殴打是导致刘×死亡的主要原因。
结案根据和主要证据	犯罪嫌疑人罗×、文×故意伤害刘×的犯罪事实已全部查清。 两名犯罪嫌疑人均供认不讳，并记录在卷，另有罪犯李×、崔×的证人证言。 中山大学法医鉴定中心的鉴定结论：刘×符合钝性外力作用造成软组织广泛损伤，导致挤压综合征致急性肾功能衰竭而亡。 犯罪嫌疑人罗×、文×故意伤害刘×的犯罪事实已全部查清，证据确凿、充分，可以结案。
处理意见	犯罪嫌疑人罗×、文×认罪态度较好，其行为均触犯了《中华人民共和国刑法》第234条之规定，涉嫌故意伤害罪，根据《中华人民共和国刑事诉讼法》第221条第1款的规定，建议依法移送人民检察院追究其刑事责任。 在处理时，建议酌情考虑以上情节。 对检举人李×、崔×二犯的立功表现，建议依法给予奖励。 王××（签字） 2009年4月10日
主管科室意见	罪犯罗×、文×故意伤害一案，经立案侦查，犯罪事实清楚，证据确凿充分，可以结案。应连同证据材料一并移送市人民检察院提起公诉。 犯罪李×、崔×有立功表现，拟制作减刑材料，依法提请××市中级人民法院予以减刑。 李××（签字） 2009年4月10日
监狱意见	同意狱侦科意见。可以结案。 张××（签章） 2009年4月12日

填表人：王××　　　　填表时间：2009年4月12日

（三）监狱起诉意见书

监狱起诉意见书，是监狱对狱内又犯罪的罪犯依法向人民检察院提出起诉意见而制作的执法文书。

监狱起诉意见书的制作方法：（一）首部。（二）正文。（三）尾部。1. 主送机关；2. 注明日期；3. 附：（1）写明罪犯档案共×卷×册；（2）涉嫌又犯罪的案卷材料共××卷××册。

监狱起诉意见书①

（2002）监起字第17号

罪犯徐×，男，1980年4月5日出生，汉族，原户籍所在地四川省绵阳市××镇××村××组，因盗窃罪经××市中级人民法院于1997年9月5日以（1997）×法刑字第76号刑事判决判处有期徒刑8年，于1997年11月4日交付执行，现押××监狱。

罪犯张××，男，1981年3月28日出生，汉族，原户籍所在地四川省中江县××镇××村××组，因强奸罪经××市中级人民法院于1998年1月19日以（1998）×法刑字第22号刑事判决判处有期徒刑7年，于1998年3月8日交付执行，现押××监狱。

罪犯杨××，男，1973年6月6日出生，汉族，原户籍所在地江苏省丹阳县××镇××村××组，因盗窃罪经××省××市人民法院于2000年5月6日以（2000）×法刑字第28号刑事判决判处有期徒刑4年，现押××监狱。

现经侦查，罪犯徐×、张××、杨××在服刑期间，涉嫌脱逃罪、强奸罪、故意杀人罪盗窃罪，主要事实如下：

一、共同犯罪

罪犯徐×、张××、杨××系我狱一监区十分监区罪犯。2001年10月中旬以来，以徐犯为首，纠集张、杨二犯抗拒改造，策划脱逃，曾7次进行密谋，2002年2月14日晚9时半许，三犯趁监区放电影之机，翻越监区操场后面的围墙脱逃。

2002年2月16日凌晨3时许，三犯撬门潜入××市××乡××茶场女单身宿舍时，发现宿舍中有三名女工，徐犯上前关灭电灯，用尖刀对着女工，张、杨二犯用恶语恐吓，欲进行强奸，由于三名女工奋起反抗，大声呼救，强奸未遂，但女工蔡××在与徐犯搏斗中，双手被徐犯持刀刺伤，右手无名指、左手小指骨折致残。

2002年2月21日凌晨1时，三犯窜××县×茶厂女工李×住处，翻墙入室，徐犯持刀对着女工颈部，逼其交出钱财，并指使张犯找来绳子将该女工

① 本意见书选自田伟明、韩宏西：《监狱执法文书》，金城出版社2003年版，第212－214页。

双手反绑，指使杨犯在室内翻找，劫得宝石花手表一只，现金12元，随后徐、张、杨三犯又轮流将李×强奸。作案后，三犯唯恐罪行暴露，遂起杀人恶念，徐犯指使杨犯用被子捂住李×头部，张犯用铁锤猛击其头部，直至李×死亡才逃离现场。

二、单独犯罪

徐、张、杨三犯于2月22日各自分手后，徐犯先后流窜××市，××县，××县、××市共扒窃作案9次，窃得现金685元，债券及烟酒等物价值2 300余元。3月4日8时许，徐犯被我监追捕干警在××市轮船码头抓获后，9时许带具再次逃跑，被抓获。

张犯先后流窜××县、××市盗窃作案3次，窃得现金4 350元，自行车1辆，衣物12件，共价值750元。3月20日被××市公安机关抓获后押回我监。

杨犯先后流窜××县、××市、××市等地，共作案14次，窃得衣物、债券价值4 670元。3月24日被公安机关抓获后，押回我监。

综上所述，罪犯徐×、张××、杨××，组织脱逃集团，流窜进行杀人、强奸（轮奸）、抢劫、盗窃等一系列犯罪活动，对监管秩序、社会治安秩序及人民的生命财产危害特别严重，性质、情节、手段恶劣，已构成重新犯罪。三犯的犯罪事实清楚，并有受害人蔡××、李×的血衣、照片、现场勘查笔录，受害人和见证人蔡××、×××、×××、×××等人的证言，以及罪犯作案的凶器为证，三名罪犯亦供认不讳，并记录在卷。

为此，根据《中华人民共和国监狱法》第六十条、《中华人民共和国刑法》第二百三十二条、第二百三十六条第三款第四项、第五项，第三百一十六条第一款，第二百六十条和《中华人民共和国刑事诉讼法》第二百二十一条第一款之规定，特提请你院审查处理。

此致

××市人民检察院

（公章）

二〇〇二年四月十五日

附：1. 罪犯徐×、张××、杨××服刑档案共3卷7册。

2. 罪犯徐×、张××、杨××涉嫌又犯新罪的案卷材料共4卷11册。

【课后思考】

1. 什么是罪犯又犯罪？

2. 处理罪犯又犯罪的原则？

3. 简述处理罪犯又犯罪的程序。

4. 我国死缓犯在何种情况下应当执行死刑？

5. 监狱在对死缓犯又故意犯罪方面应当如何处置？

6. 死缓犯又故意犯罪应保障其何种权利？

7. 案例分析题：李××因犯故意杀人罪被判处死刑，缓期二年执行。在死刑缓期执行期间，李××在监狱加工车间劳动时由于不服管理，违反规章制度，造成重大伤亡事故。请问，应对李××如何处理？

【推荐阅读】

1. 田伟明、韩宏西主编：《监狱执法文书》，金城出版社 2003 年版。

2. 沈德咏、李云龙著：《死刑制度比较研究》，中国人民公安大学出版社 1992 年版。

3. 沈德咏、李云龙著：《死刑论：各国死刑制度比较研究》，亚太出版社 1995 年版。

4. 沈德咏、李云龙著：《死刑专论》，中国政法大学出版社 1997 年版。

5. 胡云腾著：《存与废——死刑基本理论研究》，中国检察出版社 2000 年版。

6. 李文燕主编：《死刑案件证据调查与运用》，中国人民公安大学出版社 2002 年版。

7. 钊作俊著：《死刑适用论》，人民法院出版社 2003 年版。

8. 陈兴良主编：《中国死刑检讨》，中国检察出版社 2003 年版。

9. 胡常龙著：《死刑案件程序问题研究》，中国人民公安大学出版社 2003 年版。

10. 张正新著：《中国死缓制度的理论与实践》，武汉大学出版社 2004 年版。

11. 浙江省监狱管理局编：《浙江省监狱机关执法指南》（试行），狱内侦查部分，内部资料，2010 年编。

附录一

狱内刑事案件立案标准

中华人民共和国司法部令

第 64 号

《狱内刑事案件立案标准》已经 2001 年 3 月 2 日司法部部长办公会议通过，现予发布，自发布之日起施行。

部　长　张福森

二〇〇一年三月九日

狱内刑事案件立案标准

第一条　为了及时打击狱内在押罪犯的又犯罪活动，确保监狱的安全稳定，根据中华人民共和国《刑法》、《刑事诉讼法》、《监狱法》的有关规定，针对狱内又犯罪活动的特点，制定本标准。

第二条　监狱发现罪犯有下列犯罪情形的，应当立案侦查：

（一）煽动分裂国家、破坏国家统一的（煽动分裂国家案）。

（二）以造谣、诽谤或其他方式煽动颠覆国家政权、推翻社会主义制度的（煽动颠覆国家政权案）。

（三）故意放火破坏监狱监管设施、生产设施、生活设施，危害监狱安全的（放火案）。

（四）爆炸破坏监狱监管设施、生产设施、生活设施，危害监狱安全的（爆炸案）。

（五）投毒破坏生活设施，危害监狱安全的（投毒案）。

（六）非法制作、储存或藏匿枪支的（非法制造、储存枪支案）。

（七）以各种手段窃取枪支、弹药、爆炸物的（盗窃枪支、弹药、爆炸物案）。

（八）抢夺枪支、弹药、爆炸物的（抢夺枪支、弹药、爆炸物案）。

（九）故意非法剥夺他人生命的（故意杀人案）。

（十）过失致人死亡的（过失致人死亡案）。

（十一）故意伤害他人身体的（故意伤害案）。

（十二）过失伤害他人致人重伤的（过失致人重伤案）。

（十三）以暴力、胁迫或者其他手段强奸妇女的（强奸案）。

（十四）奸淫不满 14 周岁幼女的（奸淫幼女案）。

（十五）以暴力、胁迫或者其他方法强制猥亵妇女或者侮辱妇女的（强制猥亵、侮辱妇女案）。

（十六）煽动民族分裂、民族歧视，情节严重的（煽动民族仇恨、民族歧视案）。

（十七）盗窃公私财物，数额在 500 元至 2 000 元以上的；盗窃数额不足 500 元至 2 000 元，但一年内盗窃三次以上的（盗窃案）。

（十八）诈骗公私财物，数额在 500 元至 2 000 元以上的（诈骗案）。

（十九）抢夺公私财物，数额在 500 元至 2 000 元以上的（抢夺案）。

（二十）敲诈勒索他人财物，数额在 500 元至 2 000 元以上的（敲诈勒索案）。

（二十一）由于泄愤报复或者其他个人目的，毁坏机器设备、残害耕畜或者以其他方法破坏生产经营的（破坏生产经营案）。

（二十二）聚众斗殴，情节严重的。聚众斗殴，致人重伤、死亡的，依照故意伤害罪、故意杀人罪论处（聚众斗殴案）。

（二十三）有下列破坏监管秩序行为之一，情节严重的：①殴打监管人员的；②组织其他被监管人员破坏监管秩序的；③聚众闹事，扰乱正常监管秩序的；④殴打、体罚或者指使他人殴打、体罚其他被监管人的（破坏监管秩序案）。

（二十四）狱内在押罪犯以各种方式逃离监狱警戒区域的（脱逃案）。

（二十五）罪犯使用各种暴力手段，聚众逃跑的（暴动越狱案）。

（二十六）罪犯组织、策划、指挥其他罪犯集体逃跑的，或者积极参加集体逃跑的（组织越狱案）。

（二十七）罪犯在服刑期间明知是毒品而非法销售或者以贩卖为目的而非法收买毒品的（贩卖毒品案）。

（二十八）非法持有鸦片 200 克以上、海洛因或者甲基苯丙胺 10 克以上或者其他毒品数量较大的（非法持有毒品案）。

（二十九）为牟取不正当利益，向监狱警察赠送财物，价值人民币 2 000 元以上的（行贿案）。

（三十）以语言、文字、动作或者其他手段，向他人传授实施犯罪的具体经验、技能的（传授犯罪方法案）。

（三十一）其他需要立案侦查的案件。

第三条 情节、后果严重的下列案件，列为重大案件：

（一）组织从事危害国家安全活动的犯罪集团，情节严重的。

（二）放火、决水、爆炸、投毒或以其他危险方法危害监狱安全，造成人员伤亡或者直接经济损失 5 000 元至 30 000 元的。

（三）非法制造、储存枪支、弹药、爆炸物的。

（四）故意杀人致死或致重伤的。

（五）故意伤害他人致死的。

（六）强奸妇女既遂，或者奸淫幼女的。

（七）以挟持人质等暴力手段脱逃，造成人员重伤的。

（八）煽动民族仇恨、民族歧视，情节特别严重的。

（九）盗窃、诈骗、抢夺、敲诈勒索，数额在 5 000 元至 30 000 元的。

（十）十人以上聚众斗殴或者聚众斗殴致三名以上罪犯重伤的。

（十一）破坏监管秩序，情节恶劣、后果严重的。

（十二）罪犯三人以上集体脱逃的。

（十三）尚未减刑的死缓犯、无期徒刑犯脱逃的；剩余执行刑期 15 年以上的罪犯脱逃的；其他被列为重要案犯的罪犯脱逃的。

（十四）暴动越狱的。

（十五）贩卖鸦片 200 克以上不满 1 000 克、海洛因或者甲基苯丙胺 10 克以上不满 50 克或者其他毒品数量较大的。

（十六）非法持有鸦片 1 000 克以上、海洛因或甲基苯丙胺 50 克以上或者其他毒品数量较大的。

（十七）省、自治区、直辖市司法厅（局）认为需要列为重大案件的。

第四条 情节恶劣、后果特别严重的下列案件，列为特别重大案件：

（一）组织从事危害国家安全活动的犯罪集团，或进行其他危害国家安全的犯罪活动，影响恶劣，情节特别严重的。

（二）案件中一次杀死二名以上罪犯，或者重伤四名以上罪犯，或者杀害监狱警察、武装警察、工人及其家属的。

（三）暴动越狱，造成死亡一人以上，或者重伤三人以上的，或者影响恶劣的。

（四）盗窃、抢夺、抢劫枪支弹药的。

（五）放火、爆炸、投毒，致死二人以上或者造成直接经济损失 30 000 元以上的。

（六）盗窃、诈骗、抢夺、敲诈勒索、故意毁坏公私财物，数额在 30 000 元以上的。

（七）强奸妇女，致人重伤、死亡或者其他严重后果的，或者轮奸妇女的。

（八）挟持人质，造成人质死亡的。

（九）贩卖鸦片 1 000 克以上、海洛因或者甲基苯丙胺 50 克以上或者其他毒品数量大的。

（十）司法部认为需要列为特别重大案件的。

第五条　本规定中的公私财物价值数额、直接经济损失数额以及毒品数量，可在规定的数额、数量幅度内，执行本省（自治区、直辖市）高级人民法院确定的标准。

第六条　本标准由司法部解释。

第七条　本标准自发布之日起施行。司法部于 1987 年发布的《司法部关于狱内案件立案标准的规定（试行）》同日废止。

附录二

浙江省监狱机关执法工作指南（试行）

（狱内侦查部分）

第十四章　狱内侦查

第一百三十八条　发生狱内刑事案件时，监狱应当按照以下要求报告：

（一）监区内突发犯罪未遂、既遂案件时，首先发现的民警立即向监区负责人报告，控制犯罪嫌疑人，并保护好案发现场；监区立即向监狱的狱内侦查部门报案。民警发现罪犯有预备犯罪的迹象的，监区接到报告后也应及时报告狱内侦查部门。

（二）狱内侦查部门接到重、特大案件的报告后，按照第一百四十六条第二项第一点规定的要求报告。

（三）发生重、特大刑事案件的，监狱和省监狱管理局还需按照第七十条第四项的规定书面报告。

第一百三十九条　狱内一般案件和重大案件的立案、结案或销案由狱内侦查部门审核、主管副监狱长审批。特大案件或在全国有重大影响的案件的立案、结案由省监狱管理局主管职能部门审核、主管副局长审批。

监狱的立案工作应当按照以下要求和程序进行：

（一）狱内侦查部门接到监区报案后，立即赶赴报案单位或案发现场。

（二）对预备犯罪案件及时进行分析判断、确定侦查目标，防止犯罪行为的实行。对未遂、既遂犯罪案件的案发现场进行勘验、检查，采取痕迹和物证。

（三）对案发现场进行勘查后认为符合立案标准的，案发单位的狱内侦查员及时填写《狱内案件立案表》，经监区审查、狱内侦查部门审核后，报主管副监狱长审批立案。

（四）立案后，监狱立即成立由狱内侦查部门负责人、发案单位负责人及专、兼职侦查人员参加的办案小组，办案小组由主管副监狱长直接领导。

（五）对已经被控制的犯罪嫌疑人采取隔离审查措施。

第一百四十条　监狱的办案小组应当按照以下要求开展侦查工作：

（一）案件取证由专、兼职狱内侦查员 2 人以上进行；

（二）确认案件的当事人，查清案发的时间、地点、行为过程、行为方法或手段，查明案发的起因、当事人的动机与目的、当事人的认识态度等，按以上要素做好取证笔录。

（三）对预备犯罪案件进行外围调查，收集证据，扩大线索，确定侦破方向，锁定犯罪嫌疑人。

（四）对未遂、既遂案件的犯罪嫌疑人进行讯问；对受害人、目击者、知情者进行询问；对犯罪嫌疑人可能藏匿证据的场所进行搜查；对从案发现场的勘验、检查中获取的证据进行梳理。对上述侦查工作做好笔录，由有关人员签字。

（五）为了确定被害人、犯罪嫌疑人的某些特征、伤害程度、精神状态、生理状态，或者对痕迹、物证等需要进行技术鉴定的，可以委托司法鉴定部门进行鉴定。

第一百四十一条　省监狱管理局的狱内侦查部门指导、协调、参与重特大案件侦破工作。

第一百四十二条　案件侦查终结后，办案小组应当根据案件的性质，填写《狱内案件结（销）案表》，经监区审查、狱内侦查部门审核后，报主管副监狱长审批。

第一百四十三条　对构成犯罪的案件，应当按照以下要求和程序办理：

（一）案件侦查终结后由刑罚执行部门负责制作《监狱起诉意见书》，连同案卷、证据一并移送驻监检察机关审查。

（二）驻监检察机关决定不起诉的，须将不起诉决定书送达监狱；监狱认为不起诉决定有错误的，可以向检察机关要求复议、复核；

（三）驻监检察机关要求监狱补充侦查的，狱内侦查部门在一个月内补充证据材料后再次移送驻监检察机关。

第一百四十四条　对不构成犯罪或者检察机关最终决定不起诉的案件，由办案民警提出案件审结处理意见，按照第八十七条、第八十八条、第八十九条和第三十三条的规定处理。

任务七　罪犯漏罪处理实务

基本要求： 通过本任务的学习，使学生（员）掌握罪犯漏罪处理的含义、意义、程序以及监狱人民警察在罪犯漏罪处理实务过程中对罪犯合法权利的保障。通过典型案例的分析，掌握处理漏罪任务的方法。同时通过训练，掌握漏罪处理的要求及程序。

在现实的司法实践中，存在"犯罪黑数"① 是一个显见的事实。其中包括一部分已经被判处刑罚并在监狱服刑的罪犯所犯之罪。漏罪现象的存在，需要监狱采用一定的措施发现之。从监狱执法的角度而言，发现漏罪和处理漏罪亦是执法的任务之一。

基本知识

一、漏罪的概念及特征

漏罪是指罪犯在服刑期间被发现在判决宣告以前所犯的未经判决的罪行。漏罪具有两个特征：

1. 漏罪是罪犯在判决宣告以后，刑罚执行完毕以前发现的；
2. 漏罪是罪犯在判决宣告以前实施的并未经判决的罪行。

二、漏罪处理的意义

漏罪在监狱内发现的总数并不多，但是，查处漏罪，既是对犯罪人的威慑，也是对被害人的交代。在司法实践中，有些漏罪情况非常严重，如江西某监狱发现的成××，尚有杀害13人、实施多起重罪的行为没有追究。因此，监狱一方面要通过调查发现漏罪，同时，积极配合公安机关、检察

① 犯罪黑数通常是指已经发生但由于种种原因并没有纳入警方记载的犯罪数量。

机关查处漏罪，打击犯罪。作为监狱人民警察，在执法过程中要对此有足够的重视。

法律依据

一、《中华人民共和国刑法》的规定

第七十条 判决宣告以后，刑罚执行完毕以前，发现被判刑的犯罪分子在判决宣告以前还有其他罪没有判决的，应当对新发现的罪作出判决，把前后两个判决所判处的刑罚，依照本法第六十九条的规定，决定执行的刑罚。已经执行的刑期，应当计算在新判决决定的刑期以内。

二、《中华人民共和国刑事诉讼法》的规定

第二百二十一条 监狱如果发现罪犯有判决时未被发现而应当追究刑事责任的犯罪行为，应当将有关情况及案卷材料移送有管辖权的人民检察院处理。

执法程序

一、漏罪的发现

1. 来源于犯罪人自首的材料；
2. 来源于他人控告和检举的材料；
3. 来源于公安机关、检察机关侦查过程中的材料。

二、漏罪的侦查

罪犯在监狱、未成年犯管教所被发现犯有漏罪的，应当由监狱或未成年犯管教所移交有管辖权的机关侦查，侦查终结后移送人民检察院决定，向有管辖权的人民法院起诉。

三、漏罪的起诉

起诉由人民检察院负责。如果系由监狱侦查终结的案件，按照管辖原则，由监狱所在地的人民检察院负责提起公诉。

四、漏罪的审判

漏罪的案件都由原审人民法院负责审判。

对罪犯应当追究刑事责任的漏罪，司法机关应当对漏罪做出判决，然后把前后两个判决所判处的刑罚，依照《刑法》第 69 条数罪并罚的规定，决定执行的刑罚。已经执行的刑期，应当计算在新判决决定的刑期内，即采取“先并后减”的方法。

五、按照新刑期继续执行刑罚

除被判死刑立即执行的以外，其他均应当继续执行刑罚。

如案例三中的罪犯胡××，余姚法院判决后执行日期为 2008 年 2 月 5 日至 2019 年 2 月 4 日，西湖区人民法院判决后执行日期为 2008 年 2 月 5 日至 2019 年 8 月 4 日。

注意问题

一、“三假”犯的漏罪问题

在司法实践中，审判机关在没有查证被告人真实姓名和地址的前提下，也以自报姓名和地址进行审理。一些罪犯往往使用化名、假身份、假住址多次作案，造成很大的社会危害。这种假姓名、假身份、假住址的罪犯被称为“三假犯”，监狱在处理有关“三假犯”时，应当保持足够的敏感。

二、漏罪是否超过诉讼时效

按照《刑法》第 87 条的规定，犯罪经过一定的期限不再追诉，因此，在办理有关漏罪的时候，应当考察罪犯所犯漏罪是否超过了诉讼时效。如果超过诉讼时效，按照《刑事诉讼法》第 15 条的规定，不追究刑事责任，已经追究的，应当撤销案件，或者不起诉，或者终止审理，或者宣告无罪。在人民检察院、公安机关、国家安全机关立案侦查或者在人民法院受理案件以后逃避侦查或者审判的，被害人在追诉期限内提出控告，人民法院、人民检察院、公安机关应当立案而不予立案的，不受追诉时效期限的限制。追诉时效的计算是从犯罪之日起计算的，当犯罪行为有连续或者继续状况时，从犯罪行为终了之日起计算。

三、刑期的计算问题

漏罪处理完毕之后，人民法院应当按照刑法的规定进行判决。其刑期的计算根据《刑法》第 70 条的规定处理。如果漏罪被判处死刑立即执行，则按照死刑复核程序经过最高人民法院复核；如果原罪和漏罪的判决均为死缓或者无期徒刑，采取吸收原则，仍执行死缓或者无期徒刑；如果原刑和漏罪的判决均系有期徒刑或者拘役、管制，则按照“先并后减”的原则执行，已经执行的刑期应当减去。

人权保障

司法实践中，发现漏罪的具体情况不同，处理也有所不同。如果漏罪是在监狱发现形迹可疑，进行盘问、教育后，罪犯如实交代自己的主要犯罪事实，可以按坦白对待；如果漏罪是被发现前，罪犯主动交代的，可按自首对待。对于漏罪的罪犯的坦白或自首，司法机关在审理时依照《刑法》第 67 条第 1 款的规定，可以从轻或者减轻处罚。其中，犯罪较轻的，可以免除处罚。

典型案例

案例 1　A 级通缉犯漏罪案

成××，1973 年生，广东连州市人，2005 年 1 月 18 日，成××（化名“周全”）伙同他人抢劫被江西赣州市龙南公安局抓获，以抢劫罪被江西省赣州市龙南县人民法院判处有期徒刑 7 年，刑期至 2012 年 1 月 17 日。之后，他先后被投入江西省××监狱和××监狱服刑。2009 年 6 月 1 日，通过一系列信息采集比对，经历了“肥仔”、“大佬”，又化名“黄龙”、“李辉”、“何莫许”、“李兵”、“周全”的一名男子，其真实身份是成××。成××于 1998 年 5 月因涉嫌故意杀人犯罪，被公安部 A 级通缉令缉拿。2009 年 5 月被发现真实身份后移交广东省佛山市公安局侦查。

据广东省佛山市人民检察院指控，1996 年 5 月至 2005 年 1 月期间，成××化名“黄龙”、“李辉”、“何莫许”、“李兵”等，先后流窜于广东、广西、湖南、浙江、重庆、江西等地，伙同他人先后实施或单独实施抢劫、故意杀人、强奸作案 10 起，杀害 13 人。犯罪事实具体如下：

（1）1996 年，广东佛山南海，成××伙同成×、成××、兰××绑架南海做冷送生意的老板，勒索 20 多万元，后逃至桂林；犯下第一单劫案后，成××一发不可收拾，开始亡命天涯之路。

（2）1997 年，广西桂林，成××和兰××抢劫房地产商李×，并用刀捅死李×。

（3）1997 年，在湖南株洲，成××和兰××潜入当地富商李×家欲盗窃，被发现后，将李×杀害，成××后将李某的妻子勒死，兰××则杀害了其女儿。

(4) 1997年，成瑞龙在浙江湖州将工厂老板沈×杀死并重伤其妻，而其16岁的女儿沈宜（化名）因高中住校而幸免遇难。

(5) 1998年，在广东肇庆，成××和兰××在抢劫一男子时，开枪将其打死。

(6) 1998年5月22日22时许，在广东佛山，成××开枪打死两名佛山市公安局巡警支队民警姜××和邓××。

(7) 1998年5月31日16时许，成××开枪打死桂林市公安局民警白××。

(8) 1999年1月24日凌晨，在广西桂林，成××开枪打死重庆南岸区南坪镇治安员王××。

(9) 1999年7月、8月间，在江西大余，成××因盗窃被发现，奸杀初二女生（此案为不公开审理）。

(10) 2001年8月4日晚，在江西信丰，成××伙同“小九一”窜至当地嘉定镇水北村曾×家中欲抢劫，被发现后，两人将曾×杀死，“小九一”还将曾×的小女儿杀害。

对检察机关的10项指控，佛山市中级人民法院均予认定。法院经审理认为，被告人成××以非法占有为目的，采取暴力手段，以入户抢劫、持枪抢劫等方式，多次实施抢劫作案，抢劫数额巨大并致5人死亡，其行为已构成抢劫罪；成××为抗拒抓捕或者在实施抢劫犯罪、强奸犯罪后为灭口而故意杀人，非法剥夺他人生命，致8人死亡、1人重伤、1人轻伤，其行为已构成故意杀人罪；成××还以暴力手段强奸妇女，其行为已构成强奸罪。2010年2月21日，潜逃十多年，身负13条人命的公安部A级通缉犯成××，以故意杀人罪、抢劫罪、强奸罪等数罪并罚，一审被广东省佛山市中级人民法院判处死刑。(资料来源：网络报道综合)

案例2　因发现同类漏罪再判刑案

被告人萧×，于1994年4月伙同刘××私刻中国银行北京分行业务转讫章，伪造中国银行特种转账收入传票，骗取交通银行北京分行美元50万元。1996年12月，法院以诈骗罪判萧×无期徒刑。2004年，在萧×服刑中，司法机关又发现萧×1994年采取骗取印章、填写虚假的信汇凭证以及提前支取存款证明等手段，诈骗中国科学技术发展基金会人民币277.1万元，检察机关遂以诈骗罪向法院提起公诉，法院以诈骗罪判处被告人萧×无期徒刑，剥夺政治权利终身，并处没收个人全部财产；与原判无期徒刑、剥夺政治权利终身并罚，决定执行无期徒刑，剥夺政治权利终身，并处没收个人全部财产；继续向被告人追缴非法所得人民币277.1万元，发还中国科学技术发展基金会。

案例3 公安机关侦查时发现漏罪案

浙江某监狱罪犯胡××，安徽歙县人，1976年出生，汉，2006年11月至2007年12月，伙同程××、吴××、宋××等人，在浙江省余姚市等地，采用大力剪剪断卷闸门挂锁、抬门进入、扳开窗户栅栏爬入、暴力撞门进入等方法参与盗窃18起，案值人民币90 000余元，还以非法占有为目的，伙同上述人员在余姚等地，采用语言、暴力威胁手段劫得他人财物9 900余元，经浙江省余姚市人民法院于2008年7月2日以（2008）余刑初字第326号刑事判决书，胡××犯盗窃罪，判处有期徒刑七年六个月，犯抢劫罪，判处有期徒刑四年六个月，二罪并罚，决定执行有期徒刑十一年。于2008年10月17日送到浙江省××监狱服刑。

该犯入监后，对漏罪情况没有交待，2009年1月18日，杭州市西湖区公安分局掌握了该犯的漏罪情况而押往西湖区看守所重新侦查讯问取证。经查明，2005年12月，该犯在杭州市西湖区某游戏厅，以撬门入室的方式，窃得人民币及游戏机主板等物共价值人民币7 000余元。杭州市西湖区人民法院于2009年7月21日对该犯的漏罪进行判决，认定该犯犯盗窃罪，判处有期徒刑一年，与前罪判处的有期徒刑十一年并罚，决定执行有期徒刑十一年六个月。该犯于2009年9月回到监狱服刑，但对漏罪情况仍没有全面交待，2009年11月，绍兴市公安局掌握了该犯的漏罪情况而押往绍兴市公安局看守所重新侦查讯问取证。

案例4 法院审判时发现漏罪案

一间设在监狱内略显狭窄的临时简易法庭，一名身着囚服的被告……15日上午，一场特殊庭审在永川监狱开庭，重庆市北碚区检察院首次将公诉搬进了监狱。

2006年5月19日晚，犯罪嫌疑人高×、汪×与被害人王×等人发生冲突。高、汪等人共谋报仇。当晚11点多，高、汪二人纠集了七八人，手持长砍刀冲到何×等人吃饭的夜啤酒摊，一阵乱砍后慌忙逃离现场。北碚刑警支队鉴定，被害人陈×受伤为十级伤残，何×受轻伤。

2007年3月23日，潜逃近1年的汪×落网。但在随后审查起诉阶段，北碚检察院发现此案的同案犯高×，在此案发生后的去年12月，因犯故意伤害罪被重庆市北碚区人民法院判处管制10个月，又因犯抢劫罪于今年7月获刑3年，现正在永川监狱服刑。

本案对高×而言属于“漏罪”，必须追诉。北碚区检察院与北碚区法院、永川监狱协调后，决定在永川监狱对高×、汪×提起公诉。在15日的庭审中，汪×供认不讳，高×在公诉人的举证面前，很快哑口无语，低头表示认罪。

资料来源：《简易法庭开进监狱　“漏罪”疑犯当庭认罪》，载《重庆晨报》2007年10月19日。

案例5　同案犯供出漏罪案

正在狱中服刑的广东籍男子陈××暗自庆幸自己实施抢劫未被查处，时隔近一年却被同伙供出。陈××，男，广东人。1999年因犯盗窃罪被依法判处有期徒刑四年，2001年刑满释放后，陈××不思悔改，重操旧业，2007年12月再犯盗窃罪被依法判处有期徒刑十三年。2008年4月陈××被投入湖南省某监狱服刑。同年底，与被告人陈××一起抢劫的同伙被公安机关抓获，并将被告人陈××参与抢劫的事实供出。在此之前，被告人陈××于2007年7月伙同他人携带仿真手枪、西瓜刀窜至广东增城市某村，截住被害人黄×，采取蒙眼睛、殴打等手段，抢得款物共计35 800元，其中被告人陈××获赃款4 000元，该罪当时未被发现。

湖南省攸县人民法院查明，被告人陈××伙同他人，采用暴力手段，当场劫取他人财物，数额巨大，其行为已构成抢劫罪。被告人陈××在抢劫过程中起次要作用，系从犯，应当从轻、减轻处罚或免除处罚。被告人陈××在前刑罚执行完毕前发现漏罪，应数罪并罚，且是累犯，应当从重处罚。湖南攸县人民法院以抢劫罪判处被告人陈××有期徒刑八年，并处罚金一万元，以犯盗窃罪判处有期徒刑十三年、剥夺政治权利三年、罚金二万元并罚，决定执行有期徒刑二十年，剥夺政治权利三年，并处罚金三万元。

资料来源：《监狱服刑现漏罪 数罪并罚二十年》，攸县网，2009年2月24日

案例6　因被害人报案发现漏罪案

彭××，福建省宁德人，长期靠行骗为生。2002年10月，他对黄×谎称自己可以从昆明卷烟厂购进一批香烟，并称此项生意利润丰厚。最终，他说服了黄×与其合作经营。同年11月，彭××对黄×谎称已办妥相关购烟手续。黄×信以为真，按照彭××的要求，分两次将2.838万元和3.64万元汇入其指定的银行账户里。彭××取走这些钱后挥霍一空。2002年12月，彭××又以同样的手法骗取了其他人8万多元。不久案发，他被法院判处有期徒刑8年，并处以相应的罚金。判决生效后，彭××被押往福建某监狱服刑。

彭××被送进监狱后，自以为万事大吉，不会再有其他的受害人找上门了。而其他的受害人确实也找不到彭××，只好纷纷报案。公安机关随即发

出了网上通缉令。2006年，在一次对犯罪人员信息资料的比对中，公安机关发现彭××可能存在漏罪，将其从监狱重新押回到福州市第一看守所。

经审讯，彭××交代了更大的诈骗犯罪行为。原来，2001年3月，彭××谎称可以取得某品牌香烟网点的经营权，打着合作经营的幌子，引诱林×等人上钩，骗取了他们20多万元。

福州市中级人民法院终审以诈骗罪和合同诈骗罪数罪并罚，合并原判刑罚，决定对彭××执行有期徒刑19年4个月。扣除已经执行的刑期3年4个月13日，实际执行有期徒刑16年，并处以相应的罚金。

案例7　陈××被发现漏罪判死刑案

陈××，广西人，因犯抢劫罪被判处有期徒刑十年，在服刑期间发现有漏罪，法院提起再审。经查，陈××1990年就曾因犯故意伤害罪、抢劫罪、盗窃罪被南宁铁路运输法院判处有期徒刑11年6个月，2001年11月刑满释放；2003年2月21日又因犯抢劫罪被南宁市新城区人民法院判处有期徒刑10年，同年3月20日投入广西壮族自治区黎塘监狱服刑改造。在服刑期间，司法机关发现陈××一新罪行，于2004年9月11日将陈××从监狱押回看守所羁押，对漏罪进行再审。

法院经审理查明：被告人陈××为寻找毒资，于2002年9月11日14时许窜到南宁市友爱南路原南宁棉纺织厂职工宿舍区伺机盗窃。当陈××进入该宿舍区4栋1单元401号房行窃时，被女屋主陆××发现，陈××即用衣服和电线捆绑陆××颈部和手，随后继续在房内寻找钱物，陆见状大声喊叫。陈××怕罪行败露，即用随身携带的小号牛角刀朝陆××的面部和颈、腹部连刺数刀，并抢得现金人民币600多元后逃离现场。被害人陆××因颈静脉破裂失血而当场死亡。2005年3月29日，广西南宁市中级人民法院依法对被告人陈××抢劫案作出一审判决。认定被告人陈××犯抢劫罪，判处死刑，与前罪抢劫罪判处有期徒刑十年，并处罚金人民币5 000元实行数罪并罚，决定执行死刑。

资料来源：中国法院网

技能训练

一、漏罪案件的侦查

监狱内部发现的罪犯漏罪，由监狱移交有管辖权的机关负责侦查，侦查终结后，写出起诉意见书或不起诉意见书，连同案卷材料、证据一并移送人民检察院。如果漏罪是由公安机关查证的，由发现的公安机关负责侦查，监狱方予以配合。

二、配合人民检察院审查起诉及法院的审判

监狱应当配合人民检察院审查起诉，同时，配合法院的审判工作。

【课后思考】

1. 罪犯的漏罪和又犯罪有何不同？
2. 监狱对罪犯的漏罪应如何处理？

【推荐阅读】

1. 尉迟玉庆：《罪犯漏罪相关法律问题研究》，载《法学杂志》2008 年第 5 期。
2. 张琪：《服刑期间发现漏罪后的程序性问题思考》，载《广西政法管理干部学院学报》2008 年第 5 期。
3. 浙江省监狱管理局编：《浙江省监狱机关执法指南》（试行），狱内侦查部分，内部资料，2010 年编。

任务八　罪犯死亡处理实务

基本要求：通过学习，使学生（员）掌握罪犯死亡处理的基本程序及实体内容，领会实务处置中应注重维护和保障死亡罪犯及其家属的合法权益，了解因罪犯死亡引发的监狱危机处置应急方案。

罪犯死亡处理是监狱刑务工作中极其重要、极其敏感、极其复杂的一个环节。它政策性强，影响面广，已对监狱机关的危机决策、现场处置、协商沟通带来诸多挑战。稳妥有序地处理好罪犯死亡后续工作，关系监狱的安全稳定，关系监狱的整体形象，关乎社会的平安和谐。

关于罪犯死亡处理，1910 年的《大清监狱律（草案）》第九章“出生与死亡”就对此作了比较详尽的规定，如在监人死亡由监狱医证明后，即移其死体于尸室，但认为有检验之必要者，不在此限；在监人死亡，典狱应检视其死体；死亡者之病名、死因及死亡年、月、日，应速知照死亡者之家属或亲属并呈该官署等。

基本知识

一、人类死亡的原因及基本分类

死亡作为疾病的一种转归，是生命之必然规律。人类生命终于自然老死的占极少数，绝大部分都是死于各类疾病或各类事故。因病死亡的原因大致可分为三类：一是人体重要生命器官发生严重的、不可恢复的损害；二是人体因长期疾病导致机体衰竭、器官病变，以致代谢物质基础极度不足、各系统正常机能不能维持；三是人体重要器官没有明显器质性损伤的急死，如窒息、休克、冻死等。

在不同领域，人们对死亡的划分不尽相同。如在佛教界，死亡可分成寿尽而死、福尽而死、自如而死和意外而死四类；在医学界，死亡可分为生理性死亡和病理性死亡两类，法医学上死亡又可分为非暴力性死亡和暴力性死亡（前者指的是老死和病死，后者指的是因机械的、物理的、化学的和生物学的因素从而导致的死亡)；在法律界，死亡可分为生理死亡和宣告死亡两种。

二、罪犯死亡的种类及原因

在刑罚执行领域，罪犯死亡可分为正常死亡和非正常死亡两种。正常死亡主要表现为罪犯突发性严重疾病如心肌梗塞、脑血管疾病等因素引起的生理性死亡；非正常死亡主要有罪犯自杀、他杀、事故致死三种，其中“他杀”既包括来自民警层面的体罚虐待、刑讯逼供致死，也包括来自同监罪犯的行凶报复、互殴致死等，“事故致死”常见表现形式有工伤、触电、火灾、车祸等事件引起的罪犯死亡等。在国外，不同国家对罪犯死亡也有不同的分类。如美国矫正机构将罪犯死亡种类分为：自然死亡、自杀死亡、艾滋病死亡、不知原因或其他死亡、执行死刑死亡、谋杀死亡、意外事故死亡、脱逃死亡等。

法律依据

一、《中华人民共和国监狱法》的规定

第五十五条 罪犯在服刑期间死亡的，监狱应当立即通知罪犯家属和人民检察院、人民法院。罪犯因病死亡的，由监狱作出医疗鉴定。人民检察院对监狱的医疗鉴定有疑义的，可以重新对死亡原因作出鉴定。罪犯家属有疑义的，可以向人民检察院提出。罪犯非正常死亡的，人民检察院应当立即检验，对死亡原因作出鉴定。

二、《罪犯工伤补偿办法 (试行)》的规定

第一十五条 罪犯因工死亡的，由监狱负责处理丧葬事宜，丧葬费用由监狱负担。

罪犯因工死亡，发给直系亲属一次性死亡补助金。标准为：相当于48个月本人劳动酬金加基本生活费。有供养直系亲属的，根据供养人数，酌情增发，增发数额最多不超过12个月本人劳动酬金加基本生活费。

罪犯因工死亡，监狱最多负责3名亲属参加丧葬的食宿、交通费。

执法程序

在司法实践中，罪犯死亡处理的程序主要包括六个环节，即立即报告、通知家属、保护现场、外围调查、死因鉴定和尸体处置。以下分述之（示例参见图8、图9)：

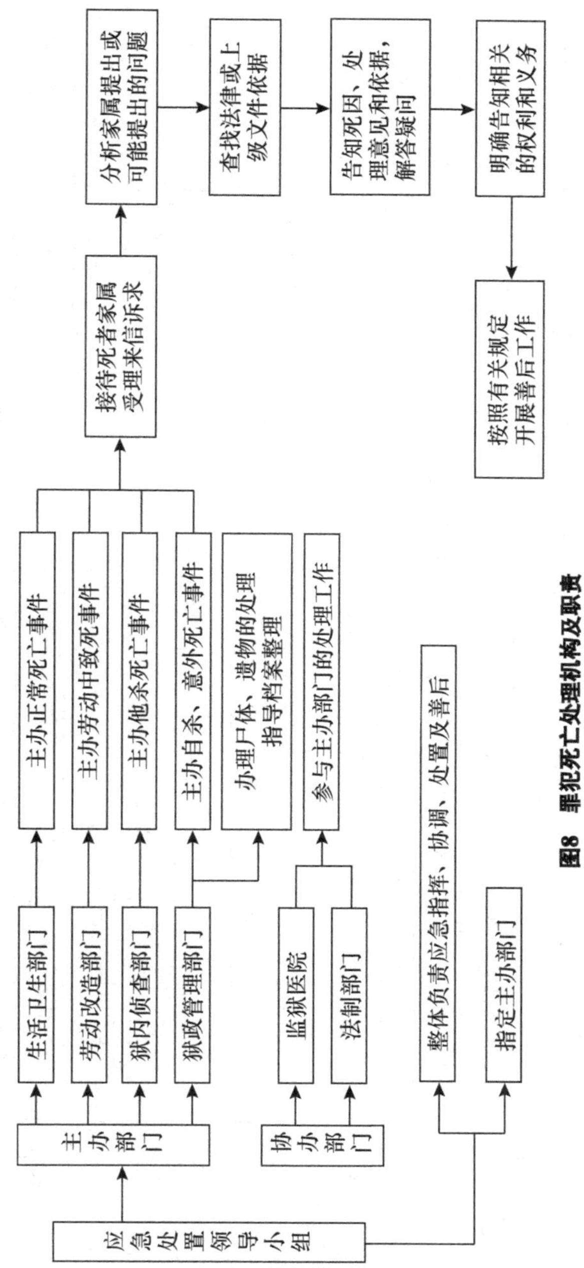

图8　罪犯死亡处理机构及职责

发现罪犯死亡迹象时视情抢救
罪犯正常死亡
死亡鉴定
出具死亡证明
送达死者家属签收
鉴定结论抄送驻监检察机关
检察机关持异议
检察机关重新鉴定
死者家属持异议
向检察机关申请重新鉴定
死者家属对诊疗持异议
告知家属向卫生行政部门提出
立即通知死者家属
专门记录通知情况
逐级向上级报告
24小时内书面通知原判法院
检察机关告知家属
检察机关通报监狱
罪犯非正常死亡或不明原因死亡
报告、通知
立即口头逐级向上报告
启动应急处置预案
立即通知死者家属
专门记录通知情况
24小时内书面报告省局
重特大事件8小时内《要情》报告省局
24小时内传真报告部局
影响全国的事件《要情》立即报告省局
4小时内传真报告部局
24小时内书面通知原判法院
事后书面专题报省局备案
处置
保护现场
保管遗物
调查取证
提出结论
通知检察机关尸检
需要作尸体解剖时通知家属到场
检察机关告知尸检结论
监狱或家属持异议
向省局申请最终鉴定
省局委托专门机构作最终鉴定
省局将最终鉴定结论抄送监狱、驻监检察室、死者家属
尸体处理
决定火化时间
提前通知家属
家属要求延期火化的办理审批手续
火化或强制火化
骨灰由家属领回或寄存殡仪馆
档案处理
事发监区整理档案
移送狱政部门审查
移交监狱档案室

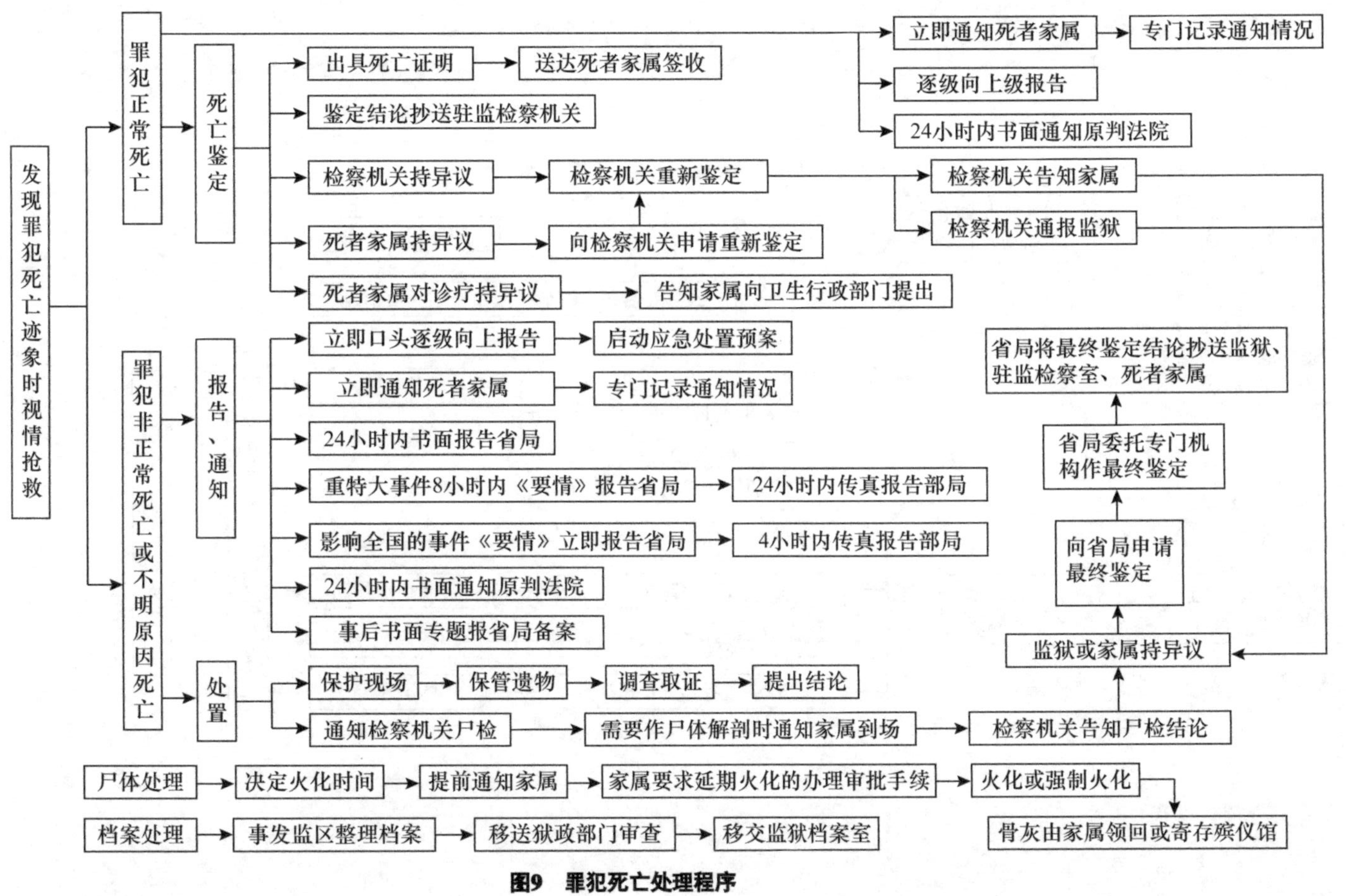

图9 罪犯死亡处理程序

一、立即报告

立即报告是确保监狱重大警情、狱情信息得以迅速上传下达的基本要求，也是监狱民警职业操守之基本行为准则。在报告这一环节上，要坚持三个原则：一是逐级报告原则。发生罪犯死亡后，医务工作民警及押犯监区民警应迅速向监狱分管领导和业务科室领导汇报；监狱分管领导应迅速向监狱主要领导及省局分管领导报告，监狱业务科室领导应及时向驻监检察机关及省局业务处室领导报告；省局接到监狱关于罪犯死亡的报告后，应及时以传真或电话形式向部监狱局报告。虽然《监狱法》中规定监狱机关还应立即通知人民法院，但实际操作中这一环节常被忽略。二是及时有效原则。针对罪犯死亡的不同情形，现场民警应在第一时间以最快捷的速度、最畅通的渠道向上级机关及领导报告，遇到罪犯危急抢救时，现场民警应视罪犯病情发展状况不定时向有关领导汇报。三是客观真实原则。针对死亡罪犯的不同病情及症状，监狱民警应本着客观、负责的态度，如实向有关领导汇报狱情和案情，不得虚报瞒报、歪曲事实、主观臆断，特别是关联民警责任与作为方面的陈述要严谨、客观、细致，以免给上级机关和有关领导不必要的误导，影响事件的后续处理。

二、通知家属

这一环节，从行刑实践看涉及一些方法和技巧，主要表现为三个方面：其一是“何时通知”。碰到罪犯自杀、被杀或触电、工伤等意外致死事件，监狱机关只能选择“事后通知法”，因为这里存在着不可预测的因素。如果碰到罪犯身患严重疾病正在医院诊治、抢救时，监狱机关应坚持宜早不宜迟、宜快不宜慢的思想，力争以最快的速度告知家属。必要时监狱应动用车辆将罪犯家属接至罪犯抢救现场，以最大限度地体现监狱对罪犯家属的人文关爱。实践中，有两个对比鲜明的罪犯自杀处置案例。一个是患有精神障碍的罪犯监内跳楼后，监狱第一时间派车深夜将其家属接至医院，让他们看到医护工作人员还在竭力抢救之情形，并安排心理医生安慰其年长家属；另一个是罪犯自杀后，监狱虽迅即将其送到医院，但直至其抢救无效死亡后才通知罪犯家属，家属一到便情绪失控，大吵大闹。最终，前者在谈判及尸体火化环节很顺利，而后者却是节外生枝，久拖未决。其二是“通知谁”。如果罪犯改造档案中留有直系或旁系亲属电话，则可通过电话，通知和罪犯血缘最亲的人前来监狱处理罪犯死后事宜。父母健在通知父母，父母去世通知兄弟姐妹；如果出现家庭离异、子女出国等情况，可通知其他旁系亲属。针对一些远离监狱、家在偏远地区，家里没有电话，直系和旁系亲属一时联系不上者，监狱应设法和罪犯籍贯地公安派出所、村委会取得联系，由其代为通知罪犯亲属前来处理。其三是“用什么方式通知”。在电话通知中，一方面要杜绝出现“×××死亡”等敏感语言，善用、巧用“×××患重病，速来”等宽缓的话，以免给原本无心理准备的家属当面一击；另一方面，要让对方知悉并明确承诺，工作再忙、事务再多也会尽快赶来，否则只轻描淡写地通知，未得到家属何时来的明确回复，容易给后续工作增加变量。

三、保护现场

由于监狱环境独特，罪犯身份特殊，一旦出现罪犯死于监区、厂区等非医疗场所，值勤民警应采取有力措施迅速保护现场。如果案发地位于室外，现场民警应立即划出一定的保护区域，布置人员警戒，条件允许时应使用警戒隔离带、绳索或白石灰等作为标记，防止无关人员进入；如果案发地位于室内，民警应在门口设置警戒力量，维护好现场秩序，禁止无关人员入内。在此过程中，有关人员要在狱侦勘查人员、驻监检察人员等到来之前，保护好痕迹、物品和尸体，切不可随意翻动。对尸体可用竹席、薄膜、床单等进行覆盖保护。待拍照、录像、现场勘查结束后，方可将尸体拉至殡仪馆。司法实践中，对于尚有一线抢救希望的罪犯，有关民警在派人保护现场同时，常以最快的速度送罪犯到医疗机构急救，而现场勘查则由另一路民警完成。

四、外围调查

出现罪犯死亡事件后，民警应迅速开展外围调查取证工作，收集第一手资料，为日后谈判协商打好基础。一是摸清死亡罪犯的基本情况，包括犯罪构成、入监日期、改造概况、身体状况、家庭情况等；二是搜集案发前后的一些重要信息，如罪犯记事本语录、案发前异常举动、与同监罪犯的谈话以及现场目击者证词等，关键证词除了他犯的“情况说明”，还需有民警的专门询问笔录；三是加强对罪犯就诊史、成长史、家庭史的调查，如果罪犯是患心脏类、传染类疾病死亡的，最好派人赴当地调查一下罪犯家庭的遗传病史以及罪犯入监前的就诊记录等；四是在证据缺乏情况下，应想方设法向其同学圈、朋友圈了解一些情况，力争能搜集到一些对监狱机关有利的信息，为早日化解矛盾冲突作好铺垫。

五、死因鉴定

这是罪犯死亡刑务处置中的一个核心环节，也是罪犯家属了解真相、捍卫权利、表达诉求的一个焦点环节。根据《监狱法》第55条规定，死因鉴定有两种：一是监狱机关的鉴定，主要针对个别事实清楚、证据充分、病情简单的罪犯正常死亡事件，一般由省局监狱中心医院进行。二是检察机关的鉴定，主要情形有三种：一是罪犯因病死亡，人民检察院对监狱的死因鉴定有疑义的；二是罪犯因病死亡，家属要求人民检察院作出死因鉴定的；三是罪犯非正常死亡，法律要求人民检察院接报后立即检验并对罪犯死因作出鉴定。随着国家法治环境的日益改善，公众维权渠道的日益畅通，实际生活中，一些死亡罪犯的家属常会借助于网络媒体造势申冤，声讨施压。迫于强大的舆论压力，为最大限度地体现执法公正，个别监狱也许会广纳民意，阳光执法，在罪犯死因鉴定环节上寻求社会中介机构、权威专家、执法监督员等参与，其实这种做法违背了法律之规定。① 如果罪犯家属对监狱的医疗鉴定有疑义的，可以向人民检察院提出，再由人民检察院就罪犯死因鉴定是否委托社会中介机构作出决定。2009年3月，罪犯肖××在湖南省未成年犯管教所因病死亡后，检察机关在作尸检同时，又委托湖南省湘雅司法鉴定中心作尸体系统解剖。

六、尸体处置

罪犯因病死亡的，一般由省局监狱中心医院或其他省市医院进行医疗鉴定，填写《罪犯死亡鉴定书》，报驻监检察机关审查并签署意见，加盖公章后再作处理。罪犯非正常死亡的，驻监检察机关在接到通知后，应深入发案现场进行调查和勘验，并在24小时内对尸体进行表检；对死因不明，需要解剖的，须通知家属到场，由家属签字后进行。罪犯尸体火化必须经过家属签字后进行，骨灰盒原则上由家属领回；家属不愿领回，监狱机关应先予以寄存，逾期一年无人领取的，可掩埋处理。内陆一些偏远地区若没有具备完全火化条件的，家属愿意领回尸体，应当允许。少数民族罪犯死亡的，可按民族风俗习惯处理。罪犯遗留物应当由家属领回，或者由监狱代为寄回；如逾期一年仍然不领取或者无处投寄的，可经有关部门作价处理，上缴财政部门。实践中，如果死亡的罪犯是“三假犯”，监狱在短期内很难查清其真实身份，因而联系其家属极其困难的，针对此类罪犯的死亡处置问题，根据部局批复意见，监狱应在解剖该犯尸体，确定其系病亡前提下，经驻监检察院同意后将尸体火化。

---

① 根据司狱字［2005］367号批复，1994年颁布的《监狱法》是全国人大常委会通过的国家法律，而2002年施行的《医疗事故处理条例》是国务院颁布的行政法规，两者法律效力不同，因而监狱机关围绕罪犯死因鉴定问题应依据《监狱法》之规定办理。

注意问题

一、监狱应健全罪犯死亡处置应急预案

1. 完善应急处置方案。监狱发生罪犯死亡事件后，应立即成立突发事件处置领导小组和工作小组，缜密研究处理对策，尤其是对可能出现的各种复杂事态要心中有谱，行动有术，确保各项善后工作积极、稳妥、有序开展。在实务操作过程中，监狱应急工作小组应着重把好“三个关”：一是成员选择关，既要挑选精干女民警参与，因为女民警在处置女性情境冲突与管理中更易严格执法，又应挑选懂罪犯家属方言的民警参加，以便及时获取对方诉求方面的各种信息，为沟通协商奠定基础；二是自身保护关，在医院、宾馆等场地，应有一定数量的监狱民警着便装作外围保护，有条件的还应配备隐性摄像仪，以为各种显性妨碍公务行为留存第一手材料，形势危急时应及时和当地派出所保持必要联络，以更好地维护现场民警的正当合法权益；三是沟通协商关，要十分注重与代表对方当事人之委托人（如律师、专家等）的多层面沟通，充分发挥委托人的意见导向和信息反馈作用，力求在息访息诉与最小成本之间寻求合理的谈判点，为维护社会稳定、构建和谐社会发挥监狱机关应尽之力。

2. 健全危机公关机制。监内出现罪犯死亡事件，一旦新闻媒体介入或罪犯家属网上发帖，几分钟之间就可能酿成为一个波及全国的监狱类事件。如果因媒体的报道或家属的发帖，引发监狱执法公信力危机，监狱机关应冷静应对，积极开展危机攻关。否则，不予回应、延迟回应或消极回应，都有可能造成极其被动的后果。在危机应对方面，具体应做到：一是确定新闻发言人，统一宣传口径；二是设立热线电话，随时应对各种来电；三是召开新闻发布会，介绍官方态度及事件进展；四是联系有关部门，对颠倒是非、恶语攻击类相关帖子进行屏蔽处理；五是紧急召见有关当事人，讲明政策及利害关系，防止负面炒作扩大化。当然，监狱机关对各类信息的发布，必须是客观和理性的，必须顾及当前国际人权斗争的“小题大做”，必须顾及社会民众的“言论唾液”，尽量避免各种负面效应之深层发酵。

二、监狱应理性对待家属的质疑和诉求

能否依法妥善处理罪犯死后相关工作，事关监狱的安全稳定，事关社会的安宁和谐。实践中，针对罪犯家属污蔑、谩骂、攻击民警，抬尸闹事、聚众滋事、围攻监狱之情景，监狱应审时度势，当机立断，对处于核心、附和、围观等层次人员，采取不同的应变处置措施，以化被动为主动，努力维护执

法机关的威严与秩序。在协商谈判过程中，对罪犯家属的一些偏激或无理要求，要在维护法制权威、防范上访诉讼等方面寻求合理的切入点。针对不同对象、不同诉求的罪犯家属，采取不同的疏导、化解之策。有时要从监狱整体及长远利益上通盘考虑，坚持以退为进、以失为得、以和为贵，力争实现经济支出与整体效果的最优化，最大限度地化解执法纠纷，消弭执法风险。要真心诚意地为罪犯家属做好力所能及的法律解释、心理关爱和生活服务工作，如真诚体察他们失去亲人之伤痛、周密安排好他们的住宿生活、有理有节地落实好一次性生活补助款发放等工作，通过更多的人文关爱，赢得家属的肯定和赞扬。

三、监狱应慎重对待外国籍罪犯在华死亡个案的处理

1988 年 5 月 6 日，外交部发布《外国人在华死亡后的处理程序》，就外国人在华死亡事件作了明确的规定。随着近年来外国籍人员在华犯罪日益增多之趋势，了解并掌握外国籍罪犯在我国监狱服刑死亡处理之程序及实体要求很有必要。现将实际处理中应注意的几个事项罗列如下：

外国人在监狱服刑中死亡的，由司法行政机关尽快通知死者家属及所属国驻华使领馆。关于通知时限，如死者所属国已同我国签订领事条约的，应按条约规定办理；如条约中没有规定或双方无领事条约，应按国际惯例尽快通知，但不应超过 7 天。

在监狱死亡的外国人尸体，可在当地火化，亦可运回其国内；处理时应尊重死者家属或所属国家驻华使领馆的意愿。如外方要求举行宗教仪式，应视当地条件而定。尸体火化应由死者家属或所属国家驻华使领馆提出书面要求并签字。如外方要求将骨灰埋或撒在我国土地上，一般予以婉拒。

清点死者遗物应有死者家属或所属国家驻华使领馆官员和我方人员到场。如家属或驻华使领馆官员明确表示不能到场时，可请公证人员到场，并由公证员将上述人员不能到场的事实和原因注明，签字后办理公证手续等。

人权保障

一、关于对罪犯尸体的保管及处置问题

罪犯首先是一国公民，然后才是犯罪之人。如果罪犯在服刑期间生命体征已彻底消失，监狱机关在对待其尸体方面，还得坚持理性执法，注重细节技巧，维护死者尊严，体现行刑文明。

1. 不得出现践踏、污辱、伤害尸体等不人道的行为。即便死亡罪犯生前属于罪恶滔天、穷凶极恶之人，改造期间又劣迹斑斑，抑或其在监内死亡是

咎由自取（如脱逃触电死亡，挟持人质被击毙等），监狱民警也不能以牙还牙，感情用事，在尸体上发泄出气。否则，既容易给后面的尸检工作制造麻烦，也会给罪犯家属无理纠缠提供借口。

2. 不得违背当地一些基本的关于丧葬方面的民风民俗。在尸体送殡仪馆冷冻保管期间，监狱机关应该为尸体包裹上必要的合适衣服，用旧囚服或是单衣简单处置就不妥当；意外死亡的，在尸检结束后，应该保持罪犯仪容完整。这既是对尸体火化前的尊重，也是对家属负责之表现。浙江有两所监狱在发生罪犯正常死亡事件后，一所注重尸体着装、冷冻方面的细节管理，令家属事后很感动；而另一所却对尸体着装不以为然，漠然置之，令家属非常不满。

3. 未经家属同意，并经监狱主管部门严格审批，不得利用或移植死亡罪犯的器官。根据我国器官移植有关规定，如果医疗、科研部门想利用一些死亡罪犯的器官，必须严格按照程序进行办理。① 2006 年 5 月 29 日，司法部监狱管理局就“四川省监狱管理局关于罪犯自愿捐献骨髓应如何处理”的批复中明确指出，在国家对罪犯自愿捐献人体组织、器官作出规定前，不宜在监狱罪犯中开展类似工作。2007 年 3 月 21 日国务院通过的《人体器官移植条例》规定，任何组织或者个人不得以任何形式买卖人体器官，不得从事与买卖人体器官有关的活动。实践中，一些罪犯出于心灵忏悔，在改造期间曾书面立下愿死后捐献眼角膜或其他器官之类的承诺，一旦罪犯在服刑期间去世，监狱和医疗部门必须严格按照法定程序进行操作，即没有罪犯生前明确的书面遗嘱，没有罪犯家属的同意，没有经过监狱主管部门的审批，严禁对罪犯尸体器官进行任何形式的移植和科研。

二、关于罪犯尸体火化前家属的签字权等问题

罪犯无论是正常死亡还是非正常死亡，在有关部门履行了严格的尸检手续，出具了详细的罪犯死因检验报告后，如果罪犯家属不服有关部门的死因鉴定结果、不满监狱的经济补偿数额，拒不在尸体火化环节签字，监狱能否强行要求殡仪馆将罪犯尸体火化？这是一个很现实也颇让监狱机关头痛的执法难题。华东某监狱就发生过一起罪犯正常死亡后家属拒不签字，从而导致尸体冷冻在殡仪馆长达三年之久的案子。

根据《殡葬管理条例》（国务院第 225 号令）第 13 条以及《浙江省殡葬

---

① 中央六部门联合颁布的《关于利用死刑罪犯尸体或尸体器官的暂行规定》，规定了死刑罪犯尸体或尸体器官可供利用的三种情形：无人收殓或家属拒绝收殓的；死刑罪犯自愿将尸体交医疗卫生单位利用的；经家属同意利用的。

管理条例》第 14 条规定，火化遗体必须凭公安机关或者医疗机构出具的死亡证明。2002 年 9 月 1 日起施行《医疗事故处理条例》第 18 条规定，尸检应当经死者近亲属同意并签字。另外，从全国许多省级部门制定的有关殡葬管理条例看，都没有尸体火化必须家属签字的内容。由此可知，我国法规、规章中只规定了尸检环节必须经近亲属同意并签字才可进行，至于尸体火化必须经家属签字则没有法律依据。从实际情况看，这完全是殡仪馆为转嫁工作风险而约定俗成的一贯做法，属于民政部门一种内部的工作制度或不成文规定。

在管教工作中，监狱应立足法制与人文的高度，以严谨和负责的态度，对死亡罪犯家属的一些程序及实体权利予以切实的维护和保障。如罪犯家属对死因的知情权、对尸检的参与权、对尸体的告别权、对是否即时火化的签字权等。这些权利如果随意剥夺和限制，就会产生争议、激化矛盾，给人以暗箱操作之嫌，处理不当甚至可能引发家属的法律诉讼。① 针对个别蛮横家属拒绝尸体火化签字之状况，监狱机关应采取一切必要手段，通过严明权威的政策解读、细致入微的思想沟通、力所能及的关心帮助，早日得到罪犯家属的认同和支持，在坚持原则与真诚关爱下使尸体火化工作变得顺理成章。

三、关于向死亡罪犯家属予以经济赔偿或补偿问题

1. 刑事赔偿。根据 1995 年发布的《司法行政机关行政赔偿、刑事赔偿办法》第 5 条以及 1994 年 5 月 12 日通过、2010 年 4 月 29 日修正的《国家赔偿法》有关规定，监狱管理机关及其工作人员，在行使职权时刑讯逼供或者以殴打、虐待等行为或者唆使、放纵他人以殴打、虐待等行为造成罪犯死亡的；违法使用武器、警械造成罪犯死亡的，监狱机关对罪犯家属应予以刑事赔偿。至于赔偿金的数额，则是参照《国家赔偿法》第 34 条之规定执行，即造成死亡的，应当支付死亡赔偿金、丧葬费，总额为国家上年度职工年平均工资的二十倍；对死者生前扶养的无劳动能力的人，还应当支付生活费；被扶养的人是未成年人的，生活费给付至十八周岁止；其他无劳动能力的人，生活费给付至死亡时止。

2. 工伤补偿。《监狱法》第 73 条规定，罪犯在劳动中致伤、致残或者死亡的，由监狱参照国家劳动保险的有关规定处理。由于没有出台《监狱法实施细则》，在如何"参照"问题上让人有些困惑。2001 年发布的《罪犯工伤补偿办法（试行）》第 7 条列出了六种工伤死亡的情形，除此，如果罪犯死亡是

① 现实中，发生多起当事人一方针对殡仪馆未经家属签字就火化尸体的行为，以侵犯知情权或遗体告别权为由，将殡仪馆告上法庭，法庭根据《最高人民法院关于确定民事侵权精神损害赔偿责任若干问题的解释》第 1 条规定予以了受理。

在监狱组织的调遣、比赛①等活动过程中发生交通事故造成的，监狱也参照罪犯工伤的有关规定处理。该办法第15条对补偿数额作出了明确的规定："罪犯因工死亡的，由监狱负责处理丧葬事宜，丧葬费用由监狱负担。罪犯因工死亡，发给直系亲属一次性死亡补助金。标准为：相当于48个月本人劳动酬金加基本生活费。有供养直系亲属的，根据供养人数，酌情增发，增发数额最多不超过12个月本人劳动酬金加基本生活费。罪犯因工死亡，监狱最多负责3名亲属参加丧葬的食宿、交通费。"

3. 困难补助。司法实践中，最常见、最复杂的种类是罪犯正常病理性死亡。《监狱法》第55条仅是对罪犯因病死亡作了原则性规定，目前尚没有这方面的法律解释和实施细则，虽然省局也有相关指导性文件，但更多的则是从处置程序方面作出规定而对补偿环节却鲜有提及。在执法实务中，一些家属常以罪犯死亡有隐情、监狱管理有过错为由，对监狱、检察机关的解释和处理不信任、不承认、不接受、不合作，更有甚者，漫天要价，胡搅蛮缠，以上访、自杀、自残相要挟，提出巨额赔偿无理要求。为防范和避免罪犯家属可能采取的恶性上访等举措，提升刑罚执行机关的执法信誉和人文关爱，针对罪犯因病死亡事件，监狱机关在处理中大多会视情给予对方家属一定的生活困难补助费。

4. 不予赔偿。实践中，有一种特殊情形即罪犯自杀死亡。根据《国家赔偿法》第17条第5款规定，因公民自伤、自残等故意行为致使损害发生的，国家不承担赔偿责任。《司法行政机关行政赔偿、刑事赔偿办法》第8条第2款、第3款规定，服刑人员自伤自残、因自己的行为致使损害发生的，司法行政机关不予赔偿。因此，监狱机关对罪犯自杀死亡不承担赔偿责任。

四、关于检察机关在罪犯死亡问题上的法律监督问题

对服刑期间死亡罪犯实施执法监督，是法律赋予驻监检察机关的一项重要职责。为切实做好此项法律监督工作，维护和保障死亡罪犯及其家属的合法权益，驻监检察机关的工作重点是：

1. 认真做好罪犯死因的调查取证工作。驻监检察机关接到监狱有关罪犯死亡的报告后，应立即派人赶至现场，听取情况汇报，调查死亡经过，搜集相关证据，必要时应积极联系法医或其他社会中介机构进行尸检。在涉及罪犯医疗鉴定书的审查、罪犯死因的鉴定等专业性问题上，驻监检察机关还要

---

① 根据2005年6月6日司狱字［2005］317号批复精神，如果罪犯在押解途中因车祸死亡，应该确认该犯为因工死亡，并按规定发放一次性死亡补助金。

与检察院技术部门密切配合，周密推敲，严谨求证，以给罪犯家属一个客观有说服力的解释，不断提升检察机关的法制权威。

2. 认真调查民警在罪犯死亡事件中的责任。对于罪犯正常死亡事件，检察机关经过调查，认为监狱民警有不当或消极作为的，应向其主管机关如实陈述和反映，对相关民警的过错责任作出认定。对于罪犯非正常死亡事件，检察机关经调查和分析，发现有关当事人（包括民警、职工和罪犯）行为已触犯刑律的，应依法采取刑事强制措施；尚未构成犯罪但行为违反相关法规制度的，应向其主管机关发出检察建议书，建议对当事人进行行政处罚；发现罪犯死亡属于管理瑕疵或漏洞造成的，应向监狱提出针对性的监狱管理和执法工作改进建议，进一步规范相关工作流程，堵塞和消除执法管理上的“盲区”和漏洞。

典型案例

案例 1　对罪犯尸体轻率火化引发监狱和家属执法纠纷案

2004 年 9 月，A 省某监狱发生了一起罪犯正常死亡事件，由于民警处理不当，既在社会上引起了轩然大波，也给正常的监管、办公秩序造成严重干扰。

当年 9 月 9 日，罪犯卢××的父亲带着卢××的儿子来监会见卢××。当日晚 7 时许，卢××找到监区卫生员董×，称胸口痛并有点咳嗽。董×遂对其进行了检查，并给其配了分三次吃的药，卢××吃药后有所缓解。当晚 12 时许，卢××在监舍内突感胸口剧痛。值班民警接报后，迅即与董×一起护送其到监狱医院检查。在监狱值班医生对其身体检查，询问其病情时，卢××突然从坐着的凳子上倒向一边。经全力抢救，卢××于凌晨 1 时 45 分不治死亡。卢××死亡后，监狱医院马上组织医生进行死亡鉴定，查出其死因为“急性心肌梗塞”。9 月 10 日，该监狱医院将卢××的死亡鉴定书、死亡通知书送达驻监检察室，驻监检察室经审查，认定卢××属“正常死亡”。同时，监狱医院将卢××死亡原因鉴定书送监狱监察室、狱政科分别存档；监狱狱政科根据卢××死因鉴定书和驻监检察室的鉴定意见，告知当地法院及死者亲属。考虑到当时天气热，监狱医院没有存放尸体的冷冻条件，并且检察机关已经作出正常死亡的结论，10 日下午 5 时 30 分，监狱将罪犯卢××的尸体予以火化。

9 月 10 日晚 8 时许，卢××亲属赶到监狱，没有见到卢××的尸体。认为昨天还是好好的人，今天连尸体都不见了，肯定是被打死并毁尸灭迹的。于是，卢××亲属在监狱大吵大闹，要求赔偿人民币 30 万元。而监狱坚持认为自己依法办事无过错，不应该赔偿，最多只是给予一点象征性的生活补偿。期间，卢××亲属强烈要求监狱、驻监检察室予以赔偿，双方多次磋商均不欢而散。为达到向监狱施压、获得赔偿的目的，卢××亲属还向当地多家社会上颇有影响的报刊投递控告信。不少新闻媒体纷纷向监狱发出要求核实情况和采访的信函。为此，监狱指派政治处、纪委和办公室的同志多次调查、商议此事，并配合有关部门积极做好对卢××家属的工作，但在涉及金钱补偿数额上一直协商未果。此事件历时一年余才得以解决，可谓让监狱方伤透了脑筋，其中的教训极为深刻。

案例2　对患重病罪犯管理不当引发监狱执法危机案

某监狱罪犯徐××，2005年7月3日因动手打人被一级严管，7月6日到监狱卫生所第一次就诊，诊断认为是胃部不适。而后徐××又多次去监狱卫生所就诊。当年8月下旬，徐××开始将小便解在身上或棉被里，并时有呕吐，并将呕吐物到处乱吐，甚至吐到同犯碗里。起初民警没有发现徐××精神异常和其他病情症状，也未能按患病症状进行治疗，而是结合其他表现作为对抗管教处理。9月23日至30日又予以戴铐处理。期间，徐××用手铐撞击铁栅栏自伤自残，因未得到有效保护，双手腕表皮破损严重；队列训练时又摔倒，导致额头和双膝盖擦伤，事后又出现大小便感染伤口等。10月9日在意识不清情况下送省监狱中心医院就诊，诊断为“脑内胶质瘤”；后又转送至某省级医院就诊，结论为“颅内占位性病变（巨大），胶质瘤”。家属在探视时已是昏迷。后转回省监狱中心医院治疗，10月28日死亡。

徐××死亡当日下午，家属以“手腕、膝盖表皮挫伤、身上脓疮和延误诊疗”为由向监狱提出质疑，并纠集13人到监狱闹事；10月31日又纠集30多人赶到监狱，以打横幅、要求限期赔偿和处理有关民警等方式向监狱施压。为达到目的，徐犯78岁的父亲强宿监狱8天。后来徐××家属又以“民警体罚虐待，延误诊治，要求处理民警和经济赔偿”为由到市区及省城上访、控告，11月14日竟扬言到省政府进行抬尸闹事、集体上访。2006年3月至2006年4月，其父亲再次强宿监狱达31天，并扬言死在监狱；期间多次欲强行挤上监狱公务执行车等进行要挟。9月29日，17名家属及其他成员又极力阻碍尸体解剖的正常进行。

在积极争取当地政府及有关部门的支持下，监狱按照法律程序依法处置了家属闹事及徐××尸体解剖、火化等事项，并对整个过程进行拍照、录像。最后由地方、监狱共同出资给予徐××家属一定的经济补助，终将这起历时14个月由罪犯死亡引发的监狱执法危机事件得以了结。

案例3　罪犯正常病理性死亡处理案

2008年2月3日，农历十二月二十七，浙江遭遇五十年未遇的大暴雪。

当日下午，浙江某监罪犯何××（抢劫罪，六年，浙江三门人）从厂房收工回监房后，先后两次昏倒，经监内医务所及杭州某三甲医院全力抢救，不治身亡。最后，经杭州某三甲医院及省检察院法医的诊断，一致认定该犯是心源性猝死。

事发当晚，监狱立即向省局及驻监检察室通报案情，并连夜搜集有关何××发病前后的一些旁证材料，同时迅即和其父母取得联系。午夜12时，监狱成立了事件处置应急小组，并指定一个具有丰富谈判及工作经验的监狱调研员为总协调人。

2月4日中午，何××家属纠集老乡一行16人先后从各地赶来监狱。在接待室，何××母亲不听情况介绍，紧紧抓住其儿所在监区领导之衣服，呼天撞地说是监狱害死了其儿。在解释无用之下，监狱带领罪犯家属赶到医院太平间看尸体。在停尸房，其母一看如此寒冷天气，其儿却穿得很单薄（因抢救之需）时，竟大声痛哭说其儿是被体罚虐待以致被冻死的。于是监狱方严肃指出，至于何××的真正死因，我们让医生说话，让检察官说话，让法医来说话！在耐心解释之余，监狱方立即指派民警赶至商场，为尸体购买优质棉衣裤以包裹。

在等待过程中，其母多次冲破两名男民警的搀扶，欲强行冲到尸体旁，说一定要抱一抱亲生儿，监狱民警费九牛二虎之力终将其一次次阻拦在外，因为一旦其母冲撞并拥抱尸体成功，其儿身上难免会留下一些抓扯痕迹，这会给后续鉴定及协商工作造成一些被动甚至是麻烦。

在谈及尸体转运时，对方提出无论如何要把尸体拉回老家去火化。费了很多口舌，监狱方许诺将尸体转运至杭州设施最先进、服务最完备的杭州市殡仪馆后，他们才勉强答应。

当晚，家属们提出，何××入监时身体健健康康的，现在不明不白死亡，要求监狱至少赔偿50万元。监狱方明确告诉他们，何××死因没有任何外力因素，属于正常死亡，对此类事件，监狱机关仅作道义上的适当补助，不存在赔偿之说。于是其家属又威胁说，若达不到要求，就要去上访，去投诉！家属们还一致提出，绝不相信监狱方指定医院及检察院法医的尸检结论，认为有包庇袒护之嫌。

2月5日早上，由于宾馆员工大多回家过年，街上一些早餐店也已关门。这16个人的早餐一时成了问题。而公路上积雪之深加之严重冰冻也给监狱的后勤护送造成很大困难。听到罪犯家属因饥饿而发出的各种牢骚声，现场陪同民警拿起手机大声地向前方民警吼道：你们怎么现在还没送早点过来？如果路上积雪严重，即使走路也要把早点送来！半个小时后，听说监狱民警是走着10余里路送来肉包子，大部分罪犯家属表示感谢。

早上10点，家属请来了一个浙江台州籍的杭州某大学教授、博士生导师前去殡仪馆察看尸体，经实地察看及听介绍，该教授基本认同了心源性猝死这一病因，并示意如果家属不认同，可以另请法医作尸体解剖。考虑到专家的倾向性意见，家属们最后放弃了尸体解剖。

念及2月6日就是除夕，高速公路上又因积雪被封道，一些家属开始对回家之事心生焦急。该监总协调人给他们吃了一颗“定心丸”：至于你们回家之事，监狱会动用一切资源，为你们提供便利。下午三点，传来公路解除封道之消息，监狱想方设法联系车站，为他们购买了13张去浙江三门的车票，并提前5分钟将他们送到了车站。

2月23日（即正月十七），何××家属带上村支书、村长及医生等一行共20余人来到监狱。来之前，他们已通过各种人脉，联系上了浙江省的个别领导，以求来所洽谈时能多一些心理上的筹码。据说，他们对补偿款的心理价位是人民币10万，最少也要5万。

在接下来的一天中，监狱方据理力争，以大量事实印证了监狱非但在整个事件中没有任何过错，反而投入了巨大的人力、物力，并给予了充分的人道主义关爱。当听说补偿款只有2万时，村支书手臂一挥，欲扬袖回家，看他那咄咄逼人之势，监狱方严正指出：在处理何××死亡之事上监狱已表现出了足够的耐心和诚意，由于他是一个罪犯，又是正常的病理性死亡，要求监狱赔偿没有法律依据，你们请律师主张权益也是徒劳！如果错过了这次沟通协商机会，下次监狱就严格按照有关法律制度办事，到时一切责任全在你方！

当晚10点，家属们主动要求监狱作进一步商谈。对方提出三点：一是适当增加补偿额；二是给何××火化前一个较人性的安排；三是派车将其骨灰盒送至老家。对于第二、三点要求监狱方立即答应了，但在补偿额度上，又存在一些分歧，最终其父母排除干扰，接受了监狱的意见。于是，双方签订协议书，其中有两条主要条款：一是由监狱一次性支付给何××家属生活困难补助费人民币2.3万元；二是何××家属以后不得以任何理由和借口为此事向有关部门反映诉求和主张权利。

2月24日，监狱按照社会上正常人死亡火化的处置程序，让何××享受了一个社会公民人生最后一程的应有尊严。但在涉及车辆安排上，监狱费了很多周折，由于杭州离三门有500多公里，经多方联络，监狱才以1 700元争取到了一辆殡仪馆的灵车并将其骨灰盒送回家。在最后上车间隙，对方家属紧握着监狱全程陪同民警之手，深表谢意。

技能训练

根据以上案例进行操练，重点把握罪犯死亡处理的程序，学会填写罪犯死因鉴定书、死亡通知书等相关法律文书。

一、制作《罪犯死因鉴定书》

罪犯死因鉴定书，是监狱机关指定专门医院填写的有关鉴定罪犯死亡原因的专门执法文书。罪犯死因鉴定书的制作是从医学的角度对罪犯的死因作出医学鉴定，从而保障罪犯死因的准确性、科学性，维护法律的尊严及维护罪犯的合法权益。

《罪犯死因鉴定书》由基本情况栏、医院或法医鉴定栏和批示栏组成。

(1) 基本情况栏。该栏目填写死亡罪犯的基本情况，可从罪犯相关档案材料中转抄，由监狱负责填写。其中，“死亡类别”是指正常死亡和非正常死亡两种情况。“死亡时间（年月日)”要求填写罪犯死亡的实际时间，要以医院下达死亡通知书的时间或医院、法医认定的死亡时间为准，要准确到年、月、日、时，以保证该文书的法律性和严肃性。

(2) 死亡原因及死亡经过栏。是病亡的，填清罪犯初诊时间、病情，简要治疗经过、救治经过、死亡时间、医院对该犯死亡的结论；是非正常死亡的，写清楚时间地点、因何原因死亡。

(3) 医院或法医鉴定意见栏。由医院或法医填写。罪犯死亡属于非正常死亡，或虽属于正常死亡但亲属对死因有异议的，必须有法医鉴定意见。

(4) 意见栏。分别由监狱及人民检察院的专业部门进行填写。“驻监检察机关意见”由驻监检察机关填写。

(5) 尸体、骨灰的处理情况和埋葬、安置地点栏。指对死亡罪犯尸体是否火化，骨灰是交罪犯亲属还是埋葬或监狱代为保管。骨灰就地埋葬或监狱代为保管的，填清楚埋葬或监狱代为保管的地点。

示例参见表 8-1。

二、制作《罪犯死亡通知书》

罪犯死亡通知书是监狱将在押罪犯的死亡情况告知罪犯家属或有关机关而制作的执法文书。制作罪犯死亡通知书，可让罪犯家属及时知晓罪犯已经死亡的情况，并到监狱处理死亡罪犯后事、领取罪犯遗物。

罪犯死亡通知书两纸五联，在结构上有存根、正本、回执之分。其中，正本的发放对象有：罪犯家属、人民法院、人民检察院。内容包括标题、发文

表 8-1　罪犯死因鉴定书

姓名	刘×	性别	男	民族	汉
文化程度	初中	籍 贯	湖北钟祥	出生日期	1985 年 2 月 25 日
家庭住址	湖北省钟祥市××乡××村 37 号				
罪名	盗窃	刑期	四年六个月	刑期起止	2008 年 7 月 14 日至 2013 年 1 月 13 日
死亡类别	正常死亡			死亡时间	2009 年 6 月 26 日
死亡原因及死亡经过	罪犯刘×，2008 年 12 月 23 日入监，2009 年 2 月调入八监区改造。2009 年 5 月 26 日，该犯在厂房因感觉胸闷，当晚住医务所观察；5 月 27 日转往××省青春医院治疗；5 月 28 日省青春医院发出病危通知单，其母亲于 5 月 31 日从老家赶往医院进行陪护。6 月 2 日，省青春医院鉴定为风湿性心脏病、二尖瓣主动脉重度关闭不全。下午即转到××省人民医院急诊，后转回青春医院继续治疗。6 月 5 日，省青春医院再次发出病危通知书，并转××省人民医院独立病房进行治疗。经省人民医院专家集体会诊确认刘×病情日趋恶化，治疗措施难以见效，且无法进行手术治疗，属于重症病人随时有生命危险。6 月 25 日晚 6 点，刘×病情恶化，转入重症监护室，6 月 26 日上午 10 时 27 分，刘×经医院全力抢救无效死亡。在刘×住院抢救、病危、死亡期间，其母亲始终在场陪护。				
医院或法医鉴定意见	同意监狱医院意见，诊断正确，治疗合理，抢救措施恰当，属正常疾病死亡。 (签名或盖章) 2009 年 7 月 10 日				
监狱意见	同意医院鉴定意见。 (公章) 2009 年 7 月 10 日				
驻监检察机关意见	同意医院鉴定意见。 (公章) 2009 年 7 月 10 日				
尸体、骨灰的处理情况和埋藏、安置地点	罪犯刘×尸体已于 2009 年 7 月 20 日火化，罪犯亲属已于尸体火化当日来监狱将刘×骨灰领走。				

字号、称呼、通知事项、署名和时间。

(1) 发文字号：一般采用（2009）×××通字第××号的形式编写。横写文号共 6 处，全部采用阿拉伯数字来写，竖写文号（骑缝处）四处，全部采用汉字大写，如“（贰零零玖）通字第壹号”，横写和竖写文号应一致。

(2) 称呼：通知书发往人民法院、人民检察院的，应当用全称。如浙江省杭州市人民检察院。通知罪犯家属，可针对罪犯家属的不同身份使用不同的称呼。

(3) 通知事项：是指通知书中所列空白项目。填写时应准确，对号入座。空格项依次填写清楚罪犯家属称呼、罪犯姓名、死亡原因及详细地址。

(4) 署名及时间：需要加盖机关印章并注明成文日期。

示例参见表 8-2。

表 8-2

罪犯死亡通知书		罪犯死亡通知书		罪犯死亡通知书		罪犯死亡通知书		罪犯死亡通知书
（存根） (2009)浙×监通字 第2号 姓名：刘× 性别：男 出生日期：1985年2月25日 罪名：盗窃罪 刑期：4年6月 入监日期：2008年12月23日 死亡时间：2009年6月26日上午10时27分 死亡原因：心脏疾病 罪犯家属姓名： 游×× 发往××人民法院 ××人民检察院 通知发出时间： 2009年6月26日 填写人：王×× 批准人：赵× 填发时间：2009年6月26日	（贰零零玖）浙×监通字第贰号	（回执） (2009)浙×监通字 第2号 罪犯死亡通知书我已收到。 家属：游××（签字） 2009年7月2日11时 注：请将此回执寄回发函单位。	（贰零零玖）浙×监通字第贰号	(2009)浙×监通字 第2号 游××： 罪犯刘×在服刑期间，因心脏疾病于2009年6月26日10时死亡，请即来处理后事。如不能前来，请速告，我们将依法予以处理。 地址：××市文华路××监狱 电话：0571—×××××××× 特此通知。 （公章） 二零零九年六月二十六日十四时	（贰零零玖）浙×监通字第贰号	(2009)浙×监通字 第2号 ××人民法院： 罪犯刘×在我监服刑期间，因心脏疾病于2009年6月26日10时死亡。 特此通知。 （公章） 二零零九年六月二十六日十四时	（贰零零玖）浙×监通字第贰号	(2009)浙×监通字 第2号 ××市人民检察院： 罪犯刘×在我监服刑期间，因心脏疾病于2009年6月26日10时死亡。 特此通知。 （公章） 二零零九年六月二十六日十四时

视野拓展

一、联合国规章的规定

联合国《囚犯待遇最低限度标准规则》第44条第1款规定，“囚犯死亡、病重、重伤或移送一个机构接受精神治疗时，主任应立即通知其配偶（如果囚犯已婚），或其最近亲属，在任何情况下，应通知囚犯事先指定的其他任何人。”

《联合国保护被剥夺自由少年规则》规定，遇所内少年死亡、因生病而需要将他转送到所外医疗机构或因其健康状况而需要在监禁设施内接受门诊治疗48小时以上时，监禁设施的第一负责人应立即将此情况通知该少年的家属或监护人或其他指定者。遇所内少年为外国公民时，应将此事通知其所属国家领事当局。遇所内少年在其被剥夺自由期间死亡，关系最近的亲属应有权查验死亡证明书、验看遗体和决定处置遗体的方法。如系释放后6个月内死亡，并有理由认为死亡原因与拘留期间有关，也应进行这种调查。

二、有关国家关于罪犯死亡的法律规定

从当前的资料查证看，一些国家对罪犯死亡问题都作出了相应的规定。如日本《监狱法施行规则》（1908年6月施行，1995年3月最后修改）关于罪犯死亡共规定了6条，内容涉及勘验、死亡簿的记载、死亡的通报、尸体的解剖、尸体处理记录等方面。如该规则第177条规定，在监人死亡时，所长（指刑务所、少年刑务所和拘置所之长）应勘验其尸体；病死的，监狱医师应将其病名、病历、死因和死亡时间记载于死亡簿，并签名；自杀及其他非正常死亡的，应向检察官和警察署通报，接受勘验，将勘验者和见证人的官员及勘验结果记载于死亡簿。第178条规定，死亡者的病名、死因和死亡时间应立即通报死亡者的亲属；死亡者系刑事被告人或被科处监置者的，还应分别通报检察官或法官。日本《刑事设施及服刑者处遇法》（2006年7月1日起施行）则规定，服刑者死亡后，首先应及时通知遗属，向其支付劳动作业奖励金，退还遗留物品；当没有家属对尸体进行埋葬或火化时，则由刑事设施进行埋葬或火化。《大韩民国行刑法》第40条规定，受刑者在劳动中致残或者死亡的，按照法务部长官的有关规定，可以支付伤残补贴和死亡抚恤金。补贴是在释放时支付给本人，抚恤金是支付给其家属。

【课后思考】

一、简要论述题

1. 在执法实务中，罪犯死因鉴定应如何操作?

2. 我国法律对死亡罪犯家属发放生活补助有哪些规定?

3. 监狱应如何建立与健全罪犯死亡处置应急预案?

二、案例分析题

1. 2005 年 5 月 25 日，某监狱系统组织罪犯参加篮球比赛，A 监狱组织罪犯前去 B 监狱参加篮球赛，在返回 A 监狱途中发生车祸，其中罪犯郑某不幸死亡，请问郑犯是因工死亡吗? A 监狱应如何处理该事件?

2. 2007 年 9 月 7 日，某监狱罪犯因患精神病并发生严重的内科疾病，送至省监狱中心医院治疗，专家会诊为“恶性症候群”。10 月 3 日，医院发出“病危通知书”，家属获悉后提出留下来陪护的请求，因医院无家属陪护的先例，未得到院方同意。4 日，该犯死亡。事发后，家属以死亡原因不明、医院误诊为由提出异议，认为省监狱中心医院不是精神病医院属于非法行医。监狱迫于家属的强烈要求，联系了社会上的某司法鉴定机构作死因鉴定，并得出了客观权威的结论。最后，以给予家属一定的困难补助解决。针对此事件，谈谈你的看法。

【推荐阅读】

1. 王志亮著：《外国刑罚执行制度研究》，广西师范大学出版社 2009 年版。

2. 中国劳改学会编：《中国劳改学大辞典》，社会科学文献出版社 1993 年版。

3. 中华人民共和国司法部编：《中国监狱史料汇编》，群众出版社 1988 年版。

4. 司法部监狱管理局编：《监狱工作手册》（第五辑），内部资料，2007 年印。

5. 夏勇著：《人权概念的起源》，中国政法大学出版社 1992 年版。

6. 中国监狱学会、司法部监狱管理局编：《外国监狱法规汇编》（五），中国政法大学出版社 2002 年版。

7. 浙江省监狱管理局编：《浙江省监狱机关执法指南》（试行），罪犯死亡处理部分，内部资料，2010 年编。

附录一

浙江省监狱机关执法工作指南(试行)

(死亡处理部分)

第八章 死亡处理

第一节 机构及职责

第六十六条 监狱应当成立由监狱领导、有关主管职能部门及医院负责人组成的应急处置罪犯死亡事件领导小组，负责对罪犯死亡事件的应急指挥、协调、处置以及善后工作。

第六十七条 根据罪犯死亡的不同原因，监狱的下列主管职能部门是负责相应调查处理的主办部门：

(一) 生活卫生部门是处理罪犯正常死亡事件的主办部门；

(二) 监狱劳动改造部门是处理罪犯在劳动中致死事件的主办部门；

(三) 监狱狱政管理部门是处理罪犯自杀、意外死亡事件的主办部门；

(四) 监狱狱内侦查部门是处理罪犯他杀死亡案件的主办部门。

监狱医院、法制部门应当参与上述主办部门的处理工作。

第六十八条 监狱应当按照以下要求处理死者家属的来访诉求或者来信诉求：

(一) 接待来人诉求洽谈或者处理来信诉求答复的部门，由监狱应急处置罪犯死亡事件领导小组根据谁主办谁负责的原则指定承办部门；

(二) 负责做好死者家属来访诉求或者来信诉求的接待、处理工作；

(三) 充分分析死者家属可能提出的问题或信中反映的问题，并及时查找相关法律、文件依据；

(四) 明确告知或答复相关情况，避免死者家属产生疑虑或者不信任；

(五) 告知或者答复内容包括死亡原因、鉴定结论、对死亡事件处理的依据和意见，死者家属的相关权利义务一并告知；

(六) 处理死者遗物、尸体火化、对死者档案的整理等工作，由狱政管理部门指导或者办理。

第二节 处置程序

第六十九条 发现罪犯死亡迹象时，事发单位民警应当及时判明罪犯有无脉搏、呼吸、体温等生命特征，有抢救可能的，应当就地进行人工呼吸等急救，或者立即送往就近医院抢救。

第七十条　监狱对罪犯死亡的处置工作，应当按照以下要求和程序进行：

（一）事发单位值班民警立即分别向本单位的上级领导和监狱主管职能部门报告。

（二）监狱主管职能部门接到报告后，立即报告主管副监狱长或者值班监狱领导，并紧急启动应急处置预案。

（三）监狱领导接到罪犯死亡报告后，立即向省局主管职能部门负责人或者省局总值班室报告；接到报告的人立即向主管副局长或者值班局领导报告。

（四）罪犯死亡后，监狱在24小时内书面报告省局主管职能部门，通知原判人民法院。发生重大、特大非正常死亡事件的，监狱在8小时以内以《要情》向省局报告，省局在24小时内传真报告部监狱管理局。对在全国范围内有重大影响的事件，在4小时内书面报告部监狱管理局。监狱和省局应当分别续报事件原因、处置措施、进展情况和处理结果。

（五）监狱或者事发单位立即通知罪犯家属，并做好告知时间、告知内容、被告知人等的专门记录。

（六）事发单位做好尸体、遗物、痕迹等现场保护，并配合监狱主办部门开展调查取证工作。

（七）主办部门及时客观、全面地收集罪犯死亡事件或死亡案件的证明、证据材料。

（八）主办部门根据死因鉴定和相关证明或证据材料进行分析，提出结论性意见。

第七十一条　对罪犯非正常死亡的，应当按照以下要求和程序进行：

（一）罪犯在监内或监狱医院死亡的，由监狱医院或者委托具有鉴定资质的县级以上医疗机构作出死亡鉴定。罪犯在地方医院或者省监狱中心医院死亡的，委托地方医院或者省监狱中心医院出具死亡证明。

（二）监狱及时将死亡鉴定结论抄送驻监检察机关。

（三）监狱的狱政管理部门根据医疗机构出具的死亡证明书，及时开出《罪犯死亡通知书》，由罪犯所在监区送达死者家属，并要求其在回执上签字。

（四）人民检察院对监狱医院或其他医疗机构作出的死亡证明有异议，决定重新对死亡原因作出法医学鉴定的，监狱积极配合。

（五）死者家属对医疗机构作出的死亡证明有异议的，由监狱告知其向监狱所在地人民检察院提出；对诊疗有异议的，由监狱告知其按照《医疗事故处理办法》的规定，向监狱所在地卫生行政部门提出。

（六）人民检察院重新鉴定的结论由人民检察院告知死者家属，并通报监狱。

第七十二条 对罪犯非正常死亡或者不能确定属于正常死亡的，应当按照以下要求和程序进行：

（一）监狱主管职能部门接到罪犯死亡的报告后，立即通知驻监检察机关24小时内对尸体进行检验。

（二）对死因不明需要进行尸体解剖的，由监狱通知死者家属在规定的合理时间内到场，并让其在《解剖通知书》上签名；死者身份不明无法通知或者死者家属无正当理由拒不到场或者拒绝签字的，不影响尸体解剖的进行，但需要在《解剖通知书》上注明。

（三）尸检结论由检察机关告知死者家属，并抄送监狱。

第七十三条 监狱或者死者家属对人民检察院作出的法医学鉴定结论有异议要求再次鉴定的，由省监狱管理局的主管职能部门参照《浙江省人身伤害和精神病医学鉴定规定》的有关规定，委托浙江省人身伤害鉴定委员会作出最终鉴定。

省监狱管理局收到浙江省人身伤害鉴定委员会作出的最终鉴定后，应当立即抄送监狱、驻监检察机关和死者家属。

第七十四条 监狱对罪犯的尸体应当按照以下要求处理：

（一）罪犯尸体在其家属收到死因最终鉴定结论后72小时内，由殡仪馆凭死亡证明实施火化。

（二）尸体火化前，监狱将火化时间、地点通知死者家属。火化时间根据死者家属到场的路途远近和交通状况合理确定。

（三）死者家属要求延期火化尸体的，必须在收到死因最终鉴定结论之日起7日内向监狱提出申请，监狱根据申请理由和实际情况决定是否延期。

（四）监狱或者驻监检察机关认为需要延期火化尸体的，不受期限的限制。

（五）因患重大传染性疾病死亡，对尸体处理有特殊要求的，按国家有关规定办理。

（六）对少数民族罪犯死亡的，尊重其丧葬习俗，妥善处理。

（七）对外国籍罪犯死亡的，按照“两院、四部”《关于处理涉外案件若干问题的规定》精神办理，及时通报罪犯所属国驻华使领馆。

（八）监狱允许死者家属在殡仪馆举行悼念仪式，但费用自理。

（九）尸体保存时间超过第一项规定的期限后，死者家属要求继续保存的，经监狱书面同意后，到当地殡葬管理机构审批，并由死者家属凭批准书与殡仪馆办理相关手续。监狱告知死者家属自行支付延续后的费用，按月结清。

（十）死者家属逾期拒不办理尸体保存相关手续，或者相关费用未按月结清的，监狱自接到殡仪馆通知之日起7日内将情况通报死者家属所在地乡镇（街道）人民政府，并作出火化尸体的决定，送驻监检察机关审查。检察机关审查同意火化的，监狱出具强制火化通知书，由殡仪馆凭死亡证明和强制火化通知书实施火化。

第七十五条 监狱对死亡罪犯的骨灰按照以下要求处理：

（一）火化时家属在场的，骨灰由其家属直接领回；

（二）火化时家属不在场或者死者家属拒绝领回骨灰的，骨灰由监狱寄存殡仪馆3个月，同时将寄存凭证复印件和领取骨灰通知书挂号邮寄死者家属，通知其在寄存的3个月内领回；

（三）身份不明或者其家属无法查找通知的，骨灰由监狱在殡仪馆寄存1年；

（四）骨灰在殡仪馆超过寄存期仍无人认领的，由殡仪馆按无主骨灰处理。

第七十六条 处理罪犯死亡过程中所涉及的抢救诊疗、尸体运送、遗体保存、尸体检验、解剖鉴定、尸体火化、骨灰寄存及处理相关费用由监狱承担。上级文件规定必须由死者家属承担的费用除外。

第七十七条 罪犯死亡事件（案件）调查处理完毕后，监狱的主办部门应当将事件（案件）经过、死因鉴定、调查结论、相关责任处理意见、善后工作等情况，书面专题报省局主管职能部门备案。

第七十八条 发生罪犯死亡事件的监区应当将死亡鉴定材料、事件（案件）调查材料和《罪犯死亡通知书》副本归入死亡罪犯副档，移送监狱的狱政管理部门。

第七十九条 罪犯在服刑期间死亡的，监狱的狱政管理部门应当指导和办理对死亡罪犯正档、副档的整理，并按《浙江省罪犯档案管理实施细则》规定范围、顺序和方法装订，移交监狱档案室。

任务九　罪犯释放处理实务

基本要求：通过学习，使学生（员）了解罪犯释放的主要种类及法律依据，掌握罪犯释放的基本执法流程，注重维护一些特殊罪犯释放前的合法权益，努力做好三类罪犯释放环节的刑务处置工作。

释放作为刑事执行链中的最后一个环节，标志着人民法院对罪犯作出的刑罚判决已经执行完毕。严格遵循罪犯释放的基本程序和要求，保障罪犯的按期被释放权和其他合法权益，努力做好刑释人员的帮教考察工作，这对于张扬刑罚之神圣与威严，提升刑罚执行机关的执法信誉，推进社会治安综合治理，构建社会主义和谐社会，具有极其重要的现实意义。

基本知识

一、释放的概念

从广义上来说，释放是指国家有关部门对被拘留、逮捕、判处徒刑的违法犯罪分子，在具备法律规定的条件时，依法解除其监禁状态，恢复其人身自由，使其回归社会的一种法律制度。这里的国家有关部门包括公安机关（看守所、拘留所）、人民检察院、人民法院以及司法行政机关（监狱、劳教所、戒毒所）。

依释放发生的阶段不同，可以分为侦查、起诉、审判和执行阶段的释放，如公安机关、检察机关和人民法院发现被拘留、逮捕的人不应当拘留、逮捕，或者拘留、逮捕的原因已经消失时，立即释放被拘留、逮捕的人；人民法院审理后，判决被告人无罪或者免除刑事处罚，宣判后立即释放在押的被告人。本部分所要论述的主要是刑罚执行阶段的释放，它指国家刑罚执行机关依法解除服刑罪犯的被监禁状态，恢复其人身自由，终结刑罚执行活动的一项刑事执法制度。

释放包含三层含义：一是表明罪犯被判处的剥夺人身自由的刑罚执行过程已

经结束；二是表明经过服刑改造的人员重新融入社会的新生活已经开始；三是表明社会对刑罚执行机关改造效果之检验与评估已经开始。释放的对象是依法被判处拘役、有期徒刑的罪犯，以及原判死缓或无期徒刑但已经减为有期徒刑的罪犯。

二、释放的种类

西方国家，从释放犯人的依据看，可将释放分为四类：一是酌定释放，最主要形式是假释；二是强制释放，如加拿大法律规定犯人服完 2/3 刑期后，如果没有被假释，就必须按照法定释放形式从监狱中释放；三是刑满释放，虽是最古老形式但现实中实施率很低；四是紧急释放，如美国一些州，采用此法以缓解监狱过度拥挤状况。从我国释放的法律依据看，释放可以分为刑满释放、假释释放、再审释放和特赦释放四种。①

（一）刑满释放

刑满释放，是指罪犯被人民法院依法判处的刑罚期限已经执行完毕，从而获得的释放。它包括罪犯法定释放和减刑释放两种。监狱应当准确掌握每个罪犯的刑期起止日期，对于刑期将满的罪犯，应在释放前一定时间内，对其开展形势、政策和法纪等教育，帮助他们正确对待就业和前途等问题，为出狱后归正社会做好思想准备。除此，监狱要事先做好罪犯刑满释放的各项准备工作，在其刑期届满之日的 24 小时之内，办理好释放手续，按期予以释放，不得以任何理由拖延释放时间。

（二）假释释放

这一类释放，不属于严格意义上的释放，而是一种“假定的释放”，是一种附带条件让罪犯提前回到社会上的刑罚执行制度。被假释的罪犯在假释期间实际处于可能要收监执行的不确定状态。在假释考验期内，如果罪犯没有违反法律、行政法规及国务院公安部门有关假释管理之规定，则考验期满就认为原判刑罚已经执行完毕；相反，如果在考验期间罪犯违反了有关规定，就要撤销假释，重新收监执行。现实中，由于我国对罪犯实施假释在人员及数量上均从严控制，故重新收监执行率很低，因而假释释放又成了一种事实上具有普遍性的释放形式。

（三）再审释放

再审释放，是指人民法院按照审判监督程序，对事实认定或者法律适用上确有错误（将不该判刑的人判了刑或者将应当判轻刑的人判了重刑）的判

---

① 参见金鉴主编：《监狱学总论》，法律出版社 1997 年版，另韩玉胜教授认为释放可分为三类，即刑满释放、根据人民法院的重新判决或裁定释放和特赦释放；学者陈宝友在《中国监狱服刑人员基本权利研究》（冯建仓主编，中国检察出版社 2008 年版）一书中，将释放分为四类：因服满原判刑罚而释放、服满裁定减刑后的刑期而释放、服满裁定加刑后的刑罚而释放和因服满改判后的刑罚而释放。

决予以撤销，并且根据事实和法律作出被告人无罪或者改判较轻刑罚，监狱根据人民法院的再审判决或裁定，对无罪的在押人或者再审判决后刑期已满的服刑人员予以释放的执法活动。这里需特别说明的是，监狱根据人民法院所作的无罪判决释放在押人，虽然也称为释放，但属于无罪释放，这和其他形式的释放有本质上的区别。

（四）特赦释放

特赦释放是监狱根据人民法院的特赦通知书，对正在服刑改造的特定罪犯，免除其原判刑罚的剩余部分，提前予以释放的一项执法活动。

特赦与大赦不同。大赦的适用范围很广，凡在某一时期内犯一定之罪的都可适用，而不以特定的人为限；大赦的赦免效力很大，它不仅免除刑罚执行，而且使罪、刑从根本上消灭；凡受大赦赦免的，不存在前科。大赦通常由国家元首或国家最高权力机关以命令方式宣告，而不由司法机关决定。中国古代在皇帝登基、更换年号、立皇后、立太子等情况下，常以施恩为名，颁布大赦令，赦免犯人。我国 1954 年宪法中规定了大赦和特赦，而 1975 年、1978 年、1982 年宪法中都只规定了特赦。

对于特赦条件，我国宪法及法律没有具体规定，只是赋予了国家主席发布特赦令的权利。新中国成立后，我国分别于 1959 年、1960 年、1961 年、1963 年、1964 年、1966 年和 1975 年，分 7 次对确已改恶从善的蒋介石集团、伪满洲国和伪蒙疆自治政府的所有在押战犯进行了赦免。当今，由于没有战犯，所以特赦的对象不易确定。在特赦操作上，具体做法是：凡是最高人民法院判决的，由最高人民法院制发特赦通知书；凡是地方高级人民法院判决的，由高级人民法院制发特赦通知书；凡是军事法院判决的，由军事法院制发特赦通知书。特赦通知书下达后，监狱应立即办理释放手续，释放罪犯。

法律依据

作为一项极其严肃的刑事执法活动，我国法律法规对罪犯释放问题作出了诸多规定：

一、《中华人民共和国宪法》的规定

第六十七条 全国人民代表大会常务委员会行使下列职权：……（十七）决定特赦；……

第八十条 中华人民共和国主席根据全国人民代表大会的决定和全国人民代表大会常务委员会的决定……发布特赦令……

二、《中华人民共和国刑事诉讼法》的规定

第二百零九条 第一审人民法院判决被告人无罪、免除刑事处罚的，如果被告人在押，在宣判后应当立即释放。

第二百一十三条 第五款 判处有期徒刑、拘役的罪犯，执行期满，应当由执行机关发给释放证明书。

三、《中华人民共和国监狱法》的规定

第三十五条 罪犯服刑期满，监狱应当按期释放并发给释放证明书。

第三十六条 罪犯释放后，公安机关凭释放证明书办理户籍登记。

第三十七条 对刑满释放人员，当地人民政府帮助其安置生活。

刑满释放人员丧失劳动能力又无法定赡养人、扶养人和基本生活来源的，由当地人民政府予以救济。

第三十八条 刑满释放人员依法享有与其他公民平等的权利。

执法程序

释放是刑罚执行工作的重要一环，必须严格按照程序进行。释放的程序主要包括五个方面（请参见图 10）：①

一、做好罪犯释放前的出监鉴定工作

在释放罪犯前，监狱民警应本着对罪犯、对监狱、对社会负责的精神，认真做好拟释放罪犯的出监鉴定工作。具体包括两个方面：一是认真填写《罪犯出监鉴定表》。即将出狱的罪犯，由押犯单位分管民警从认罪服法、遵守监规、三课学习、习艺劳动、百分考核、行政及刑事奖惩等方面，对其服刑期间的思想及改造情况作一综合评价，并及时将该表上报监狱狱政部门审核

---

① 由于《监狱法》一直没有出台实施细则，故当今关于服刑人员释放之具体性操作规程大多是借鉴、参照以往之规定。如 1982 年颁布的《监狱、劳改队管教工作细则》第 30 条规定："监狱、劳改队在犯人刑期届满之日必须予以释放，并发给释放证明书。释放回家的，要发给路费、途中伙食费和粮票，办理粮、油供应的转移手续。患有重病的，应当通知家属来接，或由劳改单位派人护送。犯人释放前，应当为其作出出监鉴定，填写'犯人出监鉴定表'，连同判决书（或抄件）一起移送释放人员安置落户所在地的公安机关。对在劳动改造期间因公致残的，释放时可根据国家规定和具体情况发给生活补助费，或由国家养起来。"

一般程序
分监区确认释放日期
填出监鉴定表，附档案报监区
监区审查
狱政部门审核
主管副监狱长签署意见
盖监狱公章
狱政部门开具证明
通知监区
监区管教民警领证
通知分监区管教员领取
分监区谈话教育和问卷调查
告诫有关事项
监区返还代管物品和存款结余
发给路费
分监区收回囚服、囚被，上交监区
检查携带物品
发给释放证或假释证
带领至监管室
监管室民警验证、验身，核对日期
带领民警签字
从通道门出监
其他要求
刑满或假释人员有精神障碍或身体病残，不能自行回籍的
事先通知家属来监接回
必要时派人送回
刑满或假释人员患有传染性疾病的
通知当地疾控部门
浙江籍罪犯刑满或假释的
提前30天书面通知原籍地公安机关和司法行政机关
罪犯假释或有剥夺政治权利的
7个工作日内向原籍地公安机关和司法行政机关寄送有关文件和材料
驱逐出境
刑满前一个月将判决书、执行通知书的副本送省公安厅
刑满前查验护照、签证
无护照、签证的联系查找、补办
协同看押武警、公安外事民警押送
监督离境
摄录影像存档

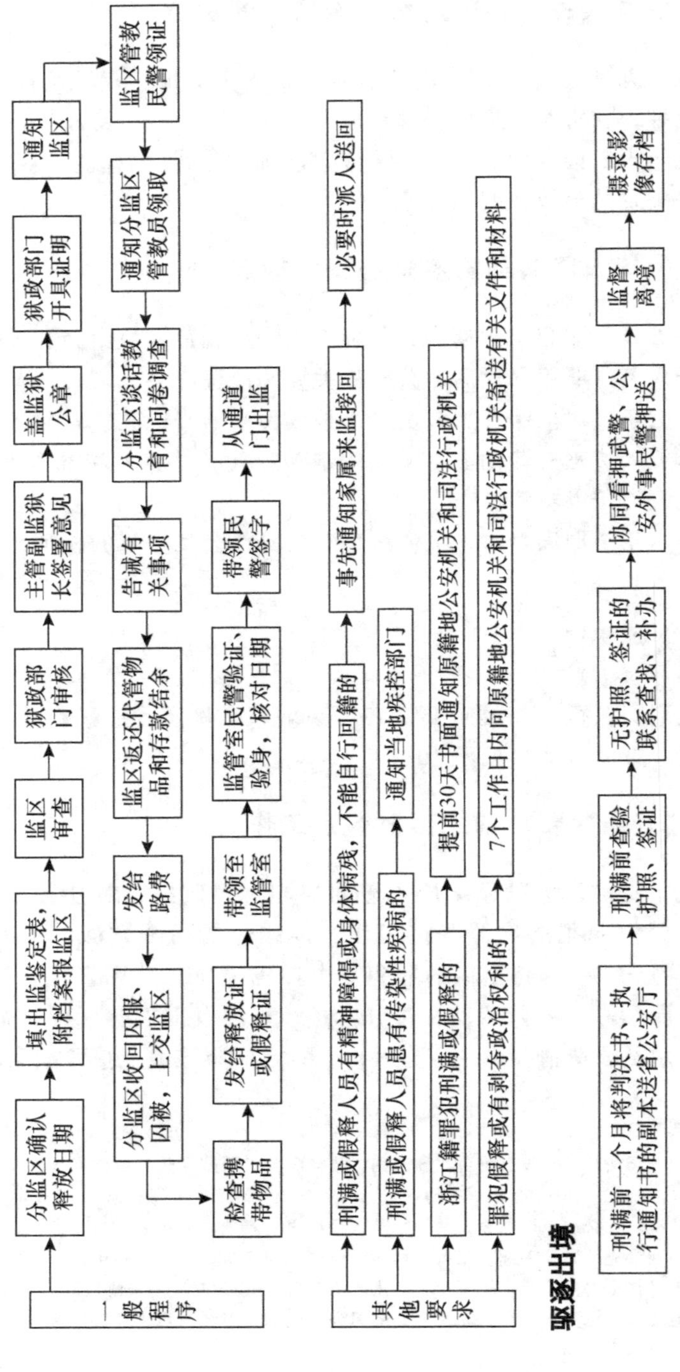

图10 释放、假释

和监狱领导审批，最后将该表归入罪犯改造档案。二是积极开展罪犯出监后重新犯罪预测评估。《监狱教育改造工作规定》第58条规定："监狱应当根据罪犯在服刑期间的考核情况、奖惩情况、心理测验情况，对其改造效果进行综合评估……"何谓"改造效果"，相关规章制度对此未作具体说明，从当前国家对监狱工作的要求以及广大民众对监狱工作的期望看，围绕罪犯出监后"再犯可能性"进行量表测试及综合评估，已成为罪犯出监鉴定工作中的极其重要一环，日渐纳入民警的执法工作流程。江苏、上海监狱系统还在刑释人员再犯可能性量表研制上迈出了实质性的一步，并取得了一些丰硕的成果。

二、向刑释人员发放释放证明书

对于那些服完原判或减刑后剩余刑期的人员，监狱要向他们发放释放证明书。这一法律凭证标志着罪犯已依法获得释放，成为一个自由公民。释放证明书应在罪犯出狱当天予以签发，刑释人员持此证明书到户籍地公安机关申报户口，申领居民身份证。实践中，对一些因刑期过短、积分过低未曾获得减刑奖励的罪犯，抑或是那些获得过减刑奖励但释放日期处于春节法定假期的罪犯，很多监狱会视情给予刑满前最长不超过七天的特许探亲假。除此，许多省（市、区）监狱机关还要向刑释人员发放《回归报到证》，以便于户籍地司法行政机关做好后续帮教工作。另外，对于外国籍犯和家居港、澳、台的罪犯，监狱应当在其刑满前3个月，向省、自治区、直辖市公安厅（局）进行申报，以方便给他们办理出境手续。

三、向刑释人员发放属于其个人的合法财产或物品

我国《宪法》第13条规定，国家保护公民的合法的收入、储蓄、房屋和其他合法财产的所有权。罪犯也是国家之公民，其个人合法财产或物品受法律保护。刑释人员合法财产、物品主要包括以下几个方面：一是入监时带入由监狱负责保管的物品，如金银首饰、有价证券、通信工具及其他贵重物品等，家属已经带回的除外；二是罪犯个人账户上的余额，包括劳动报酬、零用金、会见款、邮寄款等；三是罪犯入监时或改造期间带入的正常生活、学习用品和其他大件物品（如电脑、乐器等）；四是罪犯在改造期间创造的各类智力产品，如书画、文稿、小制作等，涉及监狱秘密的各类图纸、规划、软件等除外；五是罪犯在服刑期间获得的各类学历、技术等级与获奖证书；六是监狱认为可由其带走的其他物品，如改造日记、来往信件等。

四、向刑释人员发放路费或生活补助费

一般情况下，监狱将视刑释人员个人经济状况、家庭住所远近发放回家路

费，确保每一个罪犯能顺利回家。对于在刑罚执行期间因工伤残的罪犯，在其释放时，根据《罪犯工伤补偿办法（试行）》（司发［2001］013号）第13条规定，监狱发给其一次性伤残补助金，标准为：一级伤残相当于36个月、二级32个月、三级28个月、四级24个月、五级16个月、六级14个月、七级12个月、八级10个月、九级8个月、十级6个月的本人劳动酬金加基本生活费。《罪犯工伤补偿办法（试行）》第14条规定："罪犯因工负伤，治疗未终结就已刑满释放的，应继续在指定医院治疗。治疗终结后，按规定评定伤残等级，发给一次性伤残补助金。"这些规定，体现了国家对因工伤残罪犯刑释后正当权益的关心和维护。

五、向有关部门寄送《刑满释放人员通知书》等材料

《监狱教育改造工作规定》第59条规定，"监狱应当在罪犯刑满前一个月，将其在监狱服刑改造的评估意见、刑满释放的时间，本人职业技能特长和回归社会后的择业意向，以及对地方做好安置帮教工作的建议，填入《刑满释放人员通知书》，寄送服刑人员原户籍所在地的县级公安机关和司法行政机关。"执法实务中，针对各类释放人员，监狱还须将关于罪犯的《起诉书》、《判决书》、《刑事裁定书》、《假释执行通知书》连同《刑满释放人员通知书》一同寄送户籍地公安和司法行政机关。

六、释放后的帮扶和考察

罪犯释放标志着监狱所担负的对罪犯实施惩罚和改造的任务已经结束，但并不意味着监狱职责因罪犯的刑满释放而完全终结。1987年，党中央批转了《全国政法工作座谈会纪要》，第一次系统而又明确地提出，罪犯改造工作要实现"三个延伸"，即向前延伸、向外延伸、向后延伸。其中，"向后延伸"指的是监狱在罪犯出狱时，要如实向地方政府介绍其改造表现，并协助地方政府做好刑释人员的安置帮教工作。监狱机关"向后延伸"的主要工作可归结为三点：

一是爱心帮教。帮助刑释人员走好归正后的人生路，是新形势下监狱工作价值取向中的应有之义。如针对出狱后短时内可能会生活无着落或陷入困境的老弱病残归正人员，监狱机关应在政策指导、部门联络、生活扶助等方面再尽一份力；针对那些服刑多年，具有明显的监狱人格，社会适应能力欠缺的归正人员，监狱机关有必要进一步发挥民警的心理治疗作用，为其尽快成为正常"社会人"献一份爱心。

二是信息反馈。为加强对刑释人员的接茬帮教工作，推进社会综合治理，监狱在寄送有关材料时，应将在出监前排摸和筛选出的重点人员防控意见，一并反馈给刑释人员户籍地的公安和司法行政机关。除此，针对个别身患精

神性、传染性疾病的刑释人员，监狱机关应适时通知户籍地司法行政、卫生主管等部门，便于社会有关机构做好疾病评估及防控工作。

三是跟踪考察。刑释人员经过服刑改造，是否已真正改恶从善，成为遵纪守法的社会主义合格公民，还有待社会实践之检验。因此，刑罚执行机关，应开展经常性的罪犯改造质量跟踪考察工作，主动与刑释人员所在地司法行政及公安机关取得联系，了解刑释人员回归社会后的总体表现，特别是就业谋生和重新犯罪情况，这对于总结监管改造工作经验和教训，不断改进和完善刑罚执行工作，意义重大。

注意问题

一、关于未成年罪犯释放问题

据了解，当前华东地区在押未成年犯中，外省籍犯、三年以下的短刑犯比例居高不下，有的省份已占押犯总数的六成。从法意层面看，未成年犯入所改造后，管教民警就成了其实际上的监护人。在罪犯刑满释放时，如果其尚属未成年人，如果其亲属监护不到位，管教民警有责任在履行释放监护方面有所作为，以体现行刑机关的人文关爱。现实中，常会出现两种情况：

一是有人来接，但不是亲属，而是老乡或朋友，该不该让其接回去。碰到这种情况，管教民警应详细询问，来者是否经过其父母、养父母的口头、书面或电话委托。如果有罪犯亲属的联系电话，现场民警应进行电话核实；如果没有亲属委托，或者有委托但电话联系不上，应将来者的身份证件进行复印留存，并让对方写下刑释人员明确去向、及时和亲属联络的书面承诺；如果电话核实中亲属未进行委托，或是来者不能提供有效身份证明（仅是社会上认识的一些只知外号和手机号码，不知真名真姓者），管教民警不得轻易将未成年刑释人员让其接走。

二是亲属朋友都没人来接，该不该让其自行回去。比较常见的情形有：其一，民警和其亲属联系上了，但由于路途遥远加上经济因素，其亲属不愿来接，要求让其自行回家；其二，民警费尽周折，依旧未能联系上其亲属，本人要求自行回家。针对这两种情况，如果由民警直接护送到家，无论从警力配置还是经济因素考虑，都是不现实的。实践中，可先为未成年刑释人员申请路费，再由其写出回家乘车路线并作保证回家之书面承诺，然后将其送到长途汽车站或火车站，买好车票，并将车票复印，让刑释人员签上姓名，若是乘火车还应设法和乘警取得联系。当然，针对个别孤儿、残疾或重症未成年刑释人员，不排除由民警将其护送至家并和当地有关部门商洽后续帮教事宜。除此，还有一种解决办法，就是事先设法与当地村委会、司法局（所）或有关部门联系，由他们派人前来管教所接人或到当地交通换乘中转点接人，至于现实可能性则另当别论。

二、关于老弱病残罪犯释放问题

老弱病残犯，通常是指年龄在 60 岁以上，或患有严重疾病，或肢体、器官残缺或丧失功能，或体质虚弱、智力低下的犯罪人群。主要包括五类：一是原发性疾病，即罪犯自身生理机能或免疫功能发生病变所致的病症；二是不同程度的精神类、智力类障碍；三是外力所致的伤残，如打架斗殴、自伤自残或劳动中导致的“工伤”等；四是传染性疾病，如肺结核、性病或艾滋病等；五是职业病，如因接触粉尘、放射性物质或其他有毒有害物质等因素而引发的疾病。老弱病残犯在释放环节应注意三种情形：一是个别刑释人员能自行回家，但以家境差、生活无着落、个人无谋生技能等为由不愿出狱，抑或出狱后在监狱外围长时间停留；二是个别刑释人员因妻（夫）离子散、亲属死亡或子女入狱等因素，造成释放时无人来接，但独自回去又存在一些困难；三是个别刑释人员由于亲属嫌弃，抑或子女间闹矛盾，造成释放日亲属相互推诿最后无人来接，从而延误正常释放时间。

以前在特定历史时期，国家有刑释人员强制或自愿留场就业之规定，行刑机关操作起来也有规可循。① 1981 年全国第八次劳改工作会议后，罪犯刑满留场就业现象杜绝。当今，针对一些老弱病残犯释放时不愿出狱、家里无人来接等状况，监狱机关应提早做好调查摸底工作，针对不同个案采取针对性的解决措施。一是要积极主动地和刑释人员家属取得联系，合情合理地讲清基本的道德伦理和法律利害关系，争取他们的理解和支持；二是针对无亲属可投、无收入来源、无劳动能力的刑释人员，监狱应事先与当地民政、司法、乡镇等政府部门及村委会、居委会等自治组织取得沟通，就参加社保、纳入低保、送入福利机构等问题进行电话咨询或实地走访；三是针对个别身患重病、行走困难、家属无人或推诿接收者，监狱应视情派人或派车将其护送回家。②

三、关于外国籍罪犯释放问题

我国《刑法》第 35 条规定，对于犯罪的外国人，可以独立适用或者附加

---

① 1964 年至 1979 年，实际留场就业的，多数年份在 25%～50%，平均每年有 35%左右。1979 年以后，绝大多数刑满释放人员不再留场就业，而是放回社会安置。

② 关于释放时患病罪犯之处置，我国 1954 年的《劳动改造条例》规定“通知他的家属来接。” 1982 年《监狱、劳改队管教工作细则》则在《劳动改造条例》的基础上增加了“单位护送”的内容。

适用驱逐出境。司法实践中，对外国籍罪犯，情形轻微的，直接适用驱逐出境；情节严重构成犯罪的，除判处主刑外附加驱逐出境。由此引申出的几个很现实的问题是，外国籍罪犯刑释时由谁来执行驱逐出境，刑释前路费如何解决，若有罚金未执行完毕该如何处理，如果罪犯需异地转机，由此产生的风险因素如何评估等。

根据 2006 年 2 月外交部、公安部、司法部有关会议纪要，燕城监狱外国籍罪犯释放时由北京市公安局执行驱逐出境；相关费用若被执行人无力承担，其驻华使领馆也拒不承担的，由燕城监狱请示有关部门列入财政预算；个别外国籍罪犯主刑期满当日因没有航班或意外情况暂时无法执行驱逐出境的，暂时由燕城监狱负责临时看护。除此，在实践中应把握好三点：一是积极和罪犯及其家属沟通，凭借监狱机关在教育改造中付诸的人文关爱，以及管教民警日渐形成的非权力性影响力，确保罪犯刑释前路费及罚金等相关费用得以妥善解决；二是针对有罚金但罪犯个人及家属无力承担的，监狱应协助法院，积极和所在国驻中国使领馆取得联系，争取外国使领馆帮助解决一些实际困难，以维护法制权威，化解执法难题；三是外国籍罪犯离境后，监狱应认真做好外国籍罪犯的改造档案整理、保管工作，特别是其犯罪案卷、身体检查、改造记录、劳动情况应妥善保管，以防止其出狱后颠倒是非，信口雌黄，对中国监狱制度及执法管理恶意攻击。

人权保障

一、维护和保障罪犯的按期被释放权

我国《监狱法》对罪犯释放时间没有明确规定，只是泛泛规定了“按期释放”，这不利于刑罚执行工作的规范化。从严格意义上而言，关于罪犯减刑及正常刑满释放时间，应是释放日凌晨 0 时至晚上 24 时，假释释放时间应为罪犯收到中院的假释裁定书后 24 小时内；实际执行过程中，常以监狱机关正常办公时间为标准来界定罪犯是否能正常释放。究竟该何时释放，有学者提出以刑期届满当日 12 时前释放为宜。

确保每一个罪犯按期被释放，是监狱民警职责序列之基本要求。《司法行政机关行政赔偿、刑事赔偿办法》第 5 条规定，对服刑期满的服刑人员无正当理由不予释放的，监狱机关应予以刑事赔偿。如果罪犯刑释前被查获有重大违规行为（如私藏现金、手机等违禁品），或发生扰乱监管秩序行为（如行凶报复、与人打架、破坏公共物品等），或在释放日走出监狱外大门前出现妨害民警执行公务等行为，监狱机关都不得以关禁闭为由随意延长关押时间。一旦罪犯刑释前有破坏监管秩序或故意伤害等重新犯罪行为，监狱有关部门应立即进行侦查，写出起诉或免予起诉意见书，连同案卷材料、证据一并移送至驻监检察机关，由驻监检察机关和当地公安机关协商刑释后羁押审查事项；如果罪犯刑释日在走出监狱前有扰乱监管、办公秩序或妨碍民警执行公务行为的，监狱机关可迅速与当地公安机关联系，由公安机关采取相应的治安或刑事强制措施。

实践中，有一些释放对象如未成年、老弱病残人员，因年龄、生理因素，其离监时需要有人护送，但其亲属或有关组织不能、不愿履行出监监护之职，监狱机关限于警力又不可能一一护送，由此引申出一个很严肃的话题，即特殊服刑人员的按期被释放权问题。有人提出针对那些家里有人但不愿接其回去者，可在监管场所附近找一个旅馆为刑释人员提供一个短暂生活休息的地方，等到其家人来接了再让其回家。这样做无异于变相的非法拘禁，不是解决问题的根本办法，处理不当还要承担一定的法律后果。因此，努力做好一些特殊人群的出监交接工作，让他们及时离监、走得安全，这既是维护和保障罪犯按期被释放权之需要，也是当前监狱工作坚持以人为本之必然要求。

二、维护和保障工伤罪犯刑释前伤残补助权

受押犯构成、个性类型、习艺环境等因素影响，罪犯出现伤残不可避免且原因错综复杂。《罪犯工伤补偿办法（试行）》第 7 条、第 8 条分别列举了应当认定为工伤的六种情形和不应认定为工伤的七种情形。实务中，应对三种情形理性地加以辨析：其一，因自伤自残、逃避改造等因素造成罪犯伤残；其二，因违反操作规程造成罪犯伤残；其三，因不可抗力因素造成罪犯伤残。针对第一种情形，根据相关规定，不能认定为工伤，罪犯刑释时不发伤残补助费；第二种情形，将视伤残严重程度，罪犯刑释时监狱可适当予以考虑，但其蓄意或故意违章造成伤残的除外；第三种情形，监狱将依照有关规定办理。

在一次性伤残补助费发放上，常规计算方法为 N 个月“罪犯劳动酬金加基本生活费”。虽然《罪犯工伤补偿办法（试行）》第 16 条对“罪犯劳动酬金”和“罪犯基本生活费”分别作出了规定，如“罪犯基本生活费按照上年监狱所有罪犯生活费实际支出的平均数计发。”但从实际操作看，根据这一方法计算出的补助数额明显偏低（相对于社会上工伤同级别的补偿款），以致让罪犯及其家属难以接受。如果罪犯及其家属对伤残补偿问题申请行政复议，根据《行政复议法》第 6 条及《司法行政机关行政复议应诉工作规定》第 7 条规定，监狱上级主管机关也不会受理。

2004 年 1 月 1 日，国务院颁发的《工伤保险条例》生效，但罪犯工伤显然不适用此条例。因为罪犯从事的劳动是一种强制性的劳动，罪犯和监狱之

间不存在劳动合同关系，因此工伤罪犯之伤残补助不能按照《工伤条例》之规定去办理。现实中，如何既维护《罪犯工伤补偿办法（试行）》的法制威严，又维护伤残罪犯的正当权益，有时是一个两难选择。

典型案例

案例 1

2003 年 5 月一天，罪犯斯××在劳动车间操作机器时，因注意力不集中，与人闲聊，导致右手卷入滚轮，食指、中指、无名指大部分粉碎性骨折。后经某市医院精心医治，仍有一些指节功能不能完全恢复。事件发生后，经调查，得知斯××操作此机器已有三年，对机器性能已是十分熟悉，这事完全是其过于自信、疏忽大意所致。

考虑到斯××余刑尚长，为消除其改造疑虑，监狱一方面派人对其进行生活关爱和精神安慰，许诺出狱后给予其一定的经济补偿；另一方面，待其出院后，积极为其调换劳动岗位，尽量不因其手指伤残而使改造成绩受到太大影响。

2006 年 9 月，斯××刑满在即。刑释前一个月，斯××向监狱提出右手伤残鉴定之事，由于其所在监区领导、监狱分管领导都已调整，该监有关部门均没有重视，也未带其前去作伤残鉴定。刑释前三日，斯××找监狱有关领导，提出 2 万元的伤残补助之事。监狱根据《罪犯工伤补偿办法（试行）》有关规定，拟给予 2 000 元补偿，遭到斯××拒绝。

斯××释放后，以服刑劳动时造成右手残疾，监狱不作伤残鉴定，自己谋生十分困难为由，多次向中央及省级有关部门写信反映诉求，并带其家人数次到监狱讨“说法”，要求监狱发放一次性伤残补偿款十万元。

2007 年底，经监狱与户籍地街道、司法、民政等部门广泛沟通与协商，以监狱出 1.5 万元补助款，外加当地政府以物质救济和岗位扶持，帮助其解决生活困难而告终结。

案例 2

2008 年 5 月 20 日下午，A 省未成年犯管教所来了两位来自贵州的中年男女，经询问得知，他们是来接于 5 月 19 日刑满的儿子蔡××。问及他们为何 5 月 20 日下午才到时，他们回答说火车晚点加之路况不熟所致。

由于蔡××家居贵州偏僻小村庄，家里没有固定电话和移动电话，故该所民警一周前虽多次联系蔡××老家亲友，但都未能联系上。加之蔡××许诺他从小就外出且到过多个省市，只要有回家路费他一定能回家。故民警在 5

月 19 日下午为其购买了火车票，并将其送上开往贵阳的火车。

蔡××父母听说儿子已走，竟在该所大吵大闹，反复要该所把其儿找回来。他们诉说，其儿 13 岁和村邻人离家外出，直至走上犯罪道路，至今已有四年多，未曾回家一次。这次他们来的目的，一是看看亲生儿，二是要把儿子接回家，免得他在外又惹是生非。

当民警告诉他们已于昨晚送其上了贵阳的火车，其父母态度坚决地说：儿子一定不会回家，他对父母一点感情都没有，他很可能会中途下车去找他的那帮哥们，或者到了贵阳后自己跑溜了。其父母还一味责怪该所，说他年纪轻还未成年，怎么能让他一个人回家呢？

最后，经耐心和蔡××父母沟通，他们终于踏上回家之路。一周后，其亲友打来电话说，蔡××没有回家，你们要承担责任……

此事虽未造成严重后果，但却引发了该所关于未成年刑释人员释放问题之大讨论，为监狱机关今后处置类似问题积累了经验。

案例 3

1992 年，家住洛阳市伊川县 29 岁的苏××，因纠纷杀死了和他同居的女友，随后他投案自首。同年，苏××因故意杀人罪被洛阳市中院判处死刑、缓期两年执行，之后在河南省第三监狱服刑。2009 年 6 月 9 日刑满。

刑满前，监区长找苏××谈心。谁知还没有开口，苏便已是泪流满面：“监区长，你让我留在监狱吧，我实在是不想出去。我的房子年久失修，恐怕早已坍塌，我身体又有病，无家可归呀。”调查中得知在他服刑的日子里，家里人除他大哥来监狱探视过一次外，其他亲人和他都失去了联系。

针对这种无家可归、无亲可投、无业可就的“三无”人员，回归社会后最容易走“回头路”。监区长把了解到的情况向监狱领导做了汇报。

为了安定苏××的情绪，监狱安排他搬进了家庭式监舍，室内有沙发、电视、报纸杂志、卫生间。在那里，苏××找到了家的感觉，心情也平静了许多。

随后，监狱召开专题会，研究苏××刑释后的就业安置及生活保障问题。监狱认为，从经济上给他一些补贴，不能解决长远问题，按照政府有关规定，解决其出狱后的生活保障问题，才是关键。于是监狱安排民警到苏××的老家伊川县走访。经该县民政局审查，苏××符合低保条件，遂为其办理了低保手续。这样，他出狱后每月可领取生活费 50 元，这是河南省第一份刑满释放人员低保金。

刑满之日，苏××穿上了便服，胸前挂着红花，出现在监狱为他举行的“刑释起航欢送会”上。他激动地说，“今天是我终生难忘的日子，我做过多少梦，流过多少泪，遥望大墙外的星星，目送沉入天边的月亮，我终于盼到了这一天。感谢警官们让我学会了怎样做人……"

临别时，苏××站在警戒线外，向他生活17年的地方深鞠一躬，然后从容地踏上了归途。

技能训练

一、制作《罪犯出监鉴定表》

罪犯出监鉴定表是监狱全面反映出监罪犯基本情况，对罪犯服刑改造表现作出鉴定，供接收机关对其安置、帮教、监督的表格式执法文书。

罪犯出监鉴定表的封面有三项内容。第一项是罪犯姓名；第二项是填写本表的监狱机关的名称，应填写监狱的全称或规范的简称；第三项是填写本表的日期，填表日期应依公历并注意把年份的四位数全部填齐。

表内内容分为三部分：

（一）罪犯基本情况栏目

其中，健康栏目是指有无严重的慢性疾病或残疾，如有应写明病名和残疾情况。在医学上有级别之分的应将级别填写清楚。否则填写"健康"或"良好"。刑期变动栏，包括加刑和减刑情况，应依次写明判决、裁定的时间、结果和刑期、刑种的变化情况。出监原因，应具体写明刑满释放、暂予监外执行、假释等。

技术特长及等级栏：应根据劳动部门颁发的技术登记证书填写。有两种以上技术等级证的，应逐一填写清楚。确有技术特长而由于某种原因未取得证书的，可根据实际情况填写。

家庭成员及主要社会关系栏：应写明关系、姓名、职业、政治面貌等情况。家庭成员及主要社会关系有变动的，应按变动后的情况填写。

本人简历栏：这是比较重要的栏目，其具体内容有很大的参考价值。简历应从小学填起，但上学的经历可简略填写。重点放在工作经历、职务变动、受过的重要奖惩等内容。这样可以和改造表现、学历、技术特长等相互补充，使接收机关对被鉴定者有更全面的了解。同时，还要将服刑经历填写清楚，但时间上应当有连续性，不要出现经历上的空白。

（二）主要犯罪事实栏

主要犯罪事实是指每一犯罪的主要事实。一般而言，每一犯罪事实都需得到反映，对于共同犯罪事实，必须反映该犯在共同犯罪中的地位和作用。改造表现栏主要反映罪犯从入监到出监的全部改造表现，重视对罪犯改造情况的总结和评价，具有“鉴定”的意味。一般而言，可以根据改造表现的四个方面的内容，逐项从性质、程度方面做出明确完整的结论，具有明显的时间阶段性。对于事实，更重视具体的事实。

奖惩情况栏应以时间为序，写明服刑期间所受的行政奖励、处罚及其原因。刑事的奖惩情况已在“刑期变动情况”一栏中体现。

（三）意见栏目

意见栏分为三部分，分别为“分监区意见”、“监区意见”和“监狱意见”。在这些栏目中不能写表示是否同意出监一类的意见，也不宜写“以上事实属实”一类的意见。主要的意见应当是如何接茬帮教、监督考察方面的建议和意见。分监区的意见一般应首先概括地肯定其成绩，然后具体指出其仍存在的主要问题或可能具有的行动趋势。在此基础上有针对性地提出帮教重点。

示例参见表9-1（罪犯出监鉴定表，表中人名均为化名）

表9-1　罪犯出监鉴定表

<table>
<tr><td>姓名</td><td>张少奇</td><td>别名</td><td>张小龙</td><td>性别</td><td>男</td><td>民族</td><td>汉</td></tr>
<tr><td>出生日期</td><td colspan="2">1980年8月5日</td><td colspan="2">健康状况</td><td colspan="3">良好</td></tr>
<tr><td>家庭住址</td><td colspan="7">浙江省宁海县××镇××村</td></tr>
<tr><td>原户籍所在地</td><td colspan="7">浙江省宁海县××镇</td></tr>
<tr><td>罪名</td><td colspan="2">抢劫、故意伤害</td><td>原判法院</td><td>宁海县人民法院</td><td>判决书号</td><td colspan="2">[2005]宁刑初字第377号</td></tr>
<tr><td rowspan="2">刑期</td><td>原判刑期</td><td>八年</td><td>附加期</td><td colspan="4">罚金1 000元</td></tr>
<tr><td>原判刑期起止</td><td colspan="3">2005年3月26日起
2013年3月25日止</td><td>刑期变动情况</td><td colspan="2">2008年5月28日被减刑一年五个月；
2010年5月21日被减刑一年四个月。</td></tr>
<tr><td>出监原因</td><td>刑满释放</td><td rowspan="2">文化程度</td><td colspan="2">原有：初中</td><td rowspan="2">有何技术特长及等级</td><td colspan="2">摩托车修理</td></tr>
<tr><td>出监时间</td><td>2010年6月25日</td><td colspan="2">现有：初中</td><td colspan="2">缝纫加工</td></tr>
<tr><td>主要犯罪事实</td><td colspan="7">2005年1月至2月间，被告人张少奇伙同钱光辉等四人，在宁海县城关镇，采用殴打、搜身、语言威胁等手段，实施抢劫五次，共劫得三轮车夫、过往群众手机四只，人民币321元，共计价值人民币2 500余元；
2005年3月21日晚7时许，被告人张少奇的朋友麻某与葛某在电话中发生争执，麻某便约葛某见面。尔后，麻某打电话给张少奇，并叫张少奇纠集人员一起到宁海县日用品市场门口打架。张少奇接到电话后，便纠集了钱静辉等四人一起到宁海县日用品市场。碰见葛某后，麻某责问葛某为何接电话如此嚣张，并殴打葛某及其朋友周某。张少奇等人一行见状也上去殴打葛某及周某。葛某在逃跑过程中，被张少奇一伙用刀刺伤，造成葛某全身13处刀伤，并致葛某肝破裂，构成重伤。</td></tr>
</table>

续前表

家庭成员及主要社会关系	父亲：张文冰　在家务农 母亲：周爱妹　在家务农 妹妹：张小玲　在××中学读书
本人简历	9 岁至 15 岁，宁海县跃龙镇婆园小学上学； 15 岁至 18 岁，宁海县跃龙镇中学上学； 18 岁至 20 岁，跟父母在内蒙古从事棉花种植； 21 岁至 22 岁，跟人学修摩托车； 22 岁至捕前，无业。
改造表现	张少奇自入监改造以来，经过警官的教育，能认罪伏法，服从管教，积极靠拢政府，自觉遵守监规纪律，做到不与人打架，无重大违规行为，认真参加政治、文化、技术学习，劳动积极，能按时完成劳动任务，并能经常超产，综合表现较好。
服刑期间奖罚情况	行政奖励情况：2007 年被评为改造积极分子，2008 年被评为年度记功，2009 年被评为改造积极分子； 法律奖励情况：2008 年 5 月 28 日被减刑一年五个月；2010 年 5 月 21 日被减刑一年四个月。
分监区意见	张犯在服刑改造期间，综合表现较好，先后两次获得法院减刑奖励；通过自身努力，已在缝纫加工方面掌握一定的谋生技能；刑满释放后，为巩固改造成果，还须对其加强教育和管理。
监区意见	同意分监区意见。
监狱意见	服刑期满，按期释放回原籍。
备注	

《罪犯出监鉴定表》栏目填写规范说明：

1. “改造表现”：要从思想改造、遵守监规、劳动改造、三课学习及加、减刑情况等方面写。
2. “出监原因”：填写服刑期满、假释、法院裁定释放、暂予监外执行等。
3. “分监区意见”：要写清罪犯服刑改造期间的表现情况，有何谋生的技能以及刑满后的管理建议。
4. “监狱意见”：要写明释放后的去向。
5. 其他项目的填写要求参见基本栏目填写规范说明。

二、制作《释放证明书》

释放证明书是监狱机关发给被释放人员证明其被依法解除刑罚，恢复人身自由和公民权利的执法文书。

释放证明书是一纸三联式填写式文书。正本由被释放人员保存，作为其获得释放的凭证；副本由持有人在指定的时间送达释放后住地公安派出所，并作为办理户口登记手续的凭据；存根由发文机关留存备查。

释放证明书各联的标题右下方和三联之间的骑缝处，均有发文字号。以上五处的文书字号在内容上要保持严格的一致性。正本包括被释放人员的姓名等基本情况、判决情况、执行情况、释放原因。此处要注明发放日期并加盖公章。

判决情况。经过改判的，应按最后一次改判情况填写。如果改判无罪的，以填写原判情况为宜。加刑、减刑的情况，释放原因的填写要具体、准确。释放原因大部分是“刑满”，还有少数是“改判无罪”的。释放原因有特殊情况，应据实填写。

副本的主体内容和正本无异。

释放证明书的存根和正本相比，在内容上有所增减，在形式上也有所不同。判决情况中增加了刑期起止的日期，按执行通知书填写即可。执行期间刑种刑期的变化情况中，应把因加刑、减刑的刑种刑期的变化填写清楚。如果多次加刑、减刑，而只有刑期变动的，可以概括写作加、减刑各几次，总期限多少。如其中有刑种变化，应逐项写明判决、裁定的时间和结果。释放理由即正本中的释放原因。释放后的住址要根据实际情况详细填写清楚，不能照判决书中的填写。填发人、审核人、被释放人都要亲笔签名。

示例参见表 9-2。

三、制作《假释证明书》

假释证明书是监狱机关发给被假释的罪犯，以证明其被假释的执法文书。

假释证明书一纸三联，由正本、副本、存根三联组成。正本由被假释的罪犯持有，作为其获得假释，部分恢复人身自由的凭证；副本由被假释的罪犯在指定的时间内送达假释后住地的公安派出所，并作为办理户口登记的凭证；存根由发放假释证明书的监狱留存备查。以上三联的文种名称的右下方，三联之间的骑缝章处均有发文字号。五处的发文字号在内容上应保持完全一致。

（1）正本。假释证明书正本的内容包括罪犯的基本情况、判决情况、假释裁定情况等。基本情况中的户籍住地是指管理其户籍的派出所，可填写为“××市××区××派出所”。判决情况内容，如经过改判的，应按照最后的改判情况填写。没有附加刑的，填“无”。裁定情况有一项是假释的考验期，应依刑法规定填写。

（2）副本。主体部分和正本相同。只是在注意事项中必须将本联的送达时间和机关名称填写清楚。送达的时间根据实际填写。

（3）存根。存根的内容与前两联有所不同，存根中的“原判刑期”是相对于“执行期间的刑种、刑期变动”而言的，也即是相对于加刑、减刑而言的，所以无论是否改判都应填写最后改判的情况。另填发人、审核人、被假释人都要亲笔签名。

示例参见表 9-3。

表 9-2　释放证明书

释放证明书

（存根）

(2010)浙×监释字第 559 号

姓名张少奇　　性别男

出生日期　1980　年　8　月　5　日

原户籍所在地浙江省××县

原判法院××县人民法院

罪名 抢劫、故意伤害罪刑种有期徒刑

原判刑期八年 2005　年　3　月　26　日至　2013　年　3　月　25　日，附加罚金 1 000 元。

执行期间刑种、刑期变动情况：2008 年 5 月 28 日被减刑一年五个月；2010 年 5 月 21 日被减刑一年四个月。

释放理由：服刑期满

释放后地址浙江省××县××镇××村。

填发人张明

审核人李刚

填发日期：　2010　年　6　月　22　日

本释放证明书和副本已发给我。

被释放人张少奇（签名）

　2010　年　6　月　25　日

（贰零壹零）浙×监释字第伍伍玖号

释放证明书

(2010) 浙×监释字第 559 号

兹有张少奇，男，1980 年8 月5 日生，原户籍所在地浙江省××县，因犯抢劫、故意伤害罪于2005 年9 月15 日经××县人民法院判处有期徒刑八年，附加罚金1 000 元。服刑期间，减刑二次，减刑二年九个月，加刑零次，加刑零年零月，实际执行刑期五年三个月，附加无。现因服刑期满予以释放。

特此证明。

公章

2010　年　6　月　22　日

注意：此页由被释放人保存。

（贰零壹零）浙×监释字第伍伍玖号

释放证明书

（副本）

(2010) 浙×监释字第 559 号

兹有张少奇，男，1980 年8 月5 日生，原户籍所在地浙江省××县，因犯抢劫、故意伤害罪于　2005　年　9　月　15　日经××县人民法院判处有期徒刑八年，附加罚金 1 000 元。服刑期间，减刑二次，减刑二 年九个月，加刑零次，加刑零年零月，实际执行刑期五年三个月，附加无。现因服刑期满予以释放。

特此证明。

公章

2010　年　6　月　22　日

注意事项：

1. 持证人必须在　2010　年　7　月　10　日以前将本证明书副本送达××县（市）××派出所办理户口登记手续。
2. 本证明书私自涂改无效。

填写说明：1. “释放理由”：指按期服刑期满、假释、法院裁定释放等。

2. “释放后住址”：指刑满释放人员的具体落户地（可按判决上的住址）。

表 9-3　释放证明书

假释证明书

（存根）

（2010）浙×监假释

字第 50 号

姓名张三　性别男

出生日期1965 年 1 月 1 日

原户籍所在地杭州市××区　原判法院杭州市××区人民法院

罪名受贿罪　刑种有期

原判刑期十年自 2004 年 5 月 10 日至 2014 年 5 月 9 日，附加无。

执行期间刑种、刑期变动情况：2007 年 2 月 10 日、2008 年 6 月 21 日分别被减刑一年四个月、一年四个月；2010 年 1 月 15 日获得假释。

假释考验期自 2010 年 1 月 15 日起至 2011 年 9 月 9 日止。

假释后地址杭州市××区××街道××号。

填发人张明

审核人李刚

填发日期 2010 年 1 月 15 日

本假释证明书和副本已发给我。

被假释人张三（签名）

2010 年 1 月 15 日

（贰零壹零）浙×监假释字第伍拾号

假释证明书

（2010）浙×监假释

字第 50 号

兹有张三，男，1965 年 1 月 1 日生，原户籍所在地杭州市××区，因犯受贿罪于 2005 年 1 月 8 日经杭州市××区人民法院判处有期徒刑十年，附加无。现依据杭州市中级人民法院裁定，予以假释。假释考验期自 2010 年 1 月 15 日起至 2011 年 9 月 9 日止。

特此证明。

（公章）

2010 年 1 月 15 日

注意事项：此页由被假释人保管。

（贰零壹零）浙×监假释字第伍拾号

假释证明书

（副本）

（2010）浙×监假释

字第 50 号

兹有张三，男，1965 年 1 月 1 日生，原户籍所在地杭州市××区，因犯受贿罪于 2005 年 1 月 8 日经杭州市××区人民法院判处有期徒刑十年，附加无。现依据杭州市中级人民法院裁定，予以假释。假释考验期自 2010 年 1 月 15 日起至 2011 年 9 月 9 日止。

特此证明。

（公章）

2010 年 1 月 15 日

1. 持证人必须在 2010 年 1 月 30 日以前将本证明书副本送达××派出所办理户口登记；
2. 本证明私自涂改无效。

视野拓展

一、国际法的规定

一些国际公约对服刑人员释放问题作出了导向性规定。如《联合国囚犯待遇最低限度标准规则》第7条规定："（1）凡是监禁犯人的场所都要置备一本装订成册的登记簿，编好页数并登记所收每一囚犯的下列资料：……（c）收监和出狱的日期和时刻……"第60条（2）规定："刑期完毕以前，宜采取必要步骤，确使囚犯逐渐纳入社会生活。按个别情形，可以在同一监所或另一适当机构内制定出狱前的办法，亦可在某种监督下实行假释，来达到此项目的。"第81条（1）规定："政府或民间协助出狱囚犯重新自立于社会的服务处和机构都应在可能和必要范围以内，确保出狱囚犯持有正当证件，获得适当住所和工作……"《囚犯待遇基本原则》第10条规定："应在社区和社会机构的参与和帮助下，并在适当顾及受害者利益的前提下，创造有利的条件，使刑满释放人员得以尽可能在最好的条件下重返社会。"

二、国外对于释放制度的规定

世界大部分国家的囚犯释放制度比较一致，基本内容包括：释放前准备、办理释放手续及相关事项、释放后帮助。其中释放前准备主要工作是三项：一是释放前教育，有的国家在监狱进行，有的则在社会上的矫正机构进行；二是实施特殊待遇计划，调查出狱人可能出现的各种问题，与出狱人讨论研究克服这些困难的可能性；三是释放前准假制度，帮助犯人加强或建立与家庭及将来工作单位的联系，规定犯人释放前可离监探亲、工作释放、学习释放等。

在西方，有些实行联邦制的国家，每个州都有各自的刑事执行法规，因此在囚犯释放问题上各州有些差异，如美国；有的国家在刑事法典中规定了一整套完备的囚犯释放制度，如加拿大。根据《加拿大矫正与有条件释放法》（1992年6月18日通过），该国有工作释放、假释、法定释放、无陪护暂时离监等释放制度。其中，"工作释放"是指一项有组织的囚犯在矫正职员或者由监狱长授权的其他人员或机构的监督下离开监狱工作或者到社区服务一定时间的计划。该法规定，若因假释或法定释放的人要求，机构领导可以允许其暂时在监狱内居留以助其身心康复，但是，这种暂时居留的时间不得超过其刑期届满的时间（第93条）。无陪护离监时间最长为15天，处于中等警戒机构的罪犯，每年不得超过3次；处于最低警戒机构的罪犯，每年不得超过4

次（第116条）。“1992年11月1日之后因一罪或数罪而被判决的罪犯的法定释放日期是服满其原判刑期2/3的那一天”（第127条）。

三、国外对于释放时间的规定

《日本刑事设施及服刑者处遇法》（2006年7月1日生效）第26条规定，释放服刑者，应当分别以下各号所列情形，在符合各号规定的期限内迅速加以办理：1. 预先已经确定好释放日期的场合，为那一天的中午；2. 不定期刑终了的场合，根据预防犯罪者更生法第四十八条第三款规定的通知送达刑事设施之日的翌日中午；3. 根据行政命令实施恩赦的时候，公布该恩赦的政令规定公布之日释放的，即日释放；4. 在前三款所列情形之外的场合，构成释放依据的文书到达刑事设施之日起10个小时之内释放。[①]《大韩民国行刑法》则规定：因赦免、假释、刑罚的免除、减刑而释放的，应当在12小时以内执行；因当权者的命令而释放的，应当在5小时以内执行；刑满释放的，应当在刑满日执行。

英国法律规定了犯人提前释放的五种类型，其中被判处定期刑、终身监禁刑的犯人提前释放分别有三类和二类：一是被判处12个月以下刑罚的犯人在服完一半刑期时，可以自动地、无条件地获得释放；二是被判处12个月以上、4年以下监禁刑犯人，在服完一半刑期时，可以自动获得假释，但对他们的监督要持续到刑期满3/4时；三是被判处4年或更长定期刑犯人，在服刑满1/2到2/3期间，可以根据假释委员会的评价和决定被酌定释放，假释后要接受监督，直到刑期满3/4；四是被判处强制性终身监禁刑犯人，其提前释放由内政大臣根据假释委员会的建议决定；五是被判酌定终身监禁刑犯人，提前释放由审判法官确定一个服刑时间表，然后由假释委员会决定。

四、国外对于释放时的救济

美国联邦法律规定，凡按合众国法律规定而犯罪者，于刑满释放或于假释获释时，应向其提供运输工具至其犯罪地点或至其被关押时合众国范围内真正居住的地点；也应向他提供由司法部长批准适当的衣着并由司法部长酌情给他不超过100美元的金额。而该国加利福尼亚州法律规定，除了特别规定外，服刑6个月或者更长时间刑期的犯人，矫正机构除了向犯人提供与释放有关的衣服和公共交通费用外，还应当发给200美元的释放津贴。

《俄罗斯联邦刑事执行法典》第181条规定，在服限制自由刑、拘役刑或

① 于爱荣主编：《俄罗斯、日本最新监狱概览》，第76页，内部资料。

有一定期限的剥夺自由刑后获释的被判刑人保障免费前往住所地，按照俄罗斯联邦政府规定的程序在路途中保障获得食品供应或所需费用；如没有必要的应季衣物或购买衣物的钱款，从剥夺自由场所释放的被判刑人保障获得衣物，费用由国家负担，刑罚执行机构可以向其发放俄罗斯联邦政府规定数额的一次性补助金；由于身体状况需要他人照顾的被判刑人、被判刑的怀孕妇女和有幼年子女的被判刑妇女以及未满 16 周岁的未成年被判刑人，由其亲属或其他人员或劳动改造机构工作人员护送至住所地。

英国监狱法规定，犯人在释放前必须进行体格检查，患有急性病或重病的犯人不得释放，本人强烈要求释放者除外；由于精神或身体的病，在释放时需要立即救济的犯人，可由高等法院法官或观察委员会成员批准送往救济院，或送往该犯犯罪地区的救济院。该国法律还规定，当犯人被释放时，释放人员会领到一张旅行汇票，用来支付旅费，使释放人员能够回家或去英国境内另外一个地方，但个人存款超过 8 000 英镑、不满 16 周岁、出狱后直接住进医院者等 9 种情形领不到释放补助金。

《日本刑事设施及服刑者处遇法》第 127 条规定，应当释放的服刑者正在刑事设施内接受治疗的场合，若立即释放可能会危及生命或者使健康难以恢复导致重大障碍的情形，刑事设施长可以同意该人暂时停留在刑事设施里。根据前款规定不给留在刑事设施里的人的处遇，在不违反其性质的限度内，准用于刑事设施里收容刑事被告人有关的法律中相关拘留者的法律规定。第 128 条规定，对于被释放的服刑者，为了帮助其回归应支付必要的旅费及提供衣类物质。《大韩民国行刑法》规定，释放人员因有疾病或者其他特殊情况而无法回归的，根据本人要求，可以暂时在矫导所内收容；释放人员没有携带旅费和生活用品的，矫导所可以贷给旅费和生活用品。

【课后思考】

1. 罪犯刑满释放时，应向其发放哪些物品？

2. 老弱病残犯释放时，应注意哪些问题？

3. 如何保障未成年刑释人员的按期被释放权？

4. 请分析案例：龙××，重庆人，15 岁时跟随乡邻来浙江打工，后因抢劫罪判刑一年八个月。改造期间，因有悔改表现，他被减刑三个月。释放时未满 17 周岁，家中父母来信叫其自行回家。针对该犯释放之事，分管民警应做好哪些工作？

5. 请分析案例：陈××，浙江衢州人，先后因盗窃罪、流氓罪、放火罪三次判刑入狱，最后一次刑满释放时已是 73 岁。他体弱多病，妻子早年改嫁，服刑期间亲属和其断绝来往，出狱后要想投亲靠友几乎不大可能。如果你是分管民警，你如何处理关于陈××的释放？

【推荐阅读】

1. 金鉴主编：《监狱学总论》，法律出版社 1997 年版。

2. 司法部监狱管理局编：《监狱工作手册》（第五辑），法律出版社 2006 年版。

3. 冯建仓主编：《中国监狱服刑人员基本权利研究》，中国检察出版社 2008 年版。

4. 夏宗素著：《罪犯矫正与康复》，中国人民公安大学出版社 2005 年版。

5. 中国监狱学会、司法部监狱管理局编：《外国监狱法规汇编》（五），中国政法大学出版社 2002 年版。

6. 吴宗宪著：《当代西方监狱学》，法律出版社 2005 年版。

7. 中华人民共和国司法部编：《外国监狱法规条文分解》（上册），社会科学文献出版社 1990 年版。

8. 浙江省监狱管理局编：《浙江省监狱机关执法指南》（试行），释放部分，内部资料，2010 年编。

9. 汪勇：《论我国释放制度之完善》，载《河南司法警官职业学院学报》2007 年第 4 期。

附录一

浙江省监狱机关执法工作指南（试行）

（释放部分）

第十八章　释　放

第一节　出　监

第一百七十条　罪犯刑满或获得假释，监狱依法办理释放时应当按照以下要求和程序进行：

（一）分监区准确掌握罪犯服刑期限的起止日期，在罪犯服刑期满或者人民法院裁定假释时，认真核对罪犯的《执行通知书》与历次减刑裁定书，确认释放日期后，填写《罪犯出监鉴定表》一式二份，连同罪犯副档一并报监区审核。

（二）监区的管教民警核对释放日期是否准确，审查副档材料是否齐全，档案整理是否符合要求；监区负责人在《罪犯出监鉴定表》上签署意见后，连同副档一并报狱政管理部门审核。

（三）狱政管理部门负责人审核无误后，报主管副监狱长签署出监鉴定意见，并盖监狱公章。

（四）狱政管理部门的办证民警对刑期和刑满或假释日期核对无误后，开具《释放证明书》或《假释证明书》，并及时通知有关监区管教民警领取。

（五）监区的管教民警到狱政管理部门领取释放证或假释证后，及时通知分监区的管教员领取。监区的管教民警和分监区的管教员领取释放证或假释证时，再次核对释放日期，并分别登记、签字。

第一百七十一条　刑满人员或者假释罪犯出监前，监狱应当做好以下工作：

（一）分监区负责人或分监区的管教员对其进行一次出监谈话教育和问卷调查，同时告诫其不得为其他罪犯传递信件、物品。

（二）分监区告知其在规定时间内到居住地公安派出所报到，在规定时间内到辖区司法所办理回归登记手续。

（三）监区管教民警对其进行身份确认；清点返还由监狱代管的贵重物品和存款结余，由其在《返还物品、钱款登记表》上签字、捺印，《返还物品、钱款登记表》存档；发给规定数额的路费，由其在《领取释放路费登记表》

上签字、捺印。

（四）分监区负责生活卫生的民警及时收回监狱配发的被服，交监区保管，禁止其私自处理。

（五）分监区民警对其人身及准备携带出监的文字资料、物品进行仔细检查，对诋毁监狱工作或者记载监狱机密的文字资料、非个人所有的物品、私自为其他罪犯传递的物品等，予以扣留。

（六）分监区民警将其带离分监区后，发给释放证或假释证。

第一百七十二条 监狱对刑满人员或者假释罪犯，应当按照以下要求带领其出监：

（一）分监区民警将刑满人员或者假释罪犯带领至监管室登记处，由监管室民警认真核对《释放证明书》或《假释证明书》上的姓名、刑期、罪名、释放日期后登记，并验明正身；

（二）带领民警在监管室登记簿上签字后，刑满人员或者假释罪犯从通道门出监；

（三）禁止民警带领刑满人员或假释罪犯从劳动区监管大门出监。

第一百七十三条 释放日是民警节假日或休息日的，监狱应当提前做好办理出监手续的准备工作；出监手续应当在释放日的白天办理，不应延至夜间办理。

第一百七十四条 刑满人员或者假释罪犯有下列情形之一的，监狱应当事先通知其家属来监狱将其接回。必要时，监狱可以派人将其送回。

（一）智力、精神有障碍，无法辨认目的地的；

（二）身体残疾，行走非常困难的；

（三）其他需要事先通知家属的情形。

患有传染性疾病的，应当通知当地疾病预防控制部门。

第一百七十五条 浙江籍罪犯刑满释放或假释时，监狱应当提前30天将“归正人员通知书”寄送罪犯原籍地县级司法行政机关和公安机关。因人民法院裁定时间的原因，无法提前30天寄送的，应当在裁定书送达后5个工作日内寄出。

第一百七十六条 监狱应当自假释罪犯或者附加剥夺政治权利罪犯刑满释放出监之日起7个工作日内，将有关文件、材料寄送其居住地公安派出所和司法所，并向当地公安机关出入境部门寄送《法定不批准出境人员通报备案通知书》。

第一百七十七条 监狱的狱政部门应当对刑满人员或者假释罪犯的正档、副档进行整理，按照《浙江省罪犯档案管理实施细则》的规定装订后，与监狱档案室办理移交手续。

第二节　驱逐出境

第一百七十八条　对被判处有期徒刑或无期徒刑，被处驱逐出境的外国籍罪犯，其主刑执行完毕时，监狱应当按照以下要求，协助公安机关执行驱逐出境：

（一）狱政管理部门在外国籍罪犯刑期届满前 1 个月，将判决书、执行通知书的副本或者复印件送交省公安厅，由省公安厅指定公安机关执行。

（二）外国籍罪犯刑期届满前，狱政管理部门查验其本人的有效护照或者其他身份证件，查验过境或者地区的有效签证。对无上述证件或者签证的，与原办案公安机关或者法院联系查找；经确认无证件或证件已过有效期限的，及时通知市（地）公安局出入境管理部门补办，或者由公安机关与罪犯所属国驻华使领馆联系办理；驻华使领馆不配合办理的，经省公安厅呈报公安部或者外交部，通过外交途径解决。对与我国毗邻国家的罪犯从边境口岸或者通道出境的，可以不办理上述证件或者签证。

（三）监狱民警协同看押的武警、公安机关外事部门民警押送。必要时，在押送途中可以使用手铐。

（四）押送民警监督被驱逐出境的外国籍罪犯离开我国国境或者登上交通工具并离境。

（五）对被驱逐出境的外国人离境时乘坐出境交通工具或者徒步通过的边境口岸等具体情形，需拍照或者录像存档。

参考文献

1. 冯建仓主编. 监狱服刑人员基本权利研究. 北京：中国检察出版社，2008.

2. 郭明等主编. 监狱法律法规导读. 北京：中国方正出版社，2003.

3. 郭建安，鲁兰主编：中国监狱行刑实践研究（上）. 北京：北京大学出版社，2007.

4. 韩玉胜主编. 刑事执行制度研究. 北京：中国人民大学出版社，2007.

5. 韩玉胜，张绍彦，王平，史殿国等著. 刑事执行法学研究. 北京：中国人民大学出版社，2007.

6. 胡铭著. 刑事申诉论. 北京：中国人民公安大学出版，2005.

7. 金鉴主编. 监狱学总论. 北京：法律出版社，1997.

8. 刘小青著. 刑事申诉实务. 北京：法律出版社，2004.

9. 汪勇著. 理性对待罪犯权利. 北京：中国检察出版社，2010.

10. 王泰主编. 狱政管理学. 北京：法律出版社，1999.

11. 王晓思主编. 狱政管理学. 北京：金城出版社，2003.

12. 王顺安著. 刑罚执行法学通论. 北京：群众出版社，2005.

13. 武延平主编. 中外监狱法比较研究. 北京：中国政法大学出版社，1999.

14. 于爱荣主编. 俄罗斯、日本最新监狱概览. 内部资料.

15. 应朝雄主编. 监狱分监区工作实务. 北京：中国政法大学出版社，2006.

16. 司法部监狱管理局编. 监狱工作手册. 第四辑. 北京：法律出版社，2003.

17. 司法部监狱管理局编. 监狱工作手册. 第五辑. 内部资料，2007.

18. 田伟明，韩宏西主编. 监狱执法文书. 北京：金城出版社，2003.

19. 吴宗宪主编. 中国现代化文明监狱研究. 北京：警官教育出版社，1996.

20. 张明楷著. 刑法学. 第 2 版. 北京：法律出版社，2003.

21. 张全仁主编. 监狱行刑学. 北京：中国物价出版社，2003.

22. 中华人民共和国司法部编. 外国监狱法律法规汇编. 北京：社会科学文献出版社，1989.

23. 浙江省监狱管理局编. 浙江省监狱机关执法指南. 内部资料，2010.